A PRAÇA *da* DÁDIVA

Onde a vida se torna maior que a própria existência

Antônio Bogaz • João Hansen • De Lourenzi

A PRAÇA *da* DÁDIVA

Onde a vida se torna maior que a própria existência

Lafonte

Copyright © Antônio S. Bogaz & João H. Hansen, 2017
Copyright © Editora Lafonte Ltda., 2017

Todos os direitos reservados.
Nenhuma parte deste livro pode ser reproduzida sob quaisquer meios existentes sem autorização por escrito dos editores.

Edição brasileira

Direção Editorial	*Sandro Aloisio*
Editor de arte	*Giliard Andrade*
Diagramação	*Mário Kanegae*
Revisão	*Nazaré Baracho*
Produção Gráfica	*Diogo Santos*

Dados Internacionais de Catalogação na Publicação (CIP)
(Câmara Brasileira do Livro, SP, Brasil)

Bogaz, Antônio
 A praça da dádiva : onde a vida se torna maior que a própria existência / Antônio Bogaz, João Hansen, De Lourenzi. — São Paulo : Lafonte, 2017.

 ISBN 978-85-8186-226-2

 1. Romance brasileiro I. Hansen, João.
 II De Lourenzi. III. Título.

17-03546   CDD-869.3

Índice para catálogo sistemático:
 1. Romances : Literatura brasileira   869.3

1ª edição brasileira: 2017
Direitos de edição em língua portuguesa, para o Brasil, adquiridos por Editora Lafonte Ltda.

Av. Profa. Ida Kolb, 551 – 3º andar – São Paulo – SP – CEP 02518-000
Tel.: 55 11 3855-2294
atendimento@editoralafonte.com.br • www.editoralafonte.com.br

Sumário

	Cruzando caminhos	7
I	Lágrimas do céu e dos olhos	9
II	No dia seguinte	21
III	Uma triste história	43
IV	Morte cerebral, o mistério da morte e da vida	55
V	Carolina e o primeiro sinal	65
VI	O terceiro assaltante	73
VII	O drama de Maristela	81
VIII	A missa da saudade	89
IX	De olhos fechados não veremos o luar	97
X	O Pão da Ressurreição	105
XI	A saudade de cada um	113
XII	Coração Muçulmano	119
XIII	Sinais, sinais e sinais	125
XIV	Professor, arquiteto e pai	131
XV	A decisão de Carolina	137
XVI	A ameaça	149
XVII	Eduardo	155
XVIII	O sequestro	165
XIX	Alguns meses depois	177
XX	As anotações de Helena – Leila	189
XXI	As anotações de Helena – Sara	195
XXII	As anotações de Helena – Ricardo	205
XXIII	A homenagem de Helena	213
XXIV	A visita de César	223
XXV	Três meses depois	229
XXVI	O projeto da praça	243
XXVII	Mais uma conversa de família	253
XXVIII	Glória	263
XXIX	Bolinhos de Chuva	271
XXX	Estrela cadente no céu	285
XXXI	Praça da Dádiva	293
XXXII	Flores, velas e fotos	299
XXXIII	Ah, se o tempo parasse...	313

Este lugar delicioso, e triste,
Cansada de viver, tinha escolhido
Para morrer a mísera Lindóia...
Inda conserva o pálido semblante
Um não sei quê de magoado, e triste,
Que os corações mais duros enternece.
Tanto era bela no seu rosto a morte!

A morte de Lindóia, canto IV —
(O uraguai – Basílio da Gama)

Cruzando caminhos

SE A VIDA é fascinante por seus mistérios, imagine qual mais misteriosa é a morte e, tanto assim, tão mais fascinante. Imaginem o encontro destas duas corredeiras, da vida e da morte, com aquilo que carregam consigo. Fascinação e mistério.

Mergulhamos, corajosamente mergulhamos. São porções de uma história real, de uma família de amigos; maquiamos os fatos e, sobretudo, renomeamos os personagens. Não queremos nem louros e nem constrangimentos. Foram longas e longas horas, dias grandes em poltronas. Emprestamos nossos ouvidos e nosso coração para acolher as narrativas e interpretar os sentimentos. Decidimos ser fiéis aos juízos éticos e morais. Se tem uma coisa que a fronteira da morte nos ensina é cancelar todos os julgamentos e sobretudo as condenações que lhes acompanham. Transformamos um dos personagens em narrador vivo e eficaz, para contar as histórias. Ele pertence à família acolhida por trágicos eventos e das maravilhosas ações altruístas. Era, porém, um narrador diferente, mais lúcido, com medos equilibrados, sentimentos bem lapidados e, mais que tudo, interação com os principais membros da família.

Desde os primeiros acenos da narrativa, antes mesmo de nos aproximar de todos os demais personagens, afirmou que "esta é a história de minha família e no seu ventre e nas suas incoerências dolorosas, fui capaz de entender o mistério dos mistérios; são os caminhos misteriosos da vida que velam, revelam e desvelam os desfechos das mortes misteriosas". Tão simples, que não é preciso explicar. A vida é uma gota d'água. O que há de mais simples e inescrutável. Quantos poemas e canções nasceram da contemplação de uma simples gota d'água.

Foi assim que, destas histórias reais, vasculhamos as mais elevadas verdades.

Não é um tratado mórbido, pois a morte não é mórbida. Mórbida é a lama obscura que impede a luz nas profundezas da existência humana, cuja maior profundidade se realiza no encontro entre a vida e a morte, a morte e a vida. E qual uma gota d'água no reflexo da luz, espalha centenas, mesmo milhares de centelhas.

Não é mórbido, antes é o sopro da esperança que vem do reino dos mortos, onde vivem nossos antepassados e nossos herdeiros da vida. Palpitam lá nossos corações.

Por vezes, vai parecer que as narrativas são marcadas por muita literalidade. Não se assuste, pois nosso amigo narrador, o Léo tem formação em literatura e poética.

E vai ser bom descobrir que passamos todos os instantes de nossa vida escrevendo nosso epitáfio. Sim, claro, a morte é o reflexo mais fiel da vida.

I

Lágrimas do céu e dos olhos

NAQUELA TARDE A chuva não parava, a família estava reunida, molhada pelas lágrimas do céu e pelos olhos de cada um. Estávamos enterrando meu sobrinho, Ricardo, vítima de uma bala perdida, na frente de um banco durante um assalto.

E naquele momento, fomos lançados na trincheira na qual se esconde, dia a dia, todo ser humano: o mistério da morte. E o mistério é fabricado pela imensidão e pela variedade de sentimentos, seja de alegria, de tristeza, de ódio, de medo ou de dor. Sobretudo, do maior sentimento, o amor. Era o mistério da morte empacotado no frágil frasco da dor.

Minha irmã já tinha se desesperado. Até para uma mãe é difícil suportar tamanha dor. Após muitos comprimidos tomados, mal parava em pé, já sem forças e sem condição física. Meu cunhado falava baixinho para ele mesmo "não acredito", "não acredito", "não acredito", dificultando a si mesmo aceitar que seu filho estava morto.

Olhei para a namorada do Ricardo, que se apoiava no braço de minha filha Carolina e desde o momento em que soubemos do assalto, ela tentava ser forte, mas sucumbia ao choro do amor perdido, da vida sonhada e cruelmente ceifada. Difícil que a morte não seja cruel. Difícil.

Meu velho pai não o trouxemos, sua dor pela morte de minha mãe há menos de quatro anos deixara-o muito triste. Ele vivia porque tinha que viver. Aposentou-se e parecia que tinha perdido o encanto pela vida. Seu único motivo, segundo nos aparentava, para viver era Ricardo, que também adorava o avô. E agora, pensei, como será para ele não ter o seu neto por perto?

Nosso bom Padre Rogério, pároco da Igreja que meu pai frequentava, acompanhou todo o sofrimento da família e ali no meio de tanta água que caía, rezou conosco orações piedosas e consoladoras. Por vezes, quando estamos muito tristes, temos a impressão de que a chuva que desaba é o pranto de Deus.

Estava terminado todo o processo do enterro. Despedimos-nos debaixo de chuva e cada família correu para seu carro.

Olhei para Helena, namorada do Ricardo, e a puxei cuidadosa e seguramente para o banco do automóvel, para que parasse de tiritar de frio. Carolina, a minha filha, abriu o porta-malas, pegou um cobertor e o deu para ela. Helena parecia tão frágil; parecia ter deixado sua alma no túmulo de Ricardo e seu corpo se recusava a voltar vazio para sua vida.

— Você vai ficar conosco, Helena. Vai ficar lá em casa.

— Acho melhor eu ir para o apartamento, as meninas não vieram. Creio que foi pelo temporal.

— Não, você vai conosco, precisa de um pouco de paz. Nosso apartamento é grande e tem um quarto de hóspedes. Pelo menos esta semana ficará conosco.

Carolina, que estava sentada no banco da frente, virou a cabeça, olhou para ela e disse:

— Helena, por favor, eu preciso de você, você de mim e nós do meu pai. Vamos ficar todos juntos, pode ser?

Helena acenou que sim com a cabeça, colocou a mão no rosto e voltou a chorar de maneira lúcida e sem exagero.

Durante o caminho não falamos nada, apesar do enorme trânsito que tivemos do Cemitério Gethsêmani, no Bairro do Morumbi, até nosso apartamento próximo da Avenida Paulista, na cidade de São Paulo, onde moramos. Creio que todos precisávamos deste silêncio, pois é uma força, também, que nos invade após o barulho da tragédia soar mais alto que um coração batendo.

Ao entramos eu disse para elas:

— É bom tomar um banho quente, para tirar o frio da chuva que tomamos. Carolina, veja uma roupa para a Helena, acomode-a no quarto, fiquem juntas. São dezoito horas agora, daqui a pouco jantaremos. Vou preparar alguma coisa para nós, mas primeiro vou tomar também uma ducha.

Fiz o que era necessário para me sentir mais confortável e entrei na cozinha a fim de preparar um jantarzinho para os três. "Ninguém vai ter vontade de comer", pensei, mas precisamos nos alimentar. Foram quatro dias terríveis, precisamos viver, quer queiramos ou não.

As duas apareceram para a janta. Helena tinha vinte e um anos e namorava Ricardo há dois anos, ambos estudavam na mesma universidade. Carolina estava com vinte e três anos, terminando a faculdade de Direito.

Elas entraram na copa e viram a mesa pronta. Carolina olhou para mim e perguntou:

— Vamos comer aqui?

Confirmei com a cabeça. Apesar de o apartamento ser bem grande, com uma sala dividida em estar e jantar, que dá para um terraço que tem uma vista magnífica da cidade, além de três suítes, mais um quarto e um escritório para minhas atividades, o lugar em que mais ficamos é na copa, ao lado da cozinha, um cantinho muito agradável para nós.

— Não estou com fome, pai.

— Temos que nos alimentar, é algo leve, precisamos ter forças físicas e espirituais.

Sentamos e Carolina fez uma oração, coisa rara, pois minha filha não é do tipo religiosa:

— Obrigada, Senhor, por este alimento e dai-nos força para superar a morte do Ricardo.

— Vamos superar sim, vai ser muito difícil, mas temos que lutar, para que fique somente a saudade e que o ódio nós possamos eliminar.

— Vai ser difícil, como poderemos perdoar o assassino do Ricardo? Espero que seja preso, que vá para a cadeia – disse Helena.

— Cadeia é pouco, deveria ter pena de morte neste país – Desabafou Carolina.

— Não, meninas, estamos todos machucados, sofrendo pela morte do Ricardo, mas não podemos ser assim. Temos que superar isso. É difícil, muito difícil, mas temos que tentar ou ficaremos a vida inteira com esse sentimento nos nossos corações. Temos que viver com o perdão e não com a mágoa. É um sentimento triste para carregar no coração a cada dia.

— Para mim será difícil, Léo – disse Helena. — Eu e Ricardo tínhamos muitos sonhos, queríamos nos formar, nos realizar profissionalmente. E agora, que eu faço sozinha sem ele?

— Você tem a gente, Helena. Fique morando conosco, tenho certeza que vai se acostumar aqui, se bem que a Carolina tem planos de fazer doutorado em Direito Internacional nos Estados Unidos ou na Inglaterra.

— Se tivermos condição, não é, pai?

— Temos e você irá.

— Léo – disse Helena — acha que a morte dele vai ficar impune? Temos que fazer camiseta com o rosto dele (colocou as mãos nos olhos e retirou limpando as lágrimas) para que todos saibam o quanto o amávamos.

— Façam isso, eu pago as camisetas. Façam tudo o que quiserem se isto diminuir a dor que estão sentindo. O telefone da sala está tocando, esperem; já volto.

Saí e as ouvi comentar sobre a morte de minha esposa. Era meu cunhado chorando no telefone. Conversamos e disse que ele também fosse deitar, pois estava há quatro dias acordado, como todos nós. Ele acabou concordando, minha irmã estava dopada de remédios e dormiu logo depois que chegou do cemitério, o que não era de estranhar. Certamente, qualquer outra pessoa teria dormido horas e horas antes, ela aguentou até o final da cerimônia.

Voltei para a copa. Continuamos a conversar, no entanto comer era o que precisávamos, mas não conseguíamos engolir. A comida ficou no prato, apesar de todos os esforços. Apegamos-nos aos sucos, frutas e guloseimas.

— Sabe, pai – disse minha filha – você deve ser iluminado para tentar nos acalmar. Você conduziu tudo com tanta fé, que chega a nos desnortear.

— Filha, sou um homem que crê em Deus, que sabe que a morte existe e que apesar dos pesares, temos que manter a nossa fé e acreditar em uma nova vida.

— Será que vamos ter, pai? E se não tivermos? E se tudo acabar no caixão? Na hora em que o Ricardo foi sepultado eu fiquei me questionando... E se não existir vida depois? Eu sempre tive medo destas indagações. Parece um horizonte distante, mas por vezes, a morte ronda nossa casa, nossa família e a nós mesmos. Buscamos respostas para o futuro. Mas não quero arriscar. Lembro-me de uma pequena piada sobre o curioso que acendeu um fósforo para saber se tinha pólvora no barril. E tinha. Creio mesmo que uma vida se segue à nossa passagem neste mundo. Mas mesmo que por vezes tenha razão para duvidar, não quero correr o risco, como o curioso da pólvora. Tem, sei que tem. Vou esperar e viver nesta perspectiva.

— Minhas queridas, vocês estão atravessando um período difícil como todos nós e estas perguntas são feitas normalmente quando alguém que muito amamos, como vocês que amavam e vão continuar amando sempre o Ricardo, passa por este momento de dor e tristeza. Depois se fortalece na fé que temos, porque acreditamos que Deus o amparou e o recebeu.

— Pode ser, Léo, pode ser, na realidade estou desnorteada, sem rumo, sem o Ricardo, sem fé, querendo colocar na cadeia o desgraçado que o matou – começou a chorar. Helena era isso mesmo, sentimental e romântica. Para ela, seria difícil a trilha a seguir nos tempos amargos que viriam.

Fomos para a sala de visita e sentamos cada um numa poltrona. Queríamos ficar perto, somente isso.

— Sabe, pai – disse Carolina – precisamos de vinho, vou abrir uma garrafa para nós, precisamos de algo que nos acalme, pode ser?

Concordamos e Carolina trouxe o vinho e as taças e bebemos enquanto conversávamos.

— Sabe, Helena, não sei se é hora ou não, mas preciso contar a você, como aprendi a lidar com as tragédias nas nossas vidas.

— Sabe, Heleninha – disse Carolina afetivamente para ela – papai está apenas colocando nossa vida íntima para você. Poucos na família conhecem a verdadeira história de nossas tragédias, mas meu pai lida com isso com tanto amor, como se fizesse um elogio profundo para algo que ele mesmo não sabe como definir ou talvez saiba, eu não sei.

— Você se refere à morte de sua mãe? – Helena interrogou minha filha.

— São três tragédias em nossa família. As outras duas nós bem sabemos como tudo aconteceu. Ao contrário, a do nosso querido Ricardo nada está explicado.

— E vão desvendar? — perguntou Helena.

— Claro que sim – eu disse para ela – muitas dores vão acontecer ainda. Vamos conhecer, possivelmente, não somente os ladrões, mas tudo o que a morte do Ricardo significou para cada um de nós e para a sociedade.

— Foi por isso que você disse para chorarmos hoje tudo o que queremos e deixarmos os sentimentos para amanhã?

— Não foi bem isso, mas dá no mesmo. Choramos o momento, depois a saudade e bem depois o caminho percorrido.

— Está confuso para mim, Léo. O pior é que eu não quero ir para a cama, pois acho que se eu for, vou ter pesadelos. Na realidade acho que estou com medo da vida, medo de morrer, sei lá. Eu estou tão mal, mas sem conseguir expressar o que de fato sinto, somente um nó na garganta, algo ruim demais.

— Vamos conversar mais um pouco e depois vamos dormir e cada um tente de fato adormecer. Amanhã a vida continua, pois nossas dores não param o mundo.

Sempre procurei entender esta realidade. Cada ser humano vive sua própria história, embora possa contar com a solidariedade dos que estão ao seu lado. Mas a dor é um quinhão pessoal, intransferível. Sempre achei estranho, mas procurei me acomodar aos fatos. Uma vez, estávamos numa reunião mais ou menos importante. Recebemos a notícia da morte repentina de um companheiro de trabalho. Ficamos chocados e um pouco paralisados. Mas não foi por muito tempo; em seguida alguém fez um comentário e depois de uma oração breve, retomamos a reunião. Somente mais tarde, nos organizamos para as exéquias. Cada um procurou conciliar a atenção ao defunto e à sua família aos seus compromissos daquele dia. Podemos até mesmo classificar nosso envolvimento afetivo com alguém pelos arranjos que fizermos para participar de seu velório. Se suspendemos o trabalho, viajamos, vestimos roupas enlutadas e outras atitudes... Tudo reflete nosso afeto e a extensão de nosso sofrimento. Tudo corresponde à importância daquela morte em nossa própria vida.

— Isso é verdade, pai, você foi tão forte quando minha mãe morreu, que até hoje eu me questiono sobre tudo o que aconteceu. Sua postura deu energia para todos e poucos sabiam o que estava dentro do seu coração.

A morte de minha esposa Sara foi, para mim, um drama, por vários motivos. Antes de tudo, pelo afeto que lhe consagrava. Depois, também, pelas circunstâncias conturbadas de sua morte. Tinha motivos vários para exorcizar suas lembranças, mas o coração não dá conta das exigências da razão. Dizem que quando Napoleão estava morto em Longwood, Ilha de Santa Helena, sua mãe pediu o corpo, para sepultá-lo em seu país. Os ingleses não queriam devolver o corpo para ela, que lhes escreveu lamentando: "Mesmo entre os povos mais bárbaros, ó ódio vai para além do túmulo". Certo é que fui sempre tomado por grande subjetividade. Como todos, fui levado pela dor a santificar a memória de Sara. Creio que eu tenha medo dos mortos e, portanto, tenha medo do fantasma de Sara. Certo é que não consigo repudiar sua lembrança, embora ela o mereçesse e somente por discrição procuro ser amável quando falo de sua memória. Minha filha é mais verdadeira e portanto mais dura.

— A história de Sara é algo terrível, mas temos que pensar de modo diferente para poder sobreviver. Foi o que eu e Carolina fizemos.

— Como era Sara, Léo?

— Ela era uma pessoa maravilhosa, muito bonita e cuja maturidade nunca aconteceu.

— Você estudou com ela?

— Como você e o Ricardo, nos conhecemos na faculdade. Eu fazia arquitetura e ela belas artes, o sonho de Sara sempre foi ser uma grande atriz. Na universidade ela foi para o grupo teatral e nos estudos apenas tirava notas para seguir adiante. O que ela queria mesmo era o palco.

— Meu pai se apaixonou porque minha mãe era muito linda mesmo. Todos que a viam ficavam fascinados pela beleza dela – disse minha filha.

— Nós namorávamos e ela vivia mais nos ensaios do teatro. Ela conseguia passar de ano nas disciplinas teóricas, apesar de ser péssima aluna, enquanto que nas disciplinas práticas ela ia bem.

— Vocês casaram depois da faculdade?

— Sim, eu arrumei um emprego depois da universidade. Eu queria me casar com ela, mas ela ficou indecisa entre o casamento e o teatro, mas como ela era muito carente, sentiu que me perderia se não se casasse comigo.

— Minha mãe ainda estudou teatro um tempo depois de casada, não é, pai?

— Sim, sempre dividiu a vida dela entre mim e o teatro, mesmo durante a gravidez.

— Ela me disse que nunca sonhou em ser mãe.

Eu sei que ela disse isso, mas preferi não ouvir. A gente ouve mais facilmente o que queremos ouvir, porque vai ao encontro de nossos desejos. Ela disse que a maternidade não era seu sonho, não podemos culpá-la de nada. Ela bem que tentou, pobre Sara. Sempre me pergunto se certas coisas é melhor dizer, ou melhor, silenciar. Ainda não sei e nem sei se saberei um dia. Voltei de minhas divagações, olhei para minha filha e ela olhou de novo para mim e depois para Helena.

— Meu pai se encantou com a ideia da paternidade, por isso é que eu o amo tanto. Na realidade foram ele e minha avó, mãe de meu pai, que teve uma morte trágica, que me criaram, pois minha mãe vivia do sonho de ser atriz.

— Eu vi alguns pôsteres dela no escritório, ela chegou a trabalhar como atriz, não chegou? – perguntou Helena.

— Sim, uma vez ganhou um papel para dizer algumas frases numa peça, uma comédia engraçada, que ficou seis meses em cartaz. Todas as noites que tinha espetáculo, ela se preparava, ia e achava que fazer parte desta peça foi o maior achado na vida. No entanto, seu papel era pequeno. E não foi uma daquelas histórias que de repente ela substituiu a personagem principal e ficou famosa. Após o término, ela estava sem trabalho de novo. Tentou televisão, publicidade e acabou achando um emprego numa loja de grife famosa como recepcionista, pois falava muito bem inglês, francês e espanhol, aprendidos com seus pais. Foi um período de paz. Foi despedida e voltou todo o esquema de querer ser atriz. Depois disso nunca mais fez outra coisa a não ser tentar viver do teatro.

— Os pais de Sara eram vivos nesta época?

— A mãe de Sara era historiadora e o pai arqueologista. Ela viajou quando criança e adolescente com eles, estudou na Suíça uma época, depois voltaram para cá, encantou-se e não quis ir mais com os pais. Eles mandavam dinheiro para ela fazer a faculdade e nos quatro anos em que estudou aqui, ela foi duas vezes visitá-los. Casamos e um tempo depois ficamos sabendo que os pais dela foram mortos por um grupo de rebeldes que invadiram o sítio arqueológico em que eles trabalhavam e moravam.

— Que horror, Léo, como ela reagiu?

— Foi terrível, mas ela nunca foi afeiçoada a eles, pois foi criada mais em escolas da Suíça, Inglaterra, Espanha e mesmo no Brasil. Ela me perguntou o que deveria fazer.

— Como assim?

— Acho que queria ir embora, pensando, talvez que, eles tivessem deixado alguma herança para ela.

— Deixaram alguma coisa? – perguntou Helena.

— Não, eles não ligavam para coisas materiais. Tinham um apartamento alugado em Paris, um carro e algumas peças que colecionavam. Com a esperança de que tivesse herdado alguma coisa, fomos para a Europa. Não deixaram nada, apenas trouxemos algumas peças que não tinham valor financeiro uma vez que era algo de valor afetivo, realização pessoal, soubemos lá. Tudo foi averiguado e o resultado foi pífio.

— Ela ficou decepcionada?

—Apenas reclamou que eles não tinham deixado nenhum seguro de vida para ela. Isso no coração dela significava que eles não a amavam, pois não pensaram em seu futuro. Ela espargiu as cinzas deles no rio Siena, como uma homenagem para eles.

— Estranho.

— Não acho que seja estranho, foi como acabar com o choro. Ela os deixou em Paris, jogando suas cinzas, trouxe duas ou três peças que estão ali e não têm valor comercial nenhum. O apartamento que viviam era de duas pessoas que não ligavam para nada, a não ser seus trabalhos envoltos por peças, pedacinhos de pergaminho, algo irreal para o nosso mundo.

— Meus avós deveriam ser como minha mãe, ligavam apenas para o sucesso de suas descobertas que nunca aconteceram e minha mãe o palco que nunca viu a estrela que ela queria ter sido.

— Isso é muito triste.

— Sim, muito mesmo. Estou com sono devido ao vinho que tomamos, o restante da história depois termino, Helena. Vamos todos dormir – disse eu, que não estava disposto a continuar falando sobre Sara.

As meninas, como eu as chamava, foram cada uma para um quarto. Eu ainda coloquei a louça na máquina de lavar, sentei-me na sala e tomei a última taça de vinho.

Pensei em Sara. Fiquei imensamente triste ao me lembrar de sua morte, e também em minha mãe que poderia ter ficado mais tempo conosco e a fatalidade não permitiu. Pior mesmo pensar no Ricardo, meu único sobrinho e que nos dava tanto prazer com sua companhia. Era um jovem cheio de sonhos cuja vida foi tirada por bala dos assaltantes do banco, uma bala perdida, afinal. Ele apenas passava em frente e não tinha ideia do que acontecia no banco.

Três mortes na família, todas trágicas e eu procurando dar a cada um dos que restavam da minha família um pouco de amor, pois no fundo sentia esta obrigação. Carolina tinha mágoas da mãe e eu não havia ainda conseguido tirar suas lembranças ruins de Sara e deixá-la apenas com as lembranças boas.

Percebi como na morte mudamos nossas posturas. Ela se torna uma promotora de gentilezas e mesmo de perdão. Sei que há pessoas que mesmo na morte ainda nutrem suas mágoas. Em geral, na morte tornamo-nos advogados dos mortos. Por certo, o sepulcro é um lugar onde as mágoas são apagadas ou pelo menos silenciadas.

Por outro lado, adotamos afetivamente Helena que, desde o início do seu namoro com Ricardo, mostrou ser uma garota inteligente, culta e companheira de todos nós. Agora no quarto, sozinha, certamente chorava o amado que havia sido enterrado hoje. Não casaram, sonhavam com isso, mas se amaram e se entregaram um ao outro. Por certo, ela deveria sentir-se como uma viúva que perdera o marido tão cedo. Que pena, que tristeza que acontece com as pessoas que acabam envolvidas no amor quando o destino sela desgraçadamente a sua sorte.

Contemplei a força do destino em nossos projetos, parece que uma mão invisível mexe e, por vezes, até bagunça as pedras do tabuleiro de nossa existência. Tornamo-nos serviçais do destino ou das forças superiores que governam nossa vida. Não gosto de me sentir vítima dos acontecimentos, mas não consigo mudar a rota da minha história. Isso me humilha, para dizer bem a verdade, isso me humilha.

Fui para meu quarto e nem me recordo como deitei, somente fechei os olhos e vi a cena do caixão de Ricardo, sob chuva, ser enterrado no túmulo da família de forma rápida e cruel.

Se não fossem a fraqueza desses dias e o vinho tomado, não teria conseguido dormir. Aquela seria apenas mais uma noite acordado. Rezei por Ricardo e adormeci.

II

No dia seguinte

CONFORME COMBINADO COM meu pai, fomos para a casa dele almoçar. Meu pai e minha mãe construíram uma casa muito grande na Vila Mariana, que é formado por diversos bairros, entre eles, Chácara Klabin, Conjunto dos Bancários, Jardim Aurélia, Jardim da Glória, Jardim Lutfala, Jardim Vila Mariana, Paraíso, Vila Afonso Celso e Vila Clementino. Eles compraram um terreno com uma parte da herança de meu avô paterno e depois durante anos construíram a casa. Era num local bastante afastado. A região foi crescendo dia a dia e depois de todos estes anos está mais próxima do centro, devido a cidade ter crescido muito nos últimos cinquenta anos. Crescemos nesta casa como se vivêssemos no interior. Hoje o bairro está bem verticalizado, devido as estações do metrô terem surgido há algumas décadas. Até a divisão dos bairros do Distrito de Vila Mariana acabou virando uma incógnita, hoje, todos os moradores dizem que moram na Vila Mariana. Eu fui o primeiro a me casar e como a casa era grande o suficiente para todos, continuei morando com meus pais depois do casamento.. Sara vivia no mundo dela, o mundo do teatro e com isso ganhou o carinho de meu pai, que também gostava de artes.

Minha mãe era a dona da casa e por isso dizia que o que pertencia a ela era a cozinha, pois adorava cozinhar e fazia pratos deliciosos. Tínhamos uma empregada, nesta época, que cuidava da limpeza e de nossas roupas. Com Sara lá, nada mudou, meu quarto a abrigou e a família a recebeu com alegria.

Quando nasceu Carolina, foi uma festa só. Em seguida minha irmã que se chama Paola, em homenagem à minha avó italiana, mãe da minha mãe, casou com Eduardo. Da união deles, nasceu o Ricardo. Logo após o casamento, eles foram morar numa cidade do interior. Lá, Eduardo começou sua vida profissional como biomédico de um hospital público. Eles moravam numa casa herdada dos pais dele. Paola fez Biologia, defendeu seu doutorado e leciona numa excelente universidade. Após alguns anos, nesta pequena cidade, meu cunhado se transferiu para cá e a família ficou com meus pais, uma vez que eu, Sara e Carolina mudamos para o apartamento em que até hoje moramos. Apesar do trânsito que enfrentamos diariamente, gostamos muito do nosso lar.

Com a morte de minha mãe, Paola ficou responsável pela casa, agora cuidando do meu pai, que desde o trágico acidente com minha mãe, nunca mais foi o mesmo. Ele continuou a viver, acho que por causa de Ricardo, por quem tinha uma grande paixão. Ricardo também adorava o avô com quem tinha uma amizade muito bonita. Mesmo assim, nestes últimos anos, já não era o paizão da alegria e da felicidade. Tornara-se mais sério, tristonho e um pouco indiferente; diria até que pensava mais nele do que na família. Quando mais jovem, viajava sempre e hoje acha que não vale a pena nem ir para a praia num final de semana.

Minha mãe, no último aniversário que passamos juntos, disse, num momento de muita seriedade que, quando ela morresse, queria que todos os finais de semana, desde que possível, nós passássemos sempre nesta casa.

Mantivemos, não a promessa que nunca chegamos a fazer, mas o desejo dela de estarmos sempre reunidos, posto que somos uma família pequena.

Quando estacionei em uma das quatro vagas da garagem, vi o carro do meu pai, que normalmente era usado pelo Ricardo e, no para-brisas, uma rosa branca.

— Vovô colocou esta rosa, não foi? – falou uma curiosa Helena.

— Certamente – disse eu – eles gostavam deste carro. Papai o deu para o Ricardo, quando ele entrou na faculdade e disse que iria passar para seu nome somente depois que ele se graduasse.

Vi que os olhos de Helena se encheram de lágrimas e fiquei preocupado com o que viria a seguir.

Paola e Eduardo haviam saído e meu pai, Fernando, então sozinho, nos abraçou. Ele beijou as meninas e elas perguntaram quem iria fazer o almoço.

— Dona Beth veio e está na cozinha, vão lá, quem sabe ela precisa de ajuda.

Era a mãe de uma grande amiga de Paola que morava na vizinhança e se ofereceu para vir fazer o almoço. Paola aceitou que ela viesse.

Fiquei sozinho com meu pai.

— Como você está, pai?

— Estou triste, meu filho, muito triste por meu neto ter ido embora. Como diz você, ter ido para Deus. Durante os quatro dias dias, quando se confirmou a morte encefálica, pude pensar bastante na vida. E acho que minha dor é pequena diante da dor de Paola que perdeu o filho. Uma mãe perder o filho é muito pior do que possamos imaginar.

Olhei para ele com a alma dilacerada de tristeza. A morte não tem graça e mesmo que ela tenha a densidade de nossos sentimentos, sempre ouvi dizer que a dor mais triste é uma mãe sepultar um filho. Conheci algumas mães que ficaram longos meses e mesmo anos sem sorrir. Conheci uma mãe, é a de Angélica, que simplesmente enlouqueceu, quando um de seus filhos, o Fábio, que era gêmeo do Flávio, se afogou na piscina do prédio em que moravam. Ela se culpou todos os dias, até que a loucura veio encobrir sua dor. Depois disso, ela conversava com ele o tempo todo e espaireceu sua dor. O Flávio foi esquecido pelos cantos da casa e caiu num estranho mutismo. Não há maior dor que sepultar um filho. Essa é a verdade.

— Sem dúvida, como Paola está?

— Está mal. Sei que você nem gosta de pensar nisso, mas acho que ela apelou para o espiritismo com o marido. Você sabe que seu cunhado é espírita e ouvi uma conversa...

— Fique tranquilo, pai, se isso faz com que se sintam melhor, deixe assim. Não fale nada.

Procurando entender pessoas e famílias que enfrentam períodos longos de enfermidade ou mortes trágicas, descobri que muitos buscam explicações em outras religiões, novas respostas ou respostas que não existem dentro de nós mesmos. Acumulam sentimentos, ficam confusas e perdidas, muitas vezes são exploradas por charlatões. Do mesmo modo que saem desesperadas procurando especialistas para suas curas, procuram em todas as confissões religiosas a resposta para suas aflições.

— Fui à nossa igreja aqui no bairro e marquei a missa de sétimo dia.

— Fez bem.

— Eu tinha um segredo com o Ricardo. Ele prometeu que antes de se casar com a Helena, nós dois iríamos para o Egito. Como engenheiro, sempre fui fascinado pela construção das pirâmides, e ele também seria engenheiro, por isso, combinamos de fazer a viagem. Não deu tempo. Minha preguiça impediu que este sonho acontecesse.

— E o que você quer dizer com isso?

— Que ontem, enquanto vocês estavam no enterro, fiquei sozinho aqui, pensando no meu netinho – ele se emocionou, rolaram duas lágrimas de seus olhos e depois de enxugá-las — continuou — eu conversei com ele, coração a coração, e entendi que ele quer que eu vá para lá, que eu vá sozinho. Ele vai estar perto de mim o tempo todo, como se estivéssemos juntos fisicamente.

— Acho que deve ir, busque por uma excursão, daquelas bem boas, e vá, pai. Faça isso como um pedido de Ricardo. Não acorde amanhã com preguiça, ao contrário, faça disso uma realidade. Vá sim, como se ele estivesse junto. E ele está mesmo perto de todos nós. Pensemos no Ricardo em espírito ao nosso lado, porque o Ricardo matéria se foi, mas o espírito está com Deus, e Deus está sempre perto de nós.

Este foi o mais sábio testemunho, o testemunho de meu pai, quando disse que "se Ricardo está com Deus e Deus está conosco, então nosso menino está conosco, está em nós e assim, vou viver a sua presença espiritual; renuncio sua presença física, sepultada silenciosamente no campo santo e carregarei comigo a sua parte imortal". De fato, meu pai entendeu e cultivou melhor que todos nós a memória do Ricardo, seu discernimento foi elevadíssimo.

Abrimos a porta e entramos. Carolina me disse:

— Não me conformo. Há uma semana estávamos aqui neste quarto falando do nosso futuro, das nossas formaturas e agora? Tudo acabado.

Carolina não falava, gemia as palavras e entendi o seu sentimento atroz, quando revelou sua miséria, como quando bebemos no deserto o último gole do cantil. Senti na sua alma o espírito da morte, a nossa impotência diante dos fatos, a incapacidade de refazê-los, de retroceder o tempo e mudar o destino. Deve ser por isso que existem tantas passagens na literatura e nos contos e lendas, onde os protagonistas tentam voltar o tempo e refazer os capítulos de uma história trágica. Queremos negar os fatos, dizemos que não é verdade, que estamos tendo um pesadelo e depois, conferida a veracidade dos acontecimentos, queremos desfazê-los. Nada é possível e então gritamos por Deus. O sentimento de fim é a manifestação de que somos guiados para o infinito e não suportamos nossa finitude. Não morremos, acreditamos, transformamos nossa forma de existir.

— Quero que ele exista novamente, faça-o reviver, meu Deus. Você não é Deus – em tom desafiador, aninhando-se em meus braços. Você não tem poder, Deus, cadê seu poder? Me enganaram? Prova que não me enganaram! – E foi gemendo cada vez mais profunda e mais morosamente. Silenciou e eu a abracei mais suavemente, forte, mas suavemente.

Aos poucos Carolina se se recompôs, olhou o pôster que tinha Ricardo na academia.

— Lembra-se da história da foto? Eu fui até a academia e tirei, mandei fazer um pôster e no ano passado, no dia do aniversário dele, nós lhe demos como presente. Abriu a porta do quarto e a foto estava aqui. Lembra-se do que ele disse, pai?

— Sim... Ele olhou e disse "como sou bonito" e demos muita risada, mas é verdade, ele é ...era muito bonito mesmo.

— O engraçado é que todo mundo dizia que ele era parecido contigo e ele ficava todo orgulhoso. É interessante, ele parecia mais com você do que com o tio Eduardo.

— Isso é bem verdade. Ele gostava da brincadeira, e uma vez brincou com o Eduardo que não gostou nada, dizendo "ainda bem que o tio é mais bonito que você".

— Ele era adorável... Ah, para todos nós vai ser muito difícil esquecê-lo.

— E quem quer esquecê-lo? Estamos lembrando com amor, muito amor das coisas que ele dizia, era como um filho para mim, esta história de ser parecido comigo, fazia me ver como se fosse meu filho.

A porta do quarto estava aberta e vi Helena chegando e olhando para nós.

— Diga-nos, Helena, em que está pensando?

Ela olhou para mim e Carolina e delicadamente disse:

— É uma tentativa vã esquecer os que partiram. Neste momento de dor, eternizamos nossos sentimentos fazendo juramentos eternos. Foi assim, que jurei amor eterno pelo Ricardo. Gosto muito de lembrar e me surpreendo recordando e revivendo na memória momentos marcantes ou mesmos frases simples e acontecimentos sem importância. Acho que é bom lembrar os mortos que amamos; faz-nos pensar que amamos e vamos sempre amar. É a porção iluminada de nossa existência. Sempre terei o Ricardo em minha memória.

Carolina, para salvaguardar a dor de Helena e soprar sobre sua esperança, testemunhou como quem está perto da dor, mas a dor não lhe pertence, é apenas solidária. Recordo que ela disse que alma e corpo são importantes e cada um tem seu momento de desvelamento. Cada um sustenta a grandeza de nossa existência, de acordo com o momento que vivemos. Diante da morte, para tocarmos e ser tocados pelos que partiram para sempre, elevamos a importância da alma. Na alma, nos encontramos mais com nossos mortos queridos.

E Carolina, olhando para Helena, dirigiu-se até ela e repetiu uma das frases mais bonitas para adentrar o oceano do mundo dos mortos.

— Carrega-me no seu coração, mas faz-se habitar no seu espírito, pois o espírito sobrevive à morte e assim tu me levarás para sempre com você.

Caminhou na direção de Helena e abraçou-a, olhou-me e foi falando. Parecia me repreender.

— Mas você preferia tê-lo aqui fisicamente e não espiritualmente. Estou errada?

— Não, minha filha, claro que não, queria que ele casasse com Helena, tivessem filhos e fossem felizes, mas não sei como os caminhos de Deus se realizam. Assim, eu tenho que me apegar ao espírito e não tanto às coisas materiais.

Carolina é muito inteligente e de vez em quando me desconcerta:

— Que discursos elevados. A sensibilidade eleva nossos pensamentos e promove em nós verdadeiros discursos de sabedoria. A dor e o sofrimento nos fazem um pouco mais poéticos e também mais sábios.

— É difícil, para nós, entendermos o seu pensamento, você é muito profundo — sussurrou Helena para mim.

— Aos poucos você vai entender.

— De onde você tira suas forças, pai?

— É Deus que me envia a força. Aliás, Ele envia para todos nós, mas muitos não acolhem. Parece que muitas pessoas fazem do sofrimento uma virtude e da dor um mecanismo de defesa. Tem gente que fatura com a morte, justificando atitudes e escapando das responsabilidades. Perigo à vista. Bem, para ser menos cruel, creio que muitas vezes as pessoas não conseguem querer. É mais forte do que elas.

— Eu bem que quero, mas não sei como me fortalecer.

— Basta aceitar, deixar a força entrar no seu coração e perdoar sempre. Fico preocupado por você nunca tê-la perdoado como se deve, sem ficar nenhuma mágoa – disse isso em relação a Sara, mãe dela. Impressionante, por vezes cultivamos a mágoa como se fosse um animalzinho de estimação.

— Isso é, — disse Helena — é igual a ter uma serpente como bicho de estimação. Pode ser bela, mais dias, menos dia, vai te envenenar.

— Estes cem por cento do perdão eu não consegui, acabei acumulando tantas mágoas de minha mãe que é difícil zerar o que ela fez.

— Para ser feliz, você tem que tirar isso. Para ser feliz, não basta eliminar os fatos concretos da realidade, mas também sacudir a poeira dos ressentimentos. Sem arrancar os entraves do espírito, não se poderá jamais superar os traumas dos males sofridos.

Carolina sempre foi uma garota difícil. Quando criança, somente eu e a avó conseguíamos alguma coisa dela, a mãe não adiantava falar.

As duas nunca se entenderam. E eu fiz o pior de tudo, acabei mimando demais minha filha.

A casa do meu pai era interessante, havia momentos em que ela parecia alegre e horas que um silêncio profundo acontecia. Neste dia, em especial, reinava um silêncio, que chegava incomodar.

No andar de cima foram construídas quatro suítes e uma sala de tevê, que na realidade somente funcionou quando éramos crianças. Na parte de baixo temos a copa, cozinha, sala de jantar, sala de visitas, lavabo e o lugar preferido de todos nós, o jardim de inverno que é como um terraço todo de vidro com cadeiras, poltronas e muitas plantas que minha mãe cuidava com muito carinho. Neste local, talvez o mais tranquilo da casa, a sensação é muito agradável, menos quando a televisão é ligada em dias de jogo, copa do mundo, carnaval ou outras festas televisivas. Mas é raro, daí vira um lugar comum do mundo. Quem chega e fica lá, sente-se incrivelmente bem, parece estar num sítio.

Descemos e fomos para onde estava meu pai.

Eduardo e Paola chegaram. Normalmente minha irmã chega quase aos berros falando com todo mundo, jogando a bolsa na poltrona. Desta vez entrou em profundo silêncio. A gente sempre fala bem baixinho quando está sofrendo, para não agredir o espírito que sofre. Quando alguém sussurra e grita forte, quer exorcizar a dor e pode perturbar a beleza das lembranças.

O assunto, depois dos cumprimentos normais, era Ricardo e nem poderia deixar de ser.

Conversei com Paola e Eduardo antes de almoçarmos e minha irmã parecia que estava com medo de falar alguma coisa.

Por fim, depois de muito ensaiar, disse:

— Nós estivemos na sede que o Eduardo frequenta, sei que você não acredita no espiritismo, mas eu precisava ir lá.

Eu aprendi a respeitar ou pelo menos aceitar aquelas almas mais frágeis que buscam respostas incessantes nas religiões, para entender os mistérios da morte ou das fatalidades. Como um enfermo que busca dezenas de especialistas para ter um diagnóstico. O desespero diante da morte nos leva por caminhos imprevisíveis.

— Paola, tudo o que você fizer e achar que está fazendo bem para você, vá em frente e faça.

— Você, que é tão forte, aguenta tudo como sempre. Mas eu não sou assim, desmoronei quando mamãe morreu tragicamente, fiquei em choque com a morte de Sara e não me conformo que Deus tirou meu filho.

Sempre entendi que na morte buscamos os culpados e até mesmo culpamos Deus, como senhor de todos os destinos. Precisamos descobrir os culpados. Entendi que diante da morte não devemos perguntar o *porquê*, e sim *para quê* e descobrir novas possibilidades da própria vida.

Dizem que assim estava programado nas nossas vidas, que Ricardo iria antes de nós. Não me pergunte por que, isso não sei dizer, apenas que Deus o chamou. Como são misteriosos os desígnios de Deus!

— Você nunca vai entender, você não tem ideia do que é a da dor de perder um filho. Estes dias foram um inferno e revivemos tudo de novo, eu não me conformo. Eu estou revoltada com Deus, estou muito zangada com Ele. O Ricardo era tudo para nós, tudo. Olha a Helena, iriam casar, iriam ter filhos, eu seria avó, nem sonhar mais eu posso, nossa família está acabando. Cadê o poder de Deus? Dizem que Deus brinca conosco como se fôssemos pequenos fantoches em suas mãos. Não quero dizer mais nada – e silenciou de repente.

Eduardo deixou-a falar, esperou um pouco e disse:

— Calma, Paola, calma. Nós fizemos alguma coisa nas nossas vidas anteriores e certamente estamos pagando por isso.

Paola não resistiu e voltou com sua carga de mágoas.

— Nos momentos mais trágicos as reflexões mais absurdas se seguem. Cada um quer ter sua resposta, para afinal não dizer nada de concreto. Não me servem suas reflexões lógicas e cheias de hipóteses, porque aconteceu. O Ricardo continua morto — ela parou de falar, creio que achou tolice discutir religião naquele momento e o Eduardo também preferiu nada mais retrucar.

— Eduardo – falei com carinho para os dois – por favor, vamos parar de culpar Deus e cada um de nós pelo que houve. O fato é que um dos assaltantes do banco matou Ricardo, foi uma fatalidade ele estar passando ali bem na hora do tiroteio e é tudo. Vamos pensar que ele está bem com Deus e tentar nos nutrir de saudades. O sentimento é grande, mas vamos aprender com a presença silenciosa de sua ausência carregada de dor. Não há como nos enganarmos, temos que ser realistas.

Paola chorou de novo e disse:

— É muito difícil tudo isso, foi tão de repente tudo e ainda teve que...

— Depois falamos sobre isso também – disse eu.

Eduardo olhou para mim:

— É tão bom quando você está perto da gente, você nos fala a verdade, nos mostra como é a vida. Mas somos assim, dói demais perder um filho, dói muito, meu amigo.

As meninas vieram nos chamar para almoçar.

Pedi que Carolina fizesse uma oração. Ela me olhou como se estivesse cumprindo uma ordem.

— Hoje vamos pedir para a vovó cuidar do Ricardo lá no céu. Ela o amava muito e agora ele está bem pertinho dela. Vamos rezar.

Descobri que, diante da dor de uma despedida, as explicações podem irritar. Melhor mesmo são palavras dóceis e gestos pequenos, com ternura. Rezamos e almoçamos, quase que silenciosamente. Dona Beth se incumbiu de falar como tinha feito a torta e os outros quitutes. No fundo, ninguém estava muito interessado nisso, mas foi bom, aliviamos nosso sofrimento pensando na confecção da comida. Bom alvitre é nos entreter com coisas triviais nos momentos embaraçosos. Bem, todos nós repetimos a sobremesa.

Um pouco depois do almoço voltamos para casa, eu, Carolina e Helena. Passamos no apartamento onde Helena oficialmente morava e ela apanhou algumas roupas. Chegamos e cada um foi para o seu quarto. Troquei de roupa e fui para o escritório para tentar elaborar um projeto de um hotel à beira mar, que a empresa me solicitou e que durante estes dias não tive como desenvolvê-lo.

Algumas horas mais tarde, Carolina bateu na porta do escritório bem devagarinho. Gritei para que ela entrasse.

— Pai, fiz café, venha tomar.

Sem demorar, as meninas haviam colocado na mesa da copa, café com bolo e mais algumas coisinhas.

— Quem fez o bolo?

— Helena – disse Carolina.

— Que bom, vamos comer, hoje esqueçamos as dietas, calorias e a glicemia — tomamos o café com bolo e depois Helena me perguntou:

— Ontem você falava de Sara, dá para continuar a história?

Não estava com muita vontade de contar a história naquela hora, mas pensei que poderia falar um pouquinho de Sara. Seria até uma forma de desviar um pouco o assunto da morte do Ricardo.

— Sara passou a vida toda procurando uma chance de se projetar como atriz. Naquela peça que ficou seis meses em cartaz, havia um ator chamado Jorge.

— Um canalha – disse Carolina.

Eu continuei, fingindo não ter ouvido a intervenção de Carolina, porque certamente entraríamos numa outra parte da história de Sara.

— Sara era uma pessoa que se você a elogiasse, ela virava sua amiga na hora, porque era carente por conta de seu sonho de ser artista e precisava do reconhecimento das pessoas. Jorge a elogiou demais e quando terminaram a peça, ele a convenceu, acho que nem precisou de tanto fermento, para que ela fosse a atriz principal de um nova peça.

— Colocou na cabeça de minha mãe que ela seria a estrela do show e ela acreditou – disse Carolina.

— Mais ou menos isso. Começaram os ensaios. Ele seria o diretor e, segundo o que Sara dizia, Jorge tinha parte do dinheiro e o restante buscaria por meio das leis de incentivo à cultura. Todos os dias Sara saía para ensaiar.

— Talvez não só para ensaiar – disse Carolina, demonstrando mágoas e ressentimentos.

— Como assim? – perguntou Helena.

— Eles tinham um caso. Minha mãe se apaixonou perdidamente por aquele...

Não completou a frase. Ela mesma interrompeu, manifestando certa ira, mas controlando suas palavras. Esta era a Carolina, tinha um quê de elegância até na raiva. Quando aconteciam estes repentes em minha filha, eu pensava comigo que gostaria de saber de fato o que ela pensava, pois via uma intelectual que estudava e ao mesmo tempo uma guardiã das mágoas. Seus olhos pareciam fumegar quando se falava em Jorge.

Helena me olhou, perguntando se era verdade.

— Sim, Helena, é verdade, não sabíamos de nada. Houve a estreia da peça, eu e Carolina fomos prestigiá-los. A família estava presente e alguns amigos também. O fato é que naquele instante, Sara se sentiu a estrela do espetáculo, papel principal e apaixonada pelo diretor. E nisso tudo, o que poderia atrapalhar seu sucesso e sua vida?

— Eu e meu pai – disse Carolina

— Não é bem assim, filha, sua mãe estava perturbada com as luzes da ribalta, como mariposa perdida entre holofotes.

— Meu pai, Helena, tudo para ele tem um motivo de perdão, mas a verdade é que ela queria liberdade para viver a vida dela. E escolheu um crápula da pior espécie.

— De certa forma era isso. Fato é, porém, que ela nunca negou que amava mais o teatro do que nós dois. E era a vida que ela sonhava. Nós éramos certinhos demais para ela, acho que esta seria a expressão correta. Eu tinha confiança nela, plena confiança.

— E ela acabou com sua confiança, com a minha, com tudo – desabafou Carolina.

— Nossa, eu me lembro que o Ricardo me contou que tinha uma tia atriz, mas eu não a conheci, agora estou entendendo. Ah, meu Deus, Ricardo me falou alguma coisa.

—Após a estreia, fomos comemorar com os artistas, diretor e outros amigos. Sara bebeu muito naquela noite, mais do que deveria, voltou para casa tropeçando nos calcanhares.

— Meu pai achou que ela tinha comemorado demais, sempre justificando suas atitudes.

— Léo, desculpe-me por perguntar, mas você a amava mesmo? – perguntou Helena, com certa delicadeza em tocar neste assunto.

— Sim, amava muito – respondi – o amor é uma coisa tão confusa, a gente ama e pronto. Sempre fui apaixonado por ela e o fato de ela gostar muito de teatro, eu encarava isso como alguém que gosta de futebol, cinema, esporte um pouco mais do que o normal.

— Minha mãe, Helena, no dia seguinte fez a cena teatral mais perfeita que já vi na vida. Nunca vou esquecer.

— Bem, o fato é que no dia seguinte, ela levantou tarde, eu e Helena já tínhamos tomado café, feito nossas coisas. Mas era sábado, um dia para descansar depois de uma noite agitada. Ela nos cumprimentou, tomou café, depois entrou no quarto e uma hora depois saiu com duas malas. Nos olhamos e ela disse que estava indo embora, que estava apaixonada pelo Jorge e que a vida de artista não combinava conosco. Falou que iria morar com ele e deixou até seu novo endereço. Disse que estava levando algumas coisas e avisaria quando viesse buscar o restante.

— Assim, sem mais nem menos? – perguntou Helena, meio assustada.

— Sim, foi isso, Helena. Eu tentei argumentar que nós a amávamos e que ela estava confundindo as coisas, que ficasse, largasse o teatro e pensasse em nós. Ela então me disse que eu era um bom marido, acho que foi isso. Nem me recordo do chavão que usou, mas não me amava o suficiente para ficar. Amava mais o teatro e o Jorge. Falou que não estava feliz conosco.

— Deve ter sido terrível para você, Léo.

— Ela foi a maldade pura com meu pai. Ele ainda pediu que ela ficasse, que seria melhor para todos nós, mas ela já havia tramado tudo aquilo.

— O fato é que Sara planejou todo este final de história para nós. Por esta razão, Carolina não a perdoa, mas deveria. Ela estava transtornada, iludida, fora do seu normal.

— Talvez estivesse para você, mas para mim ela estava representando, como fazia o tempo inteiro. Na vida, algumas pessoas, como minha mãe, inventam uma *persona* e fabricam uma imagem que nunca existiu. Ela era isso – comentou Carolina.

— Disse que iria levar o carro, sacaria a metade do dinheiro que nós tínhamos em aplicação no banco e nós podíamos ficar com o apartamento. Disse ainda que não queria nada, que eu procurasse um advogado para dar entrada na papelada do divórcio e mandasse para ela assinar.

— Meu pai queria muito comprar um sítio, pois era um dinheiro que ele vinha há anos juntando. Ela, mesmo dizendo que não queria nada, levou o carro, metade do dinheiro, suas joias, suas coisas pessoais.

— Qual foi sua reação, Léo? — Helena quis saber e o que eu falei para Sara. Eu disse calmamente para ela:

— Fique, se você for, eu sei que será difícil haver um retorno. Esqueçamos tudo, recomecemos.

— Não, foi difícil para eu tomar esta decisão, mas eu quero minha liberdade. Por favor, me ajude a colocar as malas no elevador. Na garagem, eu me viro sozinha, não precisa me acompanhar até lá.

— Meu pai estava tão chocado que não se mexeu. Eu a ajudei com as malas, colocando-as no elevador, e ela me disse secamente que eu também não precisava descer com ela.

— Terminou aí, Léo?

— Sei que a peça não foi um sucesso e terminou logo.

—Algum tempo depois, ela veio buscar o que havia deixado. Como não coube tudo no carro, voltou ainda no mesmo dia e levou o restante. Olhou três objetos que meus avós maternos deixaram e disse para mim:

— Lembre-se que seus avós existiram e, se um dia tiver que falar sobre eles, mostre estas antiguidades. Foi o que restou para mim, agora são seus.

— Obrigada, mãe, foi o que consegui dizer.

— Ficamos quase um ano longe dela. Eu notei, no extrato bancário, que ela havia tirado metade do dinheiro e, alguns dias depois, ela tirou um pouco mais. Então, transferi o saldo e fechei a conta para evitar que todo o dinheiro fosse embora. Eu nem tinha ideia do motivo de ela ter sacado toda a sua parte e mais um pouco. Falei com um advogado e ele fez a papelada do divórcio e nesta papelada eu deixava o restante do dinheiro e mais o que eu consegui juntar para lhe dar. Era o equivalente à metade do que eu tinha. Financeiramente eu não queria ficar com nada que não fosse de direito.

— Meu pai fez tudo certinho, Helena. Ele fez as contas e ainda daria o equivalente da metade deste apartamento. Um dia minha mãe me ligou perguntando do divórcio, dizendo que queria assinar os papéis. Falei para meu pai que eu levaria os documentos até ela.

— Nunca me preocupei com isso, apenas queria repartir o que era certo. Não havia motivo para eu não lhe dar a parte que lhe cabia do nosso patrimônio.

— Meu pai e eu conversamos e eu disse que ele trabalhou a vida inteira para ter o que tinha, que eu achava que ela não merecia isso. Afinal, ela tinha usufruído de tudo. Mas ele disse que ou se é ou não se é honesto. Achei que ele estava certo. Então peguei o envelope onde estava a papelada do divórcio e fui até o prédio onde ela morava. Tive um choque imenso. Era no centro da cidade, um prédio velho, caindo aos pedaços. Entrei e toquei a campainha. A mulher que abriu a porta nem parecia mais minha mãe de um ano antes. Assustei-me quando a vi magra, abatida, com um vestido surrado, cheirando mal e certamente faminta. Abri a geladeira e vi que não tinha nada. Em cima da mesa um pacote de bolacha e copos sujos dispersos. Era deprimente como ela estava vivendo.

— O que você fez? Perguntou Helena.

— Liguei para meu pai. Eu estava com o carro, ele pegou rapidamente um táxi e me encontrou lá. Enquanto ele estava vindo, quase a obriguei a tomar banho. Foi difícil achar uma roupa, mas encontrei alguma coisa e fiz com que ela vestisse. Ela estava mal mesmo. Meu pai chegou e a levamos para um hospital.

— Foi deprimente vê-la. Ela dizia que o Jorge tinha voltado para a cidade onde tinha nascido. Hoje sabemos que ele era casado, tinha mulher e filhos. Deixou o aluguel do apartamento pago só ate o final do mês e ela sabia que tinha que ir embora de lá, daquela pocilga em que morava.

— E o dinheiro, Léo?

— Sabemos que o dinheiro da Lei Rouanet não saiu. Ela vendeu o carro, entregou o dinheiro para ele, que pagou as contas, pegou o resto do dinheiro, um avião e foi embora, deixando-a abandonada, naquele apartamentozinho sujo. Ela ainda confiava que ele ia voltar, ligava o celular e gastava para falar com ele. Com o tempo, percebeu que não tinha volta e entrou num processo de autodestruição.

— Minha mãe ficou umas três semanas no hospital. Eu e meu pai íamos todos os dias vê-la e após ter tido alta e melhorado, nós a trouxemos para casa. Meu pai arrumou o quarto que você está e se mudou para lá. Ela ficou no quarto do meu pai, que antes era o quarto deles.

— A depressão era muito grande e ela tomava medicamentos fortes. Arrumamos um terapeuta para tratar dela e a levávamos três vezes por semana para tratamento. Contratamos uma estudante de enfermagem e ela ficava o dia todo com ela, e à noite ia para a aula. Alguns dias ela estava bem, falava como se nada tivesse acontecido. Mas quando ficava muito tempo quieta, a gente sabia que ela procurava o telefone e ligava para o Jorge, creio que ele falava que em breve voltaria, e ela acreditava ou fazia que acreditava. Falei com o terapeuta e ele me disse que ela pensava em suicídio. Ficamos com medo de que se jogasse do prédio e reforçamos nossa vigilância. Resolvi colocar telas de proteção nas janelas e para que ela não desconfiasse eu comprei um gatinho para fazer-lhe companhia. Ela conversava com o gato, ele vivia na sua cama e lhe fazia companhia. Assim, o gatinho a acompanhava todo o tempo. Perguntamos ao terapeuta se deveríamos interná-la numa clínica e ele respondeu que achava que ela estava melhor. Disse então, que, no atual quadro clínico, não precisava.

— Que importância tem viver, do que vale a vida sem sermos o que queremos ser? A vida não tem sentido longe do Jorge e longe dos palcos. Não quero mais viver, quero partir. Me ajuda a partir. – Foi o que disse Sara, um dia.

Sentia certa humilhação, mas me consolava. Antes de tudo, porque ela estava fora de seu raciocínio normal, perdera a racionalidade e revelava sinais de autodestruição. Porque acreditava que não estava tanto apaixonada pelo tal Jorge, apenas ele era sua promessa de ribalta, como se ele lhe trouxesse os louros da fama.

— O interessante é que na semana anterior à morte dela, ela estava muito bem, falando e fazendo seu teatro conosco. Chegamos a comentar, não é, pai? – disse Carolina – que ela estava realmente voltando a ser como fora a vida inteira. No entanto, descobrimos pelas contas de telefone, que ela ligou para o canalha do Jorge e ele deve ter falado coisas terríveis para ela, pois foi a última vez que ela ligou para ele.

Com certo ressentimento, nós continuamos contando a história para Helena. É bom partilhar nossas histórias com amigos fiéis e discretos.

— Ela estava doente. Bem dizem os antigos que a doença mental é a pior de todas. Se a própria pessoa ajudar, ela se cura, fica boa, revive, volta a ser o que era, transforma sua dor em força e fica mais forte para enfrentar a vida, caso contrário, ela afunda cada vez mais até morrer. Meu Deus, foi o que aconteceu, ela ainda encenou mais um ato, dizendo que estava ótima, que estava feliz, que ia voltar para o teatro, que o Jorge iria voltar, que ele apenas estava com problemas com sua família.

Como ficou claro, nem sempre é fácil contar nosso drama para alguém, mas eu queria que Helena soubesse que ela não era a única a sofrer. A dor solidária é menos atroz.

— Um dia depois de ter dito tudo isso, não sabemos como, ela arquitetou o plano final. Mesmo a gente escondendo os medicamentos, a enfermeira servindo-lhe os remédios, o fato é que uma pessoa com este tipo de doença e é isso que eu tento passar para a Carolina, a pessoa não sabe o que faz.

Olhei seu rosto reticente, mas não queria discutir com minha filha. É preciso tempo para purificar as mágoas do coração daquelas pessoas que se sentem traídas. Bem, Carolina se sentia traída por sua mãe. Que triste. Nem a morte conseguira acabar com a mágoa. Nem a morte. É preciso esperar pelos caprichos do tempo. Certas feridas somente o tempo pode curar, nem mesmo a morte é tão eficaz assim.

— Eu tento entender. Talvez meu pai tenha razão, nunca percebemos que a minha mãe foi a vida inteira uma mulher doente, traumatizada pela educação que teve, pelo descuido dos pais que viviam mais em função de sua profissão do que dela. Ela também me negou tudo isso – disse reacendendo sua mágoa. É bem complicado para mim também. O fato é que naqueles momentos ela estava mesmo muito mal.

— Eu fui trabalhar e avisei Carolina que voltaria somente bem tarde naquele dia. Era uma reunião numa cidade vizinha, creio que uns cem quilômetros de distância e eu não tinha horário para retornar. A enfermeira ficou com ela de manhã, serviu o almoço ao meio dia. À tarde nos contou que ela estava deitada e dormindo. Sara tomava os medicamentos e dormia bastante, o que era normal. Depois levantava, tomava banho, um lanche, via televisão, coisas assim. A enfermeira não notou nada de errado, mas a esta altura Sara já tinha tomado todos os comprimidos que guardou, pegou, sei lá. Quando Carolina chegou, o gato que ficava lá começou a miar e Carolina foi até o quarto, achando que o gatinho queria sair. Encontrou a mãe deitada de forma estranha na cama, chamou a enfermeira, tentaram reanimá-la, viram as caixas de remédios no banheiro e o copo marcado. Tentaram tudo e chamaram a ambulância. Foi levada imediatamente para o hospital.

— Eu e a enfermeira fomos juntas ao hospital. Tentavam tudo na ambulância, levaram-na para uma das salas logo que chegamos. Depois o médico veio falar comigo, meu pai estava a caminho. O médico disse que ela tinha tido morte cerebral.

— Não! – disse Helena – eu não acredito que ela também teve morte cerebral.

— Sim, ela também teve.

— Meu Deus, que horror.

— Bem – disse eu para Helena – esta foi a história de Sara. Concordo com Carolina, pois também penso que ela sempre foi doente, mas como era do tipo mais desligada da realidade, numa percebemos o quanto ela deveria ter tido um acompanhamento desde criança com psicólogos, terapeutas, psiquiatras. Falhamos neste ponto.

Tentei amenizar o que passamos, mas Carolina era objetiva:

— Não dava para perceber. Ela dissimulava muito devido ser *artista*, mas o terapeuta que a tratou nos últimos meses, depois nos disse que minha mãe deveria ter tido acompanhamento a vida inteira, que ultimamente ela somente falava em morrer, que queria parar de sofrer. O suicídio foi seu ato final.

— Era doente, entenda, Carolina, sua mãe era doente.

— Pai, mas ela o traiu, ela foi embora, ela o magoou muito e você diz que fez isso porque ela era doente. Você a perdoou depois de tudo que passou. Após a morte dela, você ficou meses sofrendo sem fim – disse atropeladamente.

— Eu não percebi que ela estava doente, hoje sabemos o quanto ela estava perturbada. Estava não, era assim. Eu tenho certeza de que, se tivesse percebido, ela não estaria morta.

Perturbou-me, pensei, recordando um amigo que perdera um filho em condições semelhantes, porém com drogas. Ele sempre tentava conversar tentando remover o passado e refazer o destino. Nunca deixou de se condenar e de se maltratar pelo sentimento de culpa. Via a hora em que ele também iria terminar fazendo uma loucura, como se diz. Mas, finalmente, não, ficou muito doente e foi definhando. Serviu para entender que a visita da morte tem vários modelos de cartão. É melhor não questionar muito, fazemos o quanto podemos e depois consentimos. Não se pode mudar o passado das coisas, mas é possível reformular o próprio destino, tudo que há de vir.

— Ah... Léo, como pode falar assim? Tudo o que vocês fizeram foi maravilhoso, deram a ela carinho, amor e perdão. Que culpa têm vocês de ela ter entrado nesta depressão? No fim, a causa mesmo de sua desventura deve ter sido o Jorge, que a iludiu.

— Este é o fator que desencadeou a doença, apenas o fator. A doença em si sempre existiu, entende?

— Não sei, Léo, é grande o sofrimento que vocês tiveram. Não tinha a mínima ideia de tanta dor. O Ricardo contou-me alguma coisa, mas não sabia o quão espinhoso foi o caminho de vocês.

— Vou para o escritório. Amanhã é segunda-feira. Vocês voltam para a faculdade. Sigam a vida e não deixem de amar nossos mortos e rezar por eles. Peçam sempre que Deus faça com que estejam bem no reino da luz divina.

III

Uma triste história

NO SÁBADO SEGUINTE aconteceu a missa de sétimo dia do Ricardo. Revivemos os últimos momentos de sua passagem, engrandecemos os momentos derradeiros, como se fossem linhas de um testamento final. Novamente vive-se o drama, por mais que eu ache que devemos ter este momento na vida para os nossos entes queridos e amigos. Nós sofremos sempre diante da recordação de como eles se foram. Interessante é notar que, quando as pessoas com mais idade morrem, parece que entendemos que o ciclo fechou e sentimos menos do que quando um jovem se vai, como aconteceu com Ricardo.

Nem preciso dizer que minha irmã quase precisou ser retirada da igreja de tão triste que estava. Os colegas de faculdade de Ricardo foram também e todos estavam com uma camiseta com a imagem de meu sobrinho. As meninas se encarregaram de escolher uma foto do Ricardo bem sorridente, e distribuir para os amigos que foram à missa. Sob a imagem dele, estava escrito: "Ricardo, uma bala perdida te achou e nós te perdemos".

Nosso bom padre Rogério, amável e sensível à dor de seus fieis, presidiu uma celebração maravilhosa. Os jovens da comunidade também participaram. Ricardo foi um destes rapazes que adorava as atividades de nosso grupo juvenil. Longos anos. Devido ao curso de engenharia, nos últimos tempos tinha se afastado um pouco, mas não muito. Participava de vez em quando das missas e levava Helena com ele, de forma que todos o conheciam.

Não posso esquecer que Carolina sempre foi de uma personalidade bem forte, mas desta vez eu a vi desmoronar durante a celebração. Ofereci meu lenço e ela saiu da igreja, voltando em seguida, minutos depois.

— Está bem?

— Sim, estou bem. Obrigada, pai. E entregou-me o lenço de volta.

Meu pai estava do meu lado. De vez em quando, as lágrimas rolavam pela sua face. Ele parecia anestesiado de tantas dores que suportou nos últimos tempos.

Eu queria preparar uma viagem para ele sair um pouco da casa, respirar outros ares e voltar renovado, pois se ficasse em casa, sozinho como sempre ficava, em pouco tempo estaria numa depressão ainda maior.

No entanto, eu sentia que ele entendeu que a vida é terrível no seu final. Seria melhor aproveitá-la enquanto vivemos e não ficar pelos cantos da casa se lamentando. Meu Deus, eu pensava, esse se tornara seu hábito. De certa forma, a morte de Ricardo o relembrou que ele ainda vivia.

Eu acabei fazendo um breve discurso sobre meu sobrinho, pois nenhum da família teria coragem de o proferir. Falei das qualidades dele, da falta que fará na família e da nossa fé. Na realidade quase unicamente minha, porque meus familiares não entendem bem o sentido que eu dou para o espírito. Deus sabe que eu tento levá-los para dentro da Igreja, mas eles não vão, ou vão apenas quando acham necessário, para batizar os filhos, casamentos, crismas ou missas de sétimo dia. Gostaria que fossem católicos, com exceção de Eduardo que criou para si um conceito espírita e não abre mão de ir às suas sessões e procurar em vidas passadas a solução para os problemas da vida presente. Tenho que aceitá-lo como é e ficar feliz de ter um cunhado tão bom, sempre presente em nossas vidas. Fico me questionando quando Carolina casar, acho que ficarei bem se vê-la feliz, mesmo que case com um muçulmano, um judeu, um protestante, um umbandista, sei lá. Temos que respeitar todas as fés, pois nosso Deus é para todos e todos levam suas oferendas para Ele. De novo, são minhas convicções que reporto.

Saímos da celebração e fomos para a casa de meu pai. Muitos dos estudantes que estavam na celebração também foram para lá. Não havia ambiente de tristeza na casa do meu pai. Todos conversavam normalmente. Uma das colegas de Ricardo juntou várias filmagens dos celulares dos estudantes e fez um único filme. Meu cunhado e mais dois rapazes pegaram a televisão maior e passaram o vídeo várias vezes para que todos pudessem ver.

Claro, alguns choravam quando viam o vídeo, outros sorriam, outros se lembravam, cada um tinha sua reação.

Servimos um café da manhã para os jovens. Eu e as meninas estávamos com os bules de café e leite, além dos pães e bolos servindo os amigos de Ricardo. Decidimos que seria assim, que a memória mostraria nosso menino, na alegria, ou pelo menos disfarçando a tristeza.

A campainha tocou, um dos rapazes atendeu e depois foi me chamar. Era o Delegado Armando. Convidei-o para tomar o café da manhã conosco, mas ele estava com pressa. Helena veio ao nosso encontro.

Ficamos os três ali num canto da casa, onde não tinha ninguém.

— Então, Delegado Armando – disse Helena – pegaram o assassino do Ricardo?

— Estamos na delegacia com dois dos três assaltantes. Um apelidado de Tinhão e o outro de Bira. Pelo que as testemunhas falaram, os três tinham armas. Com toda diligência, conseguimos apenas um revólver. Faremos o exame de balística e vamos ver se descobrimos quem foi que atirou. Na realidade precisamos de mais detalhes. Eu quero ver o assassino de Ricardo na cadeia por anos e anos – disse Helena, quase chorando.

— Estamos fazendo o que podemos. Somente passei para comunicar que dois já estão conosco. Não é para dar satisfação à mídia que está nos cobrando resultados, mas é mais pela família de vocês que merecem que façamos o melhor para que haja justiça.

Isso consola nossa mágoa e mesmo aplaca nossa ira. Faz bem ver a justiça ser feita contra um malfeitor. A dor serve como bálsamo de consolação.

— Entendo, delegado – disse para ele – agradecemos ter vindo e nos ter dado estas informações. Esperamos que todos sejam presos e que paguem pelo que fizeram ao meu sobrinho. Que a justiça seja feita, queremos somente isso. Nosso coração está de luto. Por favor, continue sua procura.

— Não vamos negligenciar nada e o que tivermos que fazer pode ter certeza que faremos.

O delegado Armando, que nos atendeu, lida com a morte quase todos os dias. Contou-nos que perdeu um irmão no serviço, talvez porque se implicara demais com os bandidos. Também disse que as reações das pessoas diante da morte são muito diferentes. Pois a mesma tragédia provoca diferentes comportamentos. Narrou a história de uma mãe que chorava tanto, que ele pensou que fosse explodir seu peito, entre a respiração ofegante e a extensão de seus gemidos. Ela chorava muito, até meio escandalosamente. Mas era uma mãe que sepultava um filho, que era seu esteio, sua proteção, seu santo. Como se enganam algumas mães. Há pessoas que choram caladas, outros parecem que querem chamar a atenção. Deixou-nos tristes quando olhou para Helena e disse que sempre que vê o que aconteceu em nossa família e outras, que perderam seus filhos, ele se recorda de seu irmão, que trouxera para o serviço policial e fora morto. E continuou, repetindo para si mesmo – agora é tarde. Enxugou com as costas da mão esquerda seu rosto e silenciou.

Helena não se conformava por não terem prendido os três, apenas dois.

— Calma, menina — disse para ela — já pegaram dois, pegarão o terceiro.

— Vou acompanhar isso o tempo todo. Tem que haver justiça pelo que fizeram ao Ricardo, pelo menos isso tem que acontecer. Eles têm que prender todos e mandá-los para a cadeia.

Helena estava marcada pelo ressentimento. Tão grande ressentimento que tinha jeito de ódio.

— Helena, peçamos a Deus que haja justiça, se bem que sou meio cético. Acho tão difícil haver justiça no nosso país, mas rezo para que os bandidos sejam presos mesmo que não saibamos quem deu o tiro fatal. Mas é preciso que os três sejam acusados, julgados e punidos, para que não tenhamos ódio destes assassinos. Se não houver justiça, nunca vamos curar o ressentimento que ficará como uma mancha no espírito. Sempre vai incomodar.

— Eu amava demais o Ricardo. Quero apenas justiça, Léo, justiça e mais nada.

— Entendo – respondi, pensando em como a justiça é cega.

Saí do lugar onde estava e fui para o quarto do Ricardo. Sentei-me ali e senti paz, como se ele estivesse ao meu lado. Cumprimentei-o com meu coração. Olhei pela janela e vi os jovens pelo jardim. No meu silêncio, gemi de dor e pensei como seria difícil para Paola e Eduardo viverem sem o filho.

Lembrei-me de Paola na morte de nossa mãe, quando ela, num momento de grande dor, mas de serenidade me disse:

— Aprendi a falar com os mortos, quer dizer, com a mamãe. Sinto que ela fala comigo, no silêncio de sua voz.

E recordou uma história, que lhe contaram. A história de uma menininha que tinha saudades da mãe que morrera na sua infância. Cada dia, no final da tarde, quando os pássaros cantavam, ela se sentava na mesma varanda, onde sua mãe a embalava na oração do rosário e seguia rezando com sua mãe. Como ela contou era bem engraçado. No primeiro mistério do rosário, a mãe puxava as Aves Maria e ela as respondia. No segundo, invertiam os papéis. No final do rosário, seu pai chamava para o jantar ao redor do fogo de lenha. Agora Paola vai ter que aprender falar com Ricardo, seu filho, e deve ser tanto quanto ou ainda mais dolorido do que foi com mamãe.

Senti então, uma saudade incrível de minha mãe. A história final dela foi absolutamente triste, porque nossos elos com nossas mães são sempre muito fortes, espelhados talvez no amor de Cristo por Maria e de Maria por Cristo. Este amor acaba entrando em nossas vidas.

O fato é que quando temos uma morte na família, lidamos com isso de modo inverso ao que queremos. Por vezes, me pergunto se nosso lado masoquista precisa ser tão forte, tão descaradamente enorme que não conseguimos parar o nosso sofrer. Claro, tem pessoas sábias e tão espiritualizadas que conseguem chegar a um bom equilíbrio nestas situações. Mas não é o caso da maioria, como eu que, mesmo sofrendo, tento mostrar aos outros que tudo está normal. Absolutamente não é, é bem diferente a realidade.

Tivemos um padre na nossa comunidade que fazia sempre exéquias. Um dia conversamos sobre isso e ele nos disse que se controlava o tempo todo para não chorar junto com os que tinham perdido os entes queridos. Mas o que mais doía em seu coração era ver jovens mortos e pais desesperados, porque ia ao desencontro da idade, do destino natural. Como se diz, os pais sempre deveriam ir primeiro e os filhos depois.

Mas não entendemos muito "as razões" da vida e temos que caminhar sempre de cabeça erguida, de coração despido, de amor por todos que solicitam nossa ajuda. No fundo sabemos que não somos fortes como gostaríamos de ser imensamente fortes, para tocar uma pessoa e fazê-la sentir nosso amor, nossos pêsames, os nossos verdadeiros sentimentos pela morte de alguém que tanto amamos.

Minha adorável mãe trabalhou a vida inteira, desde mocinha e, mais tarde, depois do casamento, junto com meu pai, construiu esta casa tão acolhedora, o seu oásis no mundo. Quando se aposentou, era tão jovem, que parecia que ela estava de férias.

Deus havia lhe dado saúde a vida inteira, teve filhos, sempre vencendo todas as suas adversidades. Eu me recordo que ela nunca reclamou de suas dores, nem de nada. Para ela tudo era absolutamente normal. Levantava, fazia o café e já colocava meu pai em ordem. Examinava suas roupas, o que ele deveria vestir, combinava suas gravatas com o terno, coisas de casal confidente. Um dia, eu simplesmente vi minha mãe ligar o carro dele, levar sua pasta e chamá-lo dizendo que estava atrasado.

Ela adorava cozinhar e fazia pratos especiais sempre. Quando eu e Paola éramos jovens, devido ao trabalho dela, tínhamos uma empregada que nos ajudava. Mas ela sempre dava um jeito de fazer algum prato diferente para o jantar ser um momento especial.

Dizia que o bom de ter família era a hora do jantar, quando todos se sentam, agradecem a Deus e nutrem mútua afeição. Nunca sentamos à mesa sem rezar. Meu pai não era bem assim, mas ela fazia com que fôssemos o retrato da família italiana. Podíamos discordar de algumas coisas, principalmente Paola que era mocinha na época e não podia namorar como queria. Mas minha mãe acabava falando com doçura e a gente ouvia e no fim seguia seus ensinamentos.

Nunca ouvi minha mãe gritar, a não ser em casos extremos, tipo "cuidado, vai cair", "saia daí, é perigoso", como todas as mães atenciosas. Era doce e meiga.

Por certo, como todo filho, sou suspeito para testemunhar, mas meu pai sempre foi maravilhoso, inteligente, ajudava a gente nos estudos. Nunca foi bravo conosco, pelo contrário, minha mãe, apesar do jeitinho dela, era mais exigente que meu pai. Adoravelmente estabanado com suas coisas, nem reparava se tinha saído somente comigo ou também com Paola, de modo que minha mãe, sabendo disso, mandava que nós dois olhássemos um ao outro, mesmo saindo com meu pai.

Paola herdou o espírito italiano e eu o espírito alemão, se tivermos que ter um lado em que puxamos mais um do que o outro. Creio, porém, sem me autoelogiar, que foi uma boa coprodução. O jeito dócil de nossa mãe e o estilo espontâneo de nosso pai.

Eu me casei, Paola se casou e nunca os deixamos sozinhos. É interessante isto: para nós esta casa é o elo que nos une, nos protege e nos faz fortes. Apenas meu pai precisa reconduzir sua vida e talvez Ricardo realize este milagre, por meio de um sopro espiritual lá do paraíso, sobre seu vovô querido.

Naquele dia, naquele trágico dia em que mamãe resolveu fazer compras, como sempre fazia, seria mais um dia normal nesta família se não fosse a fatalidade que nos acompanha e que sem avisar, vem e leva os nossos entes queridos.

Parece um filme o que aconteceu. Ela pegou o carro e foi para o supermercado. Tranquila como era no trânsito, na casa, com os amigos, sempre aquela pessoa sensata e discreta. Fez as compras, deixou-as no carro e resolveu voltar para buscar um presente de aniversário para o Eduardo. Na hora em que estava atravessando a rua, na faixa, uma ambulância vinha desesperada pedindo passagem. Os carros começaram a abrir a passagem para a ambulância. Minha mãe, em vez de retornar, correu em cima da faixa para chegar ao outro lado da rua. Uma moto saiu do nada, e se chocou com a ambulância que perdeu a direção e atropelou minha mãe que, pobrezinha, estava quase na calçada.

O motoqueiro morreu na hora e minha mãe foi levada ainda com vida para o hospital. Somente uma hora depois do acidente, conseguiram localizar meu pai. Ele estava trabalhando e foi avisado que ela estava hospitalizada e era para ele ir imediatamente para lá. Ele me ligou e fui encontrá-lo. Avisamos Paola e, quando chegamos ao hospital, ela estava estacionando o carro. Praticamente largamos tudo do jeito em que estava. Mal conseguíamos falar.

O médico nos chamou e vendo nossa preocupação, ansiedade e desespero, foi franco conosco, demasiadamente franco.

— O senhor é o marido? – perguntou para meu pai.

— Sim, sou. – respondeu meu pai.

— Somos seus filhos – disse Paola, apressada como sempre.

O médico nos olhou e disse:

— Sinto muito, mas ela teve morte cerebral.

Desabamos. Meu pai emudeceu, ficou inerte, sem voz e sem palavras. Demorou para começar a chorar discretamente como sempre foi seu estilo. A gente tem vontade de sumir do mundo, pois é uma dor violenta. Difícil não explodir. Paola chorava assustadoramente. Arrumei forças que nunca tive, senti que naquela hora alguém precisaria ser racional. Perguntei o óbvio, esperando uma explicação. Não vieram amenidades.

— Pode nos explicar melhor o que é morte cerebral?

O médico nos disse que ela chegou e a levaram para a unidade intensiva. Provavelmente no tombo tenha batido a cabeça de modo violento, entrou em coma e do coma evoluiu para a morte cerebral. Agora era apenas uma questão de tempo. Queríamos vê-la e ele nos permitiu, levando-nos até o local em que ela estava numa sala. Meu pai exclamou, quase imperceptível.

— Ela está viva, está respirando.

O médico explicou que seu coração ainda batia, mas o cérebro tinha parado. Lemos tanto a respeito disso, pois sabemos que para doar órgãos é necessário que haja morte cerebral, pois um coração somente pode ser transplantado se retirado ainda com pulsações. Assim também é com os outros órgãos.

Apesar de minha mãe não ser jovem, o médico nos levou para uma sala reservada e nos solicitou, junto com uma assistente social, que doássemos seus órgãos.

Paola, antes de falarmos qualquer coisa, disse que não queria talhar seu corpo, que não concordava. Meu pai, que aparentava nada saber, explicou-lhe com mais detalhes sobre a morte cerebral, ele nesta hora lembrava-se de suas leituras sobre todos os assuntos que o interessavam. Este era um dos principais assuntos que sempre lhe interessaram. Muitas vezes buscava estudar, conversar com as pessoas. Parecia certa morbidez, mas era uma busca da luz para além do túnel da vida.

Tivemos que convencer Paola de que deveríamos assinar a doação dos órgãos de nossa mãe. Não foi fácil fazer isso. Nem para Paola, nem para meu pai, nem para mim. A dor comum nos unificava cada vez mais.

A assistente social se chamava Leandra e foi gentil conosco. Ela nos orientou sobre tudo o que questionamos. O médico ficou de tomar as providências para que fossem contactados os hospitais onde estavam os enfermos, na fila de transplantes e pediu que esperássemos até o dia seguinte para desligar a máquina. Esperar é sempre terrível. Mas era preciso esperar para que desse tempo de providenciar tudo para os que estão numa lista de espera dos órgãos entre a vida e a morte. Meu santo Deus, como é triste esperar, esperar sem fim. A sorte de cada um depende da morte de outros para ter a chance de recomeçar a vida. Eduardo, num desses momentos, nos disse:

"Estagiei uma vez numa Casa de Acolhida. Eram pessoas que estavam na cidade esperando para serem transplantadas. Havia necessidade de todos os órgãos. Deviam ficar na cidade, pois moravam há centenas de quilômetros de distância e precisavam estar por perto do hospital, para as cirurgias, no momento em que aparecessem os doadores. Se a morte é terrível para todos nós, para eles a morte é um presente que se desembrulha. Cada noite, durante o noticiário, todos os enfermos assistiam às matérias policiais, na expectativa de acidentes fatais. Procurei esquecer este período tão depressivo, mas me recordo o sentimento de contradição que lhes invadia, pois ao mesmo tempo que esperavam por mortes acidentais, sentiam-se culpados por desejarem a morte de pessoas jovens e com saúde para a doação. A morte é mesmo uma encruzilhada entre o tudo e o nada, entre a luz e a escuridão".

Depois chegaram Ricardo, Sara e Carolina e descrevemos a fatalidade. Era a primeira vez que estávamos diante da morte e diante de devolver a vida para outros. Que estranho tudo isso, no corpo de minha mãe, a possibilidade de vida para outros. Mais uma vez, na graça de minha mãe, morrer era para gerar vida. Ela pode ser tida mesmo como *genitrix*. Sempre gostei deste termo da religião, para as deusas da fecundidade e, sobretudo, para a mãe de Jesus.

Dois dias depois, minha mãe foi sepultada. Um dos dias mais tristes de minha vida. A dela foi a primeira das três mortes na minha família. Depois a de Sara e agora a de Ricardo.

Eduardo entrou no quarto e olhou para mim:

— Estão indo embora, querem se despedir de você.

— Quem?

— Todos.

Eduardo me olhou, sabia como eu era e nada disse. Desci em seguida e todos estavam me esperando. Ele disse algumas palavras de agradecimento aos amigos de Ricardo. Rezamos e todos foram embora.

Um pouco depois, eu, Helena e Carolina voltamos para nossa casa.

Na saída, meu pai me parou e disse:

— Veja a viagem para mim – pôs a mão no coração – eu vou levar Ricardo junto comigo.

— Eu vejo isso para você, pai, fique tranquilo.

Beijei-o como de costume e fomos embora. Sempre no dia seguinte, queiramos ou não, a vida continua. Dor de amor, quando a dor fica no coração, é porque o amor sobreviveu ao tempo.

IV

Morte cerebral, o mistério da morte e da vida

HELENA VEIO ME procurar alguns dias depois, para me perguntar sobre a morte cerebral. Expliquei-lhe que o diagnóstico é feito no mínimo por dois médicos, após constatarem que o paciente está realmente com morte cerebral. O paciente pode ser mantido "vivo" enquanto os aparelhos estiverem ligados. No momento em que forem desligados, o paciente é verdadeiramente dado como morto e, neste caso, desligar os aparelhos não é considerado de modo nenhum como eutanásia, pois o paciente não possui nenhuma chance de reviver. O cérebro é que determina a morte e não o coração como antigamente se pensava. Por isso, a tradição religiosa considera a morte física como o desfazimento do sistema nervoso central, enquanto que a morte espiritual se dá pelo abandono do corpo físico, pela alma imortal. São teses dos vários modelos de compreensão deste mistério, na passagem do rio da vida.

Helena me questionou se, neste momento em que a morte cerebral foi constatada, a pessoa está em repouso ou ela está no paraíso? Eu penso que a alma está numa batalha, querendo entrar na ressurreição, no reino de Deus, na luz divina, mas o corpo ainda a prende ao mundo material. Helena dizia que estava muito aflita, repetia, "estou muito aflita". A aflição de Helena me afligia e eu procurava respostas para lhe acalmar o coração, mas não tinha muito o que dizer.

— Nesta passagem, Deus nos ampara e não nos deixa nas trevas. Ele nos alcança com sua luz — ela sorriu e agradeceu, mas eu não tinha certeza que estava seguro de minhas respostas. Creio que se consolou naquele momento e eu preferi acreditar para seguir adiante com a vida.

O paciente pode ser mantido por algum tempo "artificialmente vivo" por meio dos aparelhos enquanto a família assim desejar. Se a família decidir doar seus órgãos, para garantir a retirada deles, para posterior transplante em pacientes que necessitam destes órgãos. Em outras palavras eu disse à Helena que a morte cerebral se torna o mistério da morte e da vida. Por meio de nossos corpos, outros corpos que dependem de órgãos para sobreviver têm uma segunda chance de recomeçar a vida, quando recebem parte do corpo de um doador.

Não quis ser muito professoral e pedi que ela lesse sobre isso na biblioteca, de forma que ficasse mais fácil sua compreensão.

Depois, me peguei quase falando sozinho sobre o que aconteceu em nossa família. Quando Helena pesquisou, conhecendo mais profundamente o assunto, pudemos conversar somente nós dois e ficamos ainda mais tranquilos.

— Léo, pelo que conversei com Carolina, Sara também teve morte cerebral, certo?

— Parece incrível que nas três mortes em nossa família todos tenham passado primeiramente pela morte cerebral. Sara, quando chegou ao hospital, estava em coma pelos medicamentos que tomara e pouco tempo depois teve "morte cerebral". Minha mãe chegou viva, segundo o que apuramos, mas devido aos ferimentos na cabeça, também entrou em coma e teve morte cerebral. Quem mais esteve distante de ter entrado em coma foi o Ricardo que, por meio de cirurgia, se tentou salvar. Na realidade foi baleado em três lugares. Duas descargas não o matariam, mas o tiro que atingiu a cabeça necessitou de cirurgia e, infelizmente, ele não voltou. Assim, ficou dois dias em coma e depois morreu. Ele também teve o diagnóstico de "morte cerebral".

— Estas longas horas, entre a vida e a morte, entre estar conosco e estar numa outra dimensão – disse Helena na ocasião — estas longas horas me deixam em plena agonia. Me sinto como uma mãe que vai ao aeroporto se despedir de seu filho, que parte para muito longe. Peço a Deus que atrase seu voo, para estar mais tempo com ele, mas quero que vá o quanto antes, para não viver mais aquele momento doloroso do adeus.

E nada se resolve, santo Deus, nada se resolve. O destino quer nos esfolar, como o torturador de Santa Luzia, que ateava fogo ao seu corpo e o fogo queimava e apagava, reacendia e novamente a queimava, para apagar mais uma vez. E sua mãe em preces, na aflição de querer sua vida, mas pedia que ela afinal parasse de respirar e de sofrer. A nave do destino se diverte conosco como num parque de diversões. E, mesmo querendo, não nos deixa apear, mas ainda assim, continua a nos balançar no espaço entre a terra e o céu. Não sei ao certo, as desgraças parecem distantes, mas estão muito próximas de todos nós. Vamos driblando, mas por vezes, somos nocauteados, como um lutador que tenta escapar dos golpes e nao consegue.

Meus pensamentos divagaram e Helena perguntou-me de repente.
— Você acredita em destino?
— Não sei lhe dizer. Acredito, infelizmente, em fatalidade. Não sei se existe uma estatística para o que nos aconteceu. Provavelmente não devemos ser os únicos, mas certamente somos uma das poucas famílias que passaram por isso.

— Quer dizer que os três foram doadores, por isso você já tinha vivido estas cenas. Eu fiquei horrorizada quando você falou que para transplantar o coração precisa tirá-lo ainda batendo vivo do corpo.

— Sim, é o que dizem, para o transplante dar certo é necessário tirar o coração batendo do doador. Mas tem o outro lado, o outro significado que é o sentido espiritual de nossa existência, o que nos difere da criação como um todo.

— Parece muito triste doar um órgão. Saber que a pessoa ainda tem vida corporal. Ou não tem?

Senti que Helena não aceitava ainda a morte de Ricardo, queria resgatá-lo do naufrágio do rio da vida.

— Não é triste, pelo contrário, é algo precioso demais e muitas vidas poderão ser salvas. No nosso caso, os entes queridos já estavam mortos fisicamente; apenas tiraram os órgãos. E isso é maravilhoso, pois seus corpos seguem vivos em outros corpos e em nossas lembranças. O mistério da vida se estende ainda um tempo.

— Eu entendi, Léo. Da primeira vez você ficou mais chocado do que das outras?

— Na realidade, todas as vezes eu fiquei chocado. É difícil acreditar que você passa uma vez por um processo tão difícil e de repente percebe que está passando pela segunda daí não passa pela sua cabeça que vem uma terceira. Neste caso, torna-se um horror o que aconteceu, mas em nenhuma delas eu deixei de pensar nas pessoas que poderiam viver novamente após o transplante. Muitos são tidos como renascidos.

— É, de fato, um ato de coragem e de amor silencioso e anônimo. Imagine o coração do Ricardo pulsando no corpo de alguém. Na multidão, cada transeunte se torna um lugar possível da presença viva de Ricardo. Quem será que foi? Como será ele? Onde vive? Quem alcançou esta graça?

— Importa?

— Não e sim. Gostaria apenas de saber.

— E o que diria a ele?

— Que ele tem agora o coração do amor da minha vida, que o trate bem. Pediria que encontre alguém para amar, algo assim. Muito estranho, não é?

— Não, não é. São ideias que nos invadem quando pensamos naqueles que amamos. Queremos que um órgão que está num outro corpo seja feliz.

— Que bom, Léo, que você não me acha meio louca por pensar assim.

Tentando tornar a conversa mais amena, cortei o assunto e perguntei:

— Helena, você falou com o Delegado Armando?

— Sim, eu fui até lá. Acho que somente ficar no telefone não leva a nada, ainda não acharam o terceiro bandido.

— Ele perguntou por acaso para os dois, se eles têm ideia de quem atirou no Ricardo?

— Não perguntei, mas eu acho que você tem razão. Acho que devem ser julgados juntos pelo assalto e pela morte. Queremos que eles sejam penalizados pela morte do Ricardo, queremos justiça.

— De qualquer maneira, pelo menos dois deles estão presos. São reincidentes, um era foragido.

— Quero muito que haja justiça.

Alguma coisa insistia no espírito de Helena, e ela se inquietava com o fato de o terceiro malfeitor ainda estivesse solto pelas ruas. Acho que ela pressentia coisas ruins.

— Queremos, Helena, justiça para ficarmos em paz.

Naquele mesmo dia, saí com Helena e fomos até a casa de meu pai. Carolina tinha ficado sozinha para estudar. Mais tarde fiquei sabendo o que houve com Carolina e a história incrível que ela se enfiou.

O interfone tocou e quem estava querendo entrar no nosso apartamento era Jorge, o amante de Sara que tinha a abandonado. Jorge disse que queria falar comigo, simplesmente. Carolina com sua maneira de decidir o que era bom para ela e para os demais, mandou-o subir e conversaram na sala.

O diálogo foi-me narrado por Carolina que disse que Jorge entrou querendo falar comigo.

— Jorge, meu pai não está e foi bom que eu recebesse você, pois ele não quer te ver.

— Eu quero falar com ele e não com você.

— Já disse que ele não vai te atender nem hoje e nem nunca, fale comigo e depois eu passo o recado para ele, se ele quiser, ele te avisa.

— É com ele que eu quero falar.

— Você decide: ou fala comigo ou esquece meu pai que já sofreu muito por sua causa.

— Por minha causa? Sua mãe decidiu ficar comigo e eu sou culpado?

— Você é culpado sim, fala de uma vez, antes que eu chame a portaria e peça que tragam a polícia aqui.

— Nervosinha, como sua mãe falava, pois bem eu vim aqui pedir a minha parte, que era da sua mãe e que seu pai vai ter que me dar.

— Parte do quê?

— Do dinheiro que ele ficou devendo para Sara. Eu vivi com ela e tenho direito a uma parte disso.

— Você bebeu ou se drogou?

— Eu morei com sua mãe, tenho meus direitos.

— Direito nenhum, vocês viveram um ano junto, ela nunca chegou a se separar oficialmente do meu pai e a justiça diz que você não tem direito a nada, largou-a como uma mendiga naquela pocilga que vocês moravam.

— Já falei com um advogado e ele disse que eu tenho direito sim...

— Você é idiota? Eu sou quase formada em direito e nunca ouvi uma bobagem tão grande, você veio extorquir dinheiro do meu pai?

— Ponha o nome que quiser, chame de herança, de extorsão, do que quiser, sua mãe me fez fazer aquela peça para ela e deu no que deu, estou sem emprego, sem nada, voltei para esta cidade agora.

— Jorge, acorda, você não tem direito a nada, você matou minha mãe... matou minha mãe, entendeu? Se você não tivesse querido dar o golpe do baú em uma pessoa com depressão, isso não teria acontecido.

— Eu não matei sua mãe, eu tenho aqui uma carta dela que diz que ela vai se matar, e ela se matou, não foi minha culpa... eu estou aqui para pedir uma indenização para o seu pai, chame o nome que quiser, eu preciso de dinheiro, se não fosse Sara, eu não estaria aqui fazendo isso, ela me arruinou financeira e profissionalmente, ela me deixou no zero.

— Ela foi embora de casa porque quis, talvez porque você a iludiu. Meu pai já sofreu demais para você aparecer aqui querendo alguma coisa...

— É minha indenização do que ela me fez.

— Ela está morta e morto não paga indenização.

— A família vai pagar.

— Minha mãe levou mais da metade do dinheiro do meu pai, levou joias e tudo mais, ele não ficou devendo nada para ela, fora o dinheiro que gastou na doença.

— Sua mãe não valia nada...

— Você cala a boca, Jorge, eu posso falar da minha mãe, somente eu, porque eu sei o que passei, mas você não tem direito de falar nada, nem se atreva.

— Seu pai vai me dar uma bolada para eu sumir da vida de vocês, eu vou difamar sua mãe, vou escrever minha história com ela...

— Jorge, minha mãe não era famosa, ninguém vai se interessar pela história, escreva o que bem entender, vamos fazer uma coisa... Você vai sumir sim das nossas vidas, eu não vou pedir para você se jogar do terraço, porque vai me dar trabalho de explicar porque eu deixei você entrar... Então vá embora e aproveita se joga de um viaduto qualquer, tem muitos nesta cidade.

— Eu vou infernizar seu pai, ele vai ter que me indenizar pelo que sua mãe me fez.

— Ou você some, ou quem vai infernizar sua vida serei eu...Você está suando, ofegante, sinais típicos de quem lida com droga.

— Cala a boca ou eu te mato.

— Sai agora... sai e nunca mais volte.

— Você fala com seu pai e, se não tiver dinheiro para mim nesta jogada, eu te mato.

— A briga está comprada, faça o que bem entender, meu pai não vai te dar nada, porque você não tem direito e é simples, arrume um advogado, tem até de graça, agora some daqui, meu pai não vai lhe dar nada, chega a vida de minha mãe que você tirou.

Carolina me disse que ele soltou um palavrão e foi embora batendo a porta.

Assim iniciou-se uma luta entre Jorge e Carolina, ele drogado querendo resolver sua vida, pedindo uma indenização, ela, abandonando toda a sua elegância e inteligência, indo de encontro a um caminho de horror.

Carolina odiava Jorge, ela o culpava pela morte da mãe, queria fazer justiça que certamente estava em seu coração. Era, quem sabe, a forma de redimir o amor que não tivera de Sara. Difícil querer explicar o inexplicável deste duelo, o fato é que ela comprou uma briga com Jorge, que agora era explicitamente um drogado, desempregado e sabe-se lá o que fazia para sobreviver nesta selva.

Eu não tinha ideia do que poderia acontecer depois desse episódio, mas sabia que Carolina estava metida numa encrenca muito feia, naturalmente provocada por ela, que sempre se sentiu superior aos demais. Como pai, isso, simplesmente não era nem pensado por mim.

A conversa sobre a morte cerebral com Helena, fizera-me pensar nas três doações. Antes de acontecer com Ricardo, eu ainda achava que tudo era uma fatalidade, mas no fundo, agora não tinha mais certeza.

Quando voltei com Helena, tive uma surpresa, havia uma carta para mim na portaria. Um envelope meio sujo e escrito: Para Léo, de Jorge.

Evidentemente, depois que estivera com Carolina, Jorge deixou a carta na portaria para que eu a lesse.

Entramos no apartamento e deu para perceber que Carolina estava irritada, mas pensei que fosse devido suas provas na universidade.

— O que é isso em sua mão? – perguntou Carolina.

— Uma carta deixada na portaria pelo Jorge.

— Você já leu?

— Não, acabei de pegá-la agora, vamos ver o que é.

— Não acha que deveria queimar?

— Não posso, meu lado curioso não deixa – respondi sem entender por que ela não queria que eu lesse, mas não era dele a carta, era de Sara.

Sentei-me com as meninas por perto. Olhei para Helena, que parecia me indagar o que estava acontecendo. Olhei para elas e elas entenderam que eu iria ler a carta que me era endereçada. Comecei:

"Meu querido Léo,

Sinto muito tê-lo abandonado para tentar uma carreira no teatro, mas não deu certo. Não tenho talento, tudo fracassou e eu não quero me sujeitar a ser esquecida morando num sítio, quando na realidade meu sonho eram as luzes do palco. Vou ser infeliz em qualquer lugar do mundo, aí também. Você foi magnânimo quando ofereceu seu perdão e pediu para eu ficar, mas eu não nasci na vida para ser outra coisa do que uma atriz. Sou um fracasso como mãe e esposa. Meus pais me jogavam de escola em escola em qualquer país. Você me deu seu amor, uma filha maravilhosa que não me ama, pois eu nunca fui mãe de verdade e ela tem razão em me odiar. Jorge foi embora, eu não encontro emprego. Cheguei aos quarenta e poucos anos e percebi que ninguém me quer contratar, mas também não quero pedir para voltar. Peço perdão por todo o mal que causei para você e Carolina, sei que ficarão melhor sem mim. Diga para nossa filha que eu a amo muito, se é que eu sei amar.

Adeus, Sara".

Aquilo foi um baque, foi algo terrível de ler. Olhei para as meninas e me recordo que disse algo parecido como:

— Agora sabemos da história inteira, realmente Sara estava doente.

Não resisti, coração apertou. Afastei-me delas. Fui para o quarto.

Apenas escutei o que Carolina disse para Helena:

— O pior disto tudo é que o desgraçado está de volta.

Não vi a reação delas e somente algum tempo depois voltamos ao assunto. Quando entrei no meu quarto, lembro que sentei na poltrona e fiquei algumas horas revivendo tudo o que aconteceu.

Foram necessárias algumas semanas para eu digerir o que estava acontecendo na minha vida. É difícil, muitas vezes estarmos na frente da verdade e tentarmos nos enganar. Sara, evidentemente nunca me amou. Eu era apenas o marido e o pai bonzinho. Na realidade, eu era mais pai do que outra coisa para ela. Deve ter-se apaixonado pelo Jorge porque ambos tinham o teatro em comum, amavam o que faziam e deram como dizem "com os burros n'água". Ela não quis segui-lo, se arrependeu, mas não via outra possibilidade para viver e somente queria o teatro. Para ela a vida sem as luzes do palco não valia nada. Viver num sítio, mesmo amando alguém, não era a vida desejada. Recordei-me que seu desejo era o espetáculo, era o sonho de ser atriz.

O desejo não era amar alguém, era ser amada pelo teatro. Este era o desejo de Sara, viveu uma ilusão e morreu por ela.

Durante semanas, fiquei com o amargor da existência. Tanto amei, mas nada é em vão e ficou por meio de Carolina todo o amor que dediquei à Sara. Coisas da vida, boas coisas da vida. Carolina é a beleza da garça que desfila na sujeira desta história tão lamacenta. É a beleza que nasceu da feiúra de nossos destinos. Permanece sua brandura original.

V

Carolina e o primeiro sinal

ESTÁVAMOS CHEGANDO AO final do ano e as meninas atrapalhadas com os exames finais. No entanto, Carolina, que foi sempre uma excelente aluna, praticamente já havia conseguido todas as médias. Estava radiante de felicidade por se formar advogada. Helena ainda tinha um ano pela frente.

A família de Helena era de outro estado e de vez em quando ela ia ver os pais. Era o penúltimo feriado do ano e ela resolveu ir. Perguntei a Carolina se ela gostaria de acompanhar Helena, ela respondeu que não. Para minha surpresa, disse que conheceu um médico e que eles haviam saído algumas vezes como bons amigos. Os dois descobriram que tinham muito em comum, e iniciaram um namoro.

— Pai – disse ela – é o meu primeiro namorado. Eu disse para o César que nunca namorei na minha vida, que ele precisa ter paciência comigo. E ele disse que estava tudo bem, pois você sabe, hoje em dia, vejo minhas amigas e seus comportamentos liberais... Eu não curto esta ideia. Tem que ter muito romantismo na história. Quem me vê pensa que porque eu sou realista tenho que fazer o que não quero. Você entende, pai?

— Claro que sim, Carolina. Você colocou seu estudo em primeiro lugar, sempre disse que namoraria depois de formada, mas começou um pouquinho antes – falei rindo para ela. Acho que está certo, filha. E quanto ao doutorado, você enviou cartas para Oxford, Cambridge e Harvard, veio alguma resposta?

— Não, pai, mas eu espero que pelo menos de um dos três pedidos venha resposta positiva.

— Eles vão te chamar, tenho certeza. Qual você prefere?

— Meu sonho é direito internacional. Acho que se Harvard me chamar, eu não vou resistir. Neste caso, me transfiro para os Estados Unidos.

— E o seu namorado? – perguntei meio irônico.

— Não sei ainda o que vai acontecer. Eu disse para ele que quero muito fazer meu doutorado fora do Brasil. Quero me formar numa grande universidade e trazer minha experiência a nossa gente. Alguma coisa precisa mudar neste país. E é urgente.

Senti nela uma força revolucionária, um corajoso e forte apelo interior. Fiquei até preocupado. Mas deixemos as estações da vida para o tempo revelar.

— Você disse que ele é médico, qual a especialidade?

— Ele é cardiologista. Eu queria que você o conhecesse, posso trazê-lo para jantar no sábado? Você pode fazer um daqueles jantares que só você sabe! A Helena não estará e isso é bom, afinal eu fico sem graça com ela por perto. Ela perdeu o Ricardo e eu apareço de namorado? Pode lhe causar mais dor, reacender a chama da tristeza no seu coração. Sim, eu sei e vou dizer antes que você fale, sei que ela está enfrentando bem esta incrível perda. Não dá para ser feliz, sem superar as perdas.

Não entendi bem seu pensamento, mas preferi silenciar, pois não queria desviar o assunto.

— Ela ainda está muito vulnerável, filha. Helena está sofrendo, por mais que nós possamos ajudar, ela ainda vai sofrer muito. Traga o César. Será um prazer conhecê-lo.

Fiquei impressionado como Carolina não se coloca como parte do nosso mundo. O mundo dela é totalmente diferente. Fiquei imaginando bonita como é nesta idade ainda não tivesse encontrado um homem que valesse a pena amar.

Era uma agradável surpresa saber que Carolina encontrou um namorado, um médico, alguém com quem dividir os sonhos.

Nos dias seguintes, minha rotina de sempre, trabalhos e reuniões. Chegou o sábado, dia de fazer o jantar para Carolina e o pretendente dela, César.

Comprei os ingredientes no supermercado e depois fui para casa. À tarde fiz o desenho de uma loja para um cliente, depois entrei na cozinha e somente saí de lá a fim de me preparar para conhecer o namorado de Carolina.

Ela chegou e não disse nada, também não perguntei. Acho que passaram a tarde juntos, mas não quis ser curioso. Sei que saiu do quarto lindamente trajada como se fosse para uma festa. Discreta como sempre, vestida apenas com um vestido longo azul-marinho e usando uma corrente que eu lhe dei com uma pedra também azul-marinho. Carolina era a simplicidade em pessoa e isso fazia com que fosse ainda mais bonita.

Terminamos juntos de colocar a mesa, se bem que eu já tinha tirado tudo o que precisava do armário. Ela não gostou da toalha que eu escolhi e foi buscar uma de cor bege.

César chegou com uma garrafa de vinho na mão. Ele me entregou a garrafa e eu passei para Carolina colocar na nossa mesa.

Sentamos os três na sala de visitas e depois saímos no terraço para mostrar para César a linda vista urbana que tinha o apartamento.

Carolina fez questão de lhe mostrar o seu quarto e depois de uma breve conversa fui para a cozinha, esquentei o molho de camarão que, segundo minha filha, era o prato predileto de César.

Jantar tranquilo e agradável. César falou sobre seus pais:

— Meu pai é empresário. Ele começou cedo a trabalhar com meu avô numa marcenaria e entendeu o que os clientes queriam. Aos poucos, montou sua própria fábrica e da marcenaria ficou apenas o primeiro nome. Hoje fabrica móveis de cozinha, banheiro, sala e quarto. Eles apresentam o básico e o cliente mostra seus gostos.

— Os detalhes são da escolha do cliente? – perguntei.

— Sim, são: cores, tamanho, todos os detalhes. Este método faz com que duas famílias por mais que tentem não conseguirão ter móveis de cozinha iguais, a não ser que comprem o que é padrão. Neste caso, é diferente na qualidade.

Como arquiteto, achei interessante e falei que gostaria de conhecer a fábrica. Ele se propôs a levar-me junto com Carolina para conhecê-la.

O jantar transcorreu com muita alegria e o camarão fez sucesso. A sobremesa nem tanto, mas também foi saboreada por nós. Até o café estava bom.

Depois fomos para o terraço, sentamos ali e, com a agradável temperatura daquela noite, conversamos longamente sobre a profissão dele, cardiologia.

Pensei que era bom que Helena não estivesse para evitar situações que pudessem constrangê-la.

Foi quando ele nos contou:

— Eu tinha treze anos e estava jogando futebol com os amigos num clube que frequentávamos quando, de repente, me senti muito mal e desmaiei. Fui levado para um hospital e os médicos chegaram à conclusão de que eu tinha um problema muito sério no coração.

— No coração? – perguntei.

— Sim, no coração. Foram exames e mais exames. Meu pai me levou aos melhores cardiologistas e todos diziam que minha doença, devido a minha adolescência, seria perigosa. Foi um tratamento que durou vários anos. Nunca deixei de estudar, mesmo com dificuldades eu ia para as aulas e era isso que me mantinha vivo. Passei em medicina, fiz o curso, depois fiz residência e me especializei em cardiologia.

— Isso sim é saber lutar – disse Carolina.

— Confesso que li muito sobre cardiologia, pois desde os treze anos batalhei muito, Carolina. Sabe, Léo, eu queria ser médico cardiologista para dar possibilidades para aqueles que tivessem problema igual ao meu.

— Você passou por cirurgia, César?

— Sim, eu fiz uma quando tinha vinte anos, mas sabia que ela seria provisória. Eu precisaria de um transplante para viver.

— E fez o transplante depois?

— Sim, recentemente o fiz. Os dois últimos anos foram bem difíceis pra mim. Mal podia caminhar e me cansava terrivelmente. Eu achava que fosse morrer antes de ter recebido um novo coração.

— Como se sente hoje? – perguntei.

— Como um garoto que nunca teve nada. Posso realmente dizer que nasci outra vez, renasci.

— Mostre sua cicatriz – disse Carolina.

César estava de jaqueta. Abriu a camisa e mostrou o corte. Disse em seguida:

— Sempre vejo esta cicatriz e nela vejo Deus. Ele a colocou aqui.

— Sem dúvida – comentei – somente Deus faz isso. As mãos dos médicos como você servem a este milagre. Sempre acreditei que Deus realiza milagres por meio de mãos generosas.

— Não sou cirurgião, sou clínico. Acredito que minha teoria começou muito cedo, estou de volta às minhas atividades, trabalho apenas seis horas por dia. A partir do próximo mês, volto ao meu horário antigo, mas não vou exagerar como outros colegas. Sei que preciso me poupar um pouco, quero viver, quero ter uma esposa – e olhou para Carolina – e filhos.

— Sem dúvida alguma – completei – é a melhor parte da vida.

Na sequência, e para mudar de assunto, convidei César para almoçar conosco na casa de meu pai.

— Nossa, é um belo convite.

— Claro que vai, não é, César?

— Vou sim, claro que vou. Podemos ir juntos, Carolina?

— Claro que sim. Eu o levo na casa do meu avô. Hoje ele mora com minha tia, irmã de meu pai e com o marido dela. Recentemente meu primo morreu durante um assalto a banco. Uma fatalidade. Levou três tiros.

— Sinto muito, é muito triste isso. Acontece o tempo inteiro, uma vez que a segurança diminui cada dia mais.

— Bem, então está convidado. Amanhã conhecerá o restante da nossa pequena família e sobre nossa história aos poucos vai conhecer tudo.

Deixei-os e fui até a cozinha. Tirei as coisas da mesa onde jantamos. Coloquei as louças no lavador e retornei para perto deles.

Ainda conversamos um bom tempo. Fiquei sabendo que tem dois irmãos casados, Cláudio Luís e Afonso, que ajudam a cuidar da empresa, e uma irmã casada, Elza, que mora fora do país.

Antes de ficar doente e sem condições de trabalhar, César morava sozinho. Devido à doença, foi para a casa dos pais em outra cidade, onde fez o transplante.

Na hora em que ele contou sobre o transplante por que passou, fiquei com a sensação que poderia ser um dos nossos entes queridos que havia lhe doado o coração. No entanto, depois que contou onde havia sido, descartei esta possibilidade. Não perguntei também o dia, mas acho que ficamos com isso na memória, e quando conhecemos alguém, logo achamos que poderia ser o receptor da doação. Despertou-me uma curiosidade que me acompanharia pelos dias seguintes.

Depois que César foi embora, conversei com Carolina e ela me aquietou completamente.

— Sabe, pai – ela me disse – eu não perguntei nada sobre o transplante do César. Antes de tudo, porque ele morava em outra cidade e fez o transplante lá e segundo, se ele estivesse com o coração do Ricardo para mim não faria diferença nenhuma, seria apenas uma grande coincidência. Para o vovô, para Eduardo, Paola e Helena não seria bom, considerando que sempre veriam o Ricardo nele, no seu coração.

— Sim, Carolina, eu te entendo. Bem sei que tens razão, mas é bom contar que César fez um transplante do coração. Pelo menos, eles vão ver que alguém fez o bem para o César e eles fizeram o bem para outras pessoas. No fim, tenho a impressão de que todos querem saber para onde foram os órgãos que doamos, porque em algumas pessoas há um pouco de nossa família revitalizando suas vidas. Eu vejo estas coisas acontecerem como dádivas maravilhosas.

VI

O terceiro assaltante

NO DIA SEGUINTE, fomos para a casa de meu pai almoçar e depois o levamos ao aeroporto, onde embarcaria para uma viagem de quase quarenta dias.

Quando chegamos com César, olhares curiosos de todos duvidando que Carolina tivesse arrumado um namorado.

Após alguns minutos de conversa e passada a chatice da apresentação, todos começaram a se sentir bem com a presença de César e a conversa foi muito natural, cada um falando e se expressando de forma espontânea.

Meu pai estava animado com a viagem. Compreendi que depois da morte do Ricardo nada mais seria igual, mas meu pai dizia que guardava Ricardo no coração para fazer o que eles sempre sonharam realizar juntos. Paola me perguntou se nosso pai estava bem e eu respondi que ele estava ótimo e que algo estava acontecendo em seu espírito. Talvez a viagem fosse o pretexto para ele fingir que se sentia bem, mas no fundo eu achava que esta fuga poderia ser benéfica. Mesmo que não fosse uma fuga, mas uma saudade incrível de Ricardo.

Paola e Eduardo tentavam sobreviver. Ela se dava o direito de trabalhar duramente em diversos períodos na universidade e fazia isso para diminuir a saudade. Eduardo, por sua vez, ia mais vezes a centros espíritas. O fato é que ambos precisavam trabalhar e com isso acabavam se ocupando.

Foi então que meu celular tocou. Fui atender num canto isolado da casa.

— Sim, Maristela, sou eu – era nossa empregada diarista, que ia três vezes por semana ao apartamento.

— Desculpe-me – disse como se estivesse chorando – ligar para o senhor, mas meu filho morreu.

— O que houve? – falei com espanto, pois ela nunca falara de nenhum filho, mas tão somente das duas filhas.

— Ele se envolveu numa briga, doutor Léo. Eu não tenho a quem pedir, nós não temos dinheiro para pagar o velório. O senhor poderia me adiantar?

Ela disse a quantia e eu respondi que sim e que iria levar o dinheiro para ela.

— Não, não precisa. Eu mando o meu genro. Ele vai buscar, pois tem moto e assim chega rápido na sua casa.

— Está bem, mas estou na casa do meu pai, lembra onde é? Você já esteve na casa dele antes.

— É mais perto para nós do que o seu apartamento. Por favor, o senhor pode dar o nome da rua para o meu genro? Ele está aqui do lado.

Carolina veio atrás de mim.

— O que foi, pai?

— Você sabia que a Maristela tinha um filho também?

— Filho? Não me lembro. Que eu saiba tem duas filhas. Aconteceu alguma coisa?

— Sim, ela disse que o filho morreu numa briga e que precisa de dinheiro para enterrá-lo, o genro está vindo pegar o dinheiro.

— Ela falou o nome dele?

— Do filho ou do genro?

— Do genro, para ver se bate com o nome que ela te disse. De repente, ela foi sequestrada e vamos ser assaltados aqui.

— Que é isso, minha filha, o nome do genro é Lindomar.

— Está certo o nome.

— Ele tem uma moto.

— Está certo, mas ela nunca falou que tinha um filho. Se morreu numa briga, deve ter alguma coisa a mais, pai. Você não acha?

— É um momento de dor na vida dela, filha – disse isso para que Carolina ficasse mais calma.

— Bem, você tem o dinheiro que ela pediu?

— Tenho, eu peguei dinheiro antes de sair de casa.

Carolina e eu voltamos para a sala e continuamos a conversar com os demais. Não demorou muito e tocou a campainha.

Falei para Paola que estava esperando uma pessoa para entregar uma encomenda.

Ela não entendeu nada, mas deixou que eu fosse até a porta, sem me acompanhar.

Era um jovem de vinte e poucos anos e estava realmente com a moto, que deixara parada em frente ao portão. Fui até ele.

— Sou o Lindomar, genro da D. Maristela. Vim buscar o dinheiro.

Fiz que sim com a cabeça. Havia separado o dinheiro e colocado no bolso da camisa e lhe entreguei.

— Como ela está? O que aconteceu com seu cunhado?

— Bem, senhor, ela está chocada com a morte do filho. Ele estava na cadeia, saiu faz alguns meses e vinha se metendo em confusão o tempo todo, em assaltos... Nesta noite foi baleado pela polícia e morreu a caminho do hospital.

— Foi briga?

— Não, estava assaltando um posto de gasolina e a polícia passou, trocaram tiros e ele levou três ou quatro balas. Dizem que morreu na hora, que não chegou vivo ao hospital.

— Entendo – disse isso meio pesaroso com o que estava ouvindo, principalmente por ignorar que Maristela tinha um filho – e que horas vai ser o enterro? Onde?

Lindomar me disse que o enterro seria às dezessete horas no Cemitério de Vila Formosa. Este cemitério é famoso por ser o maior cemitério do país, onde os pobres conseguem enterrar seus familiares e para onde vão também os malfeitores de todos os calibres. Estavam esperando pagar para sepultá-lo, mas ficaria pouco no velório, pois o corpo havia sido liberado desde cedo.

Entendi que o problema foi a falta de dinheiro e, por isso, eles estavam correndo.

— Se conseguir chegar a tempo, eu irei ao velório – disse-lhe, meio preocupado, pois nesta hora deveria estar no aeroporto acompanhando meu pai.

Lindomar saiu e mal vi a moto desaparecer de tão rápido.

Voltei para a sala e contei rapidamente para Carolina o que havia acontecido.

— Pai, hoje é o embarque do vovô e você não pode deixar de levá-lo. Vá depois fazer uma visita para ver se ela precisa de alguma coisa, mas agora pense no vovô.

— Está bem, vamos ver o que dá pra fazer, minha filha.

Voltamos para dentro e nossa conversa continuou.

Carolina contou que César tinha feito um transplante e isso foi muito bom para Paola, que ouviu dele o seguinte:

— São pessoas maravilhosas como a família de vocês que possibilitam que pessoas como eu e outros tantos necessitados possamos renascer novamente, pois é uma dádiva receber um coração de uma pessoa tão amada. Num momento de dor extrema, doar para um desconhecido parte de um corpo de quem se ama é um ato de imensa generosidade. Teve uma hora em que acreditei que minha vida estava chegando ao fim, foi quando recebi um novo coração, uma possibilidade de recomeçar a viver.

— Fico muito contente de ouvir isso, César – disse Paola. No começo eu não queria doar nada, pois eu queria meu filho de volta. Eu estava alucinada com tudo, e não pensei como isso poderia fazer bem a outra pessoa, mas meu irmão – olhou para mim – que é mais coerente com tudo o que acontece, conversou comigo e eu entendi que deveria fazer a doação. Vendo você agora e sabendo da sua história, fico imensamente agradecida a Deus por ele ter-me feito doar os órgãos do meu filho. – Emocionou-se ao falar isso, e foi consolada pelo meu cunhado.

— Fizemos – disse Eduardo – o que nosso coração aceitou. Não é fácil, mas fizemos, assim como meu pai fez com minha mãe, Léo com sua esposa Sara e nós com nosso menino.

— Acho que um caso na família já é desconcertante, mas três é algo que nunca ouvi falar — disse César, meio penalizado com o que ouviu.

Certamente Carolina já havia relatado a ele a nossa sina familiar. Mas foi bom o que César depois nos contou. Isso nos fez perceber ainda mais o sentido de nossa doação.

César precisava trabalhar e por isso, ele e Carolina foram embora. Fiquei com os demais e começamos a nos preparar para levar meu pai ao aeroporto. Não daria tempo de ir ao enterro do filho de Maristela. Que história estranha, pensei.

Chegamos ao aeroporto e meu pai fez o *check in*. Ele estava entusiasmado, parecia estar realizando o sonho que acalentou de viajar junto com o Ricardo. Toda hora mostrava o coração, assinalando que Ricardo estava com ele.

Não sei bem se era uma fuga de meu pai, mas o fato é que estava acontecendo a viagem e isso estava fazendo-lhe muito bem. De certa forma, todos sentíamos o carinho que ele não podia mais dar fisicamente ao neto, mas espiritualmente alimentava.

O guia de viagem chegou e conversei com ele pedindo que a cada dois dias, no máximo três, desse notícias. Avisei também que ele levava um celular com autorização para chamadas no exterior. Uma bobagem, talvez, pois meu pai era bem adulto. Mas sabe como é... Os demais viajantes chegaram e pude ver que a maioria era da idade de meu pai, entre sessenta e setenta anos. Havia também bem mais novos e alguns mais velhos. Finalmente nos despedimos e ele entrou na área de embarque internacional. Ainda ficamos vendo-o desaparecer pelo corredor, não sem antes virar e nos dar um aceno com a mão.

Tínhamos ido no carro de Eduardo e voltamos para a casa de meu pai. Eles entraram e eu peguei o meu carro e fui direto para a casa de Maristela. O endereço que eu tinha não correspondia com o que ela havia me dado. Liguei no seu celular e ela disse que estava na casa de uma amiga, e que no dia seguinte iria trabalhar em nossa casa. Pedi que descansasse e então ela me disse que iria na quarta-feira. Ela trabalhava em casa nas segundas, quartas e sextas.

Quando voltava, o celular tocou. Era o Delegado Armando querendo conversar.

— Boa noite, Delegado, como vai o senhor?
— Estou bem, tenho novidades sobre teu sobrinho.
— Estou próximo da delegacia. Posso ir aí?
— Pode sim, certo, no momento está menos agitada que o normal.

Virei na primeira rua, fiz um retorno e logo estava estacionando na frente da Delegacia. Entrei e em poucos minutos estava sentado na frente do delegado e ele me mostrando no computador a foto de um jovem.

— Sabe quem é?
— Não, nunca o vi.
— Tem certeza?
— Absoluta, nunca o vi na minha vida.
— Vai ficar complicado para o senhor, pessoalmente, é claro.
— Não estou entendendo, delegado – realmente não tinha a menor ideia do que ele tentava me dizer.
— Ele é o assaltante número três que, segundo os dois comparsas é quem manejava o revólver que matou seu sobrinho no assalto do banco.

Olhei a foto no monitor novamente:
— O que vai fazer agora?
— Assunto encerrado. Seu apelido era Foguinho, assaltou ontem um posto de gasolina, houve tiroteio e foi morto.

Parecia muita coincidência. Não era possível que fosse o filho de Maristela. Meu Deus, seria o destino brincando conosco? Por algumas frações de segundo, apavorei-me.
— Vou lhe contar o que houve, deve ser coincidência.

Quando acabei de contar que minha empregada havia pedido dinheiro para enterrar o filho e narrei-lhe o que eu sabia, ele mexeu no computador e virou-o para mim.

Na filiação, constava o nome do pai Sindoval Silva e Maristela Silva.

Emudeci, o mundo era pequeno demais e o choque foi muito grande. Provavelmente Maristela nem sabia disso.

Sempre me impressionei com as ciladas do destino, que ordena um emaranhado de acontecimentos, deixando-nos perplexos. Redescobrimos pessoas em ocasiões menos esperadas. Parece que os momentos de dor são aqueles que mais nos aproximam. Este é um serviço que a morte nos presta: faz nos reencontrar com nós mesmos e com amigos antigos.

O Delegado Armando percebeu que eu fiquei profundamente chocado com a revelação do terceiro assaltante, por ele ser filho da minha empregada.

Ele imprimiu a página e me entregou. Levantei-me da cadeira e fiquei alguns instantes pensando nesta descoberta. Pensei em Helena e Carolina, quando soubessem que o assassino de Ricardo era o filho de Maristela. Carolina, que sempre falou o que pensa e sempre foi mais realista do que eu na vida, por certo ficaria chocada, mais do que eu estava.

Agradeci o delegado e perguntei se ele tinha visto Maristela. Ele disse que não teve contato com ela, mas pelas câmeras não havia dúvida de que Foguinho foi um dos que atiraram em Ricardo, os outros estavam presos, ele agora morto e então estava encerrado o processo. Um dia me disseram que saber que o assassino morreu não é bom. Fica-se com a impressão de que não houve justiça. Ela seria apenas completa se o algoz ficasse preso na cadeia. Na verdade, diante das injustiças, cada ser humano tem seu modo de retomar a própria consciência e se recompor emocionalmente. A honra é um desejo exagerado de se vingar, disfarçando a multiplicação da violência. A morte, no entanto, pode ser um lenitivo para os ressentimentos, como se a pessoa morta já tivesse sido vingada.

Creio que ainda fiquei no carro por algum tempo, antes de voltar para casa.

VII

O drama de Maristela

NA TERÇA-FEIRA FUI buscar Helena no Aeroporto de Congonhas. A Avenida 23 de Maio que nos leva até lá está sempre congestionada, milagrosamente neste dia estava tudo calmo. O avião chegou pontualmente às vinte e uma horas. Colocamos a mala no carro e fomos para o apartamento. Após as perguntas de praxe, sobre a família dela e a viagem de meu pai, comecei a contar a história de Maristela, sem antecipar o final da história.

— Meu contato com Maristela começou depois que Ricardo morreu. Sempre falou das filhas, mas eu também nunca ouvi nada a respeito do filho dela – me disse Helena.

— Bem, é difícil para uma pessoa simples como ela lidar com um filho marginal. Creio que nos escondeu o fato por ter vergonha de expor algo tão constrangedor.

— Léo, eu não entendo como uma mãe pode se envergonhar do próprio filho. Creio que mesmo marginal um filho não deixa de ser filho.

— Não é isso, ela deveria gostar do filho, sim, mas para as pessoas que não a conheciam bem, como nós, ela não falava dele, pois se tivesse que falar teria que dizer que estava na cadeia. Ou talvez de medo de ser prejudicada no trabalho.

— E o delegado, sabe de alguma coisa ou vamos ficar nesta procura a vida inteira?

— Eu queria que houvesse justiça, fossem presos, pagassem pelo seu crime.

— Na realidade, Helena, todos nós pensamos assim num momento de desespero. Depois ficamos mais realistas e pensamos diferente. No fundo temos pena, ficamos confusos, muitas coisas se misturam em nossa mente.

— Você está me enrolando para contar alguma coisa, Léo. Conte, por favor, pegaram o assassino? As câmeras mostram a direção da bala e dá para ver que Ricardo caiu e na direção estava o terceiro assaltante atirando em todos os transeuntes. Isso é até onde sei.

— Bem, o terceiro assaltante foi novamente roubar. Desta vez um posto de gasolina. A polícia veio ao encalço e no posto trocaram tiros e ele morreu a caminho do hospital. Seu apelido era Foguinho.

— Minha nossa.

— Você queria justiça, não é, Helena? Seguindo esse raciocínio, foram elas por elas referindo-se às tragédias, mas houve uma justiça, mesmo que pela equivalência de desgraças, estamos num nível de pouca nobreza, repetindo um pensamento recorrente em suas conversas, desgraça por desgraça.

Entendi o estado de espírito de Helena, sobretudo por sua conversa justiceira, pois quando sofremos, temos o direito de esbravejar, amaldiçoar e até nos revoltar com Deus.

— Desculpe-me, você sempre tem razão quando coloca uma situação em que devemos perdoar uma pessoa, ou outra maneira de ver as coisas. Como sou igual ao povão, eu vou direto no olho por olho, desculpe-me. Sou muito emocional.

Eis a Helena, rainha da justiça com as próprias mãos.

— Não tem que me pedir desculpas. O resto da história vai chocá-la ainda mais.

— Como assim?

— O tal do Foguinho era filho da Maristela. Ele é o terceiro bandido e morreu no sábado ao assaltar um posto de gasolina.

— Que horror, meu Deus, que horror. Ela sabe?

— A mídia fez da morte de Ricardo uma festa, pois acabou exagerando no drama da nossa família. Como exageraram em outros. O fato é que a repercussão existiu e a mídia ontem fez o circo, entrevistando o delegado e os amigos do Ricardo. Eu avisei a Paola e o Eduardo. Eles foram para a casa da praia. Repórteres vieram me procurar para ser entrevistado. Eu disse que não estava em condições de responder. Na verdade, não quero publicidade. Não serve a ninguém e expõe a família, com sensacionalismo sem limites. Serve pra audiência de jornalistas que se servem das emoções para alavancar audiências.

— Descobriram que a Maristela era a mãe do terceiro assaltante? Ou ela já sabia?

— Não, o delegado Armando contou tudo para a imprensa. Foi entrevistado e contou todos os detalhes.

— Por que ele disse isso, não poderia ter ficado quieto?

— É o trabalho dele. Como falaram demais na morte do Ricardo e pediram justiça, agora ele tinha o queijo e a faca. Contou como quis, mas ele não mentiu, falou a verdade. E na verdade, muita conversação, mas a verdade.

— E como fica Maristela? Quero dizer, eles a entrevistaram?

— O genro dela apareceu na televisão e disse para o repórter que ela estava desesperada por ter perdido o filho. Disse que Maristela não tinha ideia das coisas que o filho fazia e que sentia muito pela morte do Ricardo, que era sobrinho do patrão dela...

Ficamos confusos e tristes. A mãe também é vítima. A vergonha pela morte de um filho bandido pode ser mais atroz que a dor da perda do filho. Mais tarde, a confissão, entre lágrimas de Maristela, foi dilacerante.

— Ela vai continuar trabalhando aqui? – insistiu Helena.

— Ela disse que viria na quarta-feira trabalhar, mas depois desta repercussão toda na mídia, eu sinceramente não sei.

— Você acha que teria condições de ela continuar trabalhando, que é possível esquecer que o filho dela matou Ricardo – não conseguiu deter a emoção e começou a chorar. Creio que eu sempre vou vê-la e vou lembrar que o filho dela matou o Ricardo, não é questão de perdão, ela não tem culpa do filho ser assassino, mas como fazer, Léo?

— Sinceramente, Helena, eu não sei.

— O que a Carolina falou?

— Nada, não disse nada, ou melhor, ela disse que eu resolvesse como achasse que devia.

— E o que você resolveu?

Chegamos a casa, lá estava Carolina com César. Jantamos tarde naquela noite, César foi embora e as meninas se recolheram.

No dia seguinte, bem cedo, fui até a cozinha e vi que o café já estava pronto. Maristela como sempre fizera o café.

Eu a cumprimentei, ela se aproximou de mim e disse:

— Vim cedo, doutor Léo, queria conversar com o senhor antes que fosse trabalhar.

— Como você está, Maristela?

— Envergonhada, muito envergonhada. Sei que pedir perdão do que meu filho fez é algo muito pequeno diante do fato de ele ter matado o Ricardo – e prosseguiu, sem piedade de si mesma, como se quisesse se humilhar.

— Não sei qual dor é mais impiedosa. Perder um filho na juventude, mesmo sendo um contraventor, é sempre uma tragédia. Um filho que você carregou no colo, no ventre mesmo, que penteou o cabelo, que ensinou a andar e mesmo a rezar pro anjinho da guarda. Mas, qual, meu Deus. O medo de as pessoas perguntarem do que foi que ele morreu e ter que mentir e dizer qualquer coisa. Eu não gosto de mentir. Dizer que ele morreu num acidente? Eu não falo para ninguém que ele morreu, para não ter que contar a verdade. Que sina, meu Deus. Um filho assim. Será que é melhor debaixo da terra? Virgem Maria, será que ele está sofrendo onde está agora? Qual nossa responsabilidade sobre nossos mortos? Queremos ter mérito da glória deles, mas não gostamos de sermos culpados por seus delitos. Meu Deus, meu filho está morto, que tristeza. Mas era um assassino, que vergonha. Espero a misericórdia de Deus!

— Não foi você quem o matou. Pegue uma xícara e sente-se aqui.

— Prefiro ficar em pé. Vim dizer para o senhor que hoje é meu último dia nesta casa. Depois eu venho trazer o dinheiro que o senhor me emprestou.

— Você não me deve nada, Maristela, absolutamente nada. Se realmente deseja ir embora, você vai até o Sr. Sérgio, que é o contador, pois você o conhece. Ele vai acertar cada direito seu com você, seu bônus de Natal e tudo o que tiver direito.

— O senhor é um bom homem, mas não posso continuar a trabalhar para o senhor, minha filha vai ter uma menininha daqui a dois meses. O pai, o senhor o conheceu, é o Lindomar e ela vai precisar muito de mim. Se o senhor quiser, tenho uma amiga, muito discreta, que perdeu o emprego. Ela trabalhava para uma senhora que está com problema nos olhos e foi morar com o filho. Ela fica no meu lugar, tem referência, assim o senhor não fica sem a diarista.

— Está bem, Maristela, é uma decisão sua. Eu sinto muito que tenha acontecido isso nas nossas vidas.

— Meu filho, quando o pai morreu, tinha treze anos e ele sempre foi muito difícil. Meu marido foi assassinado. Ele era taxista e nós ficamos, eu, minhas filhas e meu filho, sem nada, o carro ainda nem estava totalmente pago. Ele jurou que ia matar quem assassinou o pai dele. Sei que entrou numa quadrilha e começou a usar drogas. Um dia vieram me contar que o assassino do meu marido tinha sido morto pelo meu filho. Ele tinha menos de dezesseis anos. Acabou em instituições e até foi para a cadeia. Saiu, voltou, até que um dia foi preso e ficou quase quatro anos na cadeia. Saiu e fez o que o senhor sabe. Assaltou bancos, matou e por último foi morto, quando roubava um posto de gasolina. Eu tenho vergonha do que ele fez na vida, da forma como morreu, baleado. Pior ainda, que foi seu sobrinho a vítima, dor maior, destino desatinado. Este meu filho que era chamado de Foguinho me fez chorar até o seu último dia.

— Reze por ele, Maristela, e peça a Deus que lhe dê a paz e repouso, onde estiver.

— Doutor Léo, eu não tenho como ficar aqui. Todos da sua família, quando entrarem neste apartamento, vão me ver e eu lerei nos seus olhos talvez irados: "olha aí a mãe do bandido que matou o Ricardo".

— Não é bem assim, Maristela.

— É sim, senhor. Uma mãe, se tiver dez filhos e um, um só for um bandido como o meu foi, esta mãe vai ser vista como a mãe do bandido. Todos esquecem que ela teve outros bons filhos. É melhor assim para nós, que eu vá embora. Minha amiga se chama Dirce. É uma mulher casada, tem quarenta e sete anos, e sei que ela vai se dar bem com o senhor.

— Está bem, passe no Sr. Sérgio, o contador. Eu ligo para ele e mande a Dirce falar comigo, neste horário, na sexta-feira. Vou combinar com ela e depois ela leva os documentos para o Sr. Sérgio.

— Queria dizer uma coisa para o senhor. Desculpe-me falar, mas como não nos veremos mais, eu queria dizer que gostei muito de trabalhar aqui. Acho que o senhor já sofreu tanto com a dona Sara, mas não fique sozinho. O senhor é muito novo para não ter companhia. Um homem como o senhor precisa de uma companhia que lhe queira bem.

— Obrigado, Maristela, por termos estado juntos este tempo. Eu ainda não esqueci minha mulher. Cada um de nós na vida paga um preço alto por não fazer as coisas certas. Mesmo que, às vezes, achemos que estamos no caminho certo, nem sempre estamos.

— Perdão, mais uma vez, pelo que meu filho fez, perdão.

— Obrigado, Maristela, boa sorte para a menininha que vai nascer. Vai ser uma nova luz em sua vida e da família, boa sorte.

Nos despedimos, apertando as mãos.

De seus olhos saltavam lágrimas. Mal terminou a frase, pois sua voz embargou. Quase voltei para consolá-la, mas não consegui. Não sabia se esperava um abraço para acalentar a dor ou se preferia ficar sozinha para consumir sua vergonha. Fiquei angustiado, pois existe uma grande contradição na educação dos filhos. Pais adoráveis podem ter filhos amaldiçoados e pais relapsos podem ter filhos maravilhosos. São as contradições da condição humana, que não nos dão o direito de ter segurança. Somos sempre surpreendidos pelas realidades da vida.

Pensou na honra de recordar um filho que morreu ao socorrer as amiguinhas que naufragavam no rio, numa grande tempestade. E uma desonra recordar o Foguinho, que morreu numa ação de delinquência. São os tons mais claros e mais escuros da morte. Temos a maldição dos mortos que desabam sobre nós e a bênção dos mortos que nos enchem de orgulho e boas recordações.

Quando estava quase na porta, ela falou:

— Doutor Léo, a chave eu deixo com o zelador.

Eu disse que sim e fui trabalhar. Confesso que o dia foi muito triste, Maristela tinha vergonha do filho, amou-o demais, sofreu demais, mas a morte num tiroteio, sendo o filho bandido e não o mocinho da história, foi demais para ela. Uma mãe digna, uma criatura lutadora e um filho marginal. Quem explica? Tive pena da Maristela. Por certo, não merecia esta desonra. Mas o Foguinho foi e será sempre seu filho.

VIII

A missa da saudade

PAOLA NOS CONVIDOU para jantar. Queixou-se de que a casa sem o papai e o Ricardo não era a mesma coisa. Disse dolorosamente que precisava ter movimento, como sempre falava nossa falecida mãe. Assim resolveu, alguns dias depois de tudo o que aconteceu em relação ao terceiro assaltante, nos chamar para jantar.

Carolina aproveitou e levou seu convite de formatura na faculdade. Foi sem o César, que estava dando plantão neste dia. Apesar de estar atrapalhada com os exames, Helena seguiu direto da universidade para lá e chegou antes de nós.

O jantar foi bem agradável, pois Paola puxou nossa mãe e cozinha muito bem. Eduardo é o cunhado ideal que qualquer um gostaria de ter, sempre educado e pronto para ajudar em alguma coisa. Em geral, não discute, não se exalta, vive bem com todos. Mas desde a morte de Ricardo, não voltou ainda a ser o que sempre fora. O seu silêncio era pior do que se falasse alguma coisa. Nunca se ouvia ele falar mal de alguém, sempre procurava elogiar as pessoas. Seu bom caráter nos motivou a gostar muito dele. Algo que ele trazia no coração, talvez por causa de sua orfandade, talvez o tenha deixado um homem mais triste do que alegre. Com o adeus do filho, aumentou ainda mais este seu lado triste.

Nosso jantar foi tranquilo. Falamos, evidentemente, sobre o que chamávamos de "terceiro assaltante" antes do jantar. Depois, por um pacto silencioso entre todos e sem ninguém oficializar nada, resolvemos falar de outros assuntos.

Paola conversou bastante comigo. Ela parecia estar mais equilibrada nestes últimos dois meses e foi sobre isso que conversamos sozinhos.

— Queria dizer, Léo, que não estou mais frequentando centros espíritas com o Eduardo. Devemos ir a todos os lugares que quisermos e que nos faça bem, mas o bem do Eduardo não é o meu bem. Assim, para minha surpresa, a Beth veio me ver e acabou me convencendo a ir à missa das segundas-feiras, que antes chamavam de missa dos falecidos ou missa das almas. Não sei direito qual era o nome.

— Onde é a Igreja?

— A nossa mesma, no bairro. Temos um padre bem jovem, chama-se Carlos José. Nós o chamamos de Padre Carlinhos. Ele resolveu fazer estas missas pelos falecidos e ela se chama Missa da Saudade.

— O que tem de novidade nesta missa?

— Bem, na primeira segunda-feira do mês recordamos os pais e mães falecidos, na segunda do mês, rezamos pelos filhos e filhas falecidos, na terceira é pelos amigos, parentes e colegas e na última quarta-feira é na intenção de todas as almas e para os que precisam de nossas orações para estarem na paz. No dia dos pais e mães levamos fotos. Eu levo sempre a da mamãe e no dia de rezarmos pelos nossos filhos, levo a foto do Ricardo. Temos um painel na Igreja e, à medida que vamos chegando, colocamos nossas fotos. Depois, acendemos velas, que é símbolo da luz divina. Cada semana um de nós conta como era sua mãe. Por exemplo, eu falo da nossa mãe. No dia que falamos da pessoa que queremos homenagear, mostramos a foto no painel e contamos nossa história. Ouvimos também as histórias dos outros que acabam nos confortando.

— Interessante!

— Eu me sinto tão bem. Volto com o espírito renovado, pois é uma cura espiritual.

— Você deveria fazer terapia, Paola. Faça sem receio, vai ser bom para você.

— Eu vou fazer sim. Tenho pensado nisso e acho que será bom. O Eduardo me incentiva muito a fazer terapia. O que você achou da missa?

—Acho que é muito bom o trabalho pastoral do Padre Carlinhos, é isso?

— Sim, além de toda sua formação, ele é psicólogo. Ele também falou que se eu tenho vontade de fazer terapia que eu faça, que será bom para mim.

— Então faça, se precisar de alguma coisa me peça.

— Obrigado. E você como está?

— Bem, já conversamos sobre os assuntos que nos atormentam. Agora deixemos que a coisa flua. Não podemos parar de viver. Temos que cultivar a saudade dos que foram, mas não fazer disso um drama, ou acabaremos doentes, desesperados. Deus nos mostra o caminho sempre, não se esqueça disso.

Paola falou bastante sobre a força da fé: "A fé, disse ela, é como um sopro de luz na escuridão. Imagina uma sala escura, totalmente envolvida pelas trevas. Pensa numa luz, ainda que pequenina em qualquer canto daquela escuridão. Ela torna-se fundamental, dá vida para todo espaço, faz-nos ver, ainda que na penumbra, os objetos do lugar. Minha fé, sobretudo quando a acendo pela oração, me ilumina a alma e vejo o Ricardo, nossa mãe e os que partiram. Pela minha fé, toco o céu. Quando tenho saudades do Ricardo, tento reencontrá-lo pela fé. Não tenho seu corpo e nem ouço sua voz ou sua respiração. Ele não fala, mas eu sinto sua presença. Na fé nos encontramos. Foi o melhor caminho, aliás, o único caminho para suportar tamanha dor. E as preces, como esta missa, aliviam minha dor e aumentam minha esperança".

— Tenho uma novidade – querendo mudar de assunto.

— Uau... diga. Você arrumou uma namorada?

— Paola, menos, bem menos...

— Seria muito bom que você se casasse de novo. Você poderia ainda ter filhos, recomeçar a vida, a família. Preste atenção no tempo, daqui a pouco a Carolina casa e você fica sozinho.

— Aí eu venho morar com você e vou te dar bastante trabalho.

Ela riu. Certamente devo ter feito um ar diferente, dando a entender que este assunto não é de domínio público, é particular. O viúvo tem isso, todos se sentem com vontade de opinar sobre um novo casamento.

— Você foi contar uma coisa e eu acabei com sua história.

— Fui convidado para voltar a dar aulas na universidade na minha área de arquitetura. E vou aceitar para o ano que vem.

— Nossa, que maravilha, Léo. Fico tão feliz que você vai voltar a dar aulas. Afinal, você fez o mestrado e o doutorado, para quê?

— Para aprender.

— Tudo bem, acho legal, mas na realidade você precisa passar para os alunos esta sua experiência. Você gostou tanto de ministrar aulas e que bom que aceitou, mas vê se fica mesmo.

— Desta vez, Paola, estou entusiasmado. Alguns meses atrás, fui sondado para voltar para a lecionar e aceitei, pois Carolina está se formando agora e ela mandou seu currículo para algumas universidades inglesas e americanas. Ela quer fazer uma pós-graduação em Direito Internacional. Tenho quase certeza de que receberá respostas de uma ou mais.

— E o que você quer dizer com isso?

— Apareceu o César.

— Entendo. E você acha que ela é capaz de desistir do sonho ou ficar e casar com ele?

— Não me pergunte o que não tenho resposta. Estou apenas comentando com você que acredito que ela vai ficar dividida.

— Conhecendo a Carolina como nós a conhecemos, minha sobrinha não é de vacilar e nem ficar no vou ou não vou. Ela é de tomar decisão, desde pequena foi assim.

— O que tiver que ser. Ela que tome a decisão se acontecer isso.

— O que você acha que ela escolheria?

— Não sei e no momento certo, se houver escolha, ela vai saber o que fazer.

Jantamos e falamos da formatura. Carolina nos contou como seria o evento e para surpresa de todos, menos minha, ela iria ser a oradora da turma. Não sei como os outros alunos são, mas sei como Carolina é. Ela sempre foi líder da turma, não foi novidade, foi uma confirmação do óbvio.

Tínhamos notícias de papai a cada três dias. Ele ligava para Paola e ela nos dizia como ele estava. Paola nos contou que:

— O papai parece um garotinho que foi pela primeira vez ver o mar. É impressionante, se eu não corto a ligação, dizendo que vai ficar cara, ele fica horas. Visitou o Museu do Cairo, foi no show de luzes das pirâmides, conheceu Luxor, viajou de trem, de barco... Está feliz.

— Isso é bom, com Ricardo no coração, ele faz tudo – disse eu para os demais.

— É verdade – disse Eduardo – o que eles sonhavam juntos, o vovô está fazendo sozinho.

— Não está sozinho — disse para ele.

— Não, desculpe-me, não quis dizer isso. Sozinho, mas sozinho com o Ricardo... entenderam?

— Sim, claro que entendemos, tio Eduardo – disse Carolina e continuou – espero todos na minha formatura. Estou muito feliz em terminar a faculdade, mas ainda falta muito para eu poder ser uma profissional como sempre sonhei.

— Então vamos brindar – disse Eduardo – a nossa advogada, ao Professor Léo, meu cunhado favorito, que só tenho este – e riram todos — e a nossa Helena que está sempre nos fazendo companhia.

— Eu queria agradecer a todos vocês – disse Helena – por tanto carinho e compreensão. Eu sinto muito a falta do Ricardo, mas perto de vocês é como se ele ainda estivesse com a gente.

— E está – disse eu – ele morreu, sabemos disso, mas está vivo em nossos corações, pensamentos, conversamos com ele, é parte nossa. A matéria se foi, mas o espírito está com Deus e, por conseguinte, está em cada um de nós.

Paola na saída me disse:

— Acha que estou muito velha para ter um filho?

— Está pensando em adotar um?

— Não, em ter um, tenho quarenta e cinco anos, sinto que ainda consigo.

— Faça todos os exames que forem necessário. Se tudo der certo, tenha um filho, mas não para substituir o Ricardo, pois ele foi único. Tenha um porque se sente feliz em ser mãe de novo, se puder. Tua saúde é muito importante até mesmo para seu filho.

— Você me desconcerta, mas tem razão.

— Pense um pouco antes de fazer alguma coisa, mas não esqueça, de que nada vai substituir o Ricardo, nem mesmo outro filho. Será um recomeço, mas, por favor, pense com seriedade no assunto.

— Eu prometo que vou pensar.

Eu, Carolina e Helena voltamos para casa, era já tarde. Quando fomos entrar na garagem do prédio, o porteiro fez um sinal para nós. Abri a janela e pelo interfone ele avisou que César estava no saguão do prédio.

Mal estacionei, Carolina saiu do carro e foi para o saguão. Eu e Helena subimos para o apartamento. Entramos e alguns minutos depois os dois entraram. Carolina trazia um arranjo de flores, rosas brancas e sorria imensamente feliz.

— Olha o que eu ganhei do César. É a primeira vez que ganho um arranjo de flores.

Olhei e vi que ela estava feliz. Somente para perturbá-la, eu disse:

— Mentira.

— Como mentira, pai, o que o César vai pensar de mim?

— Que eu, seu pai, já lhe dei flores em muitos aniversários que você fez, não é?

Todos deram risada e Carolina ficou vermelha e sorriu:

— Meu pai tem cada uma, que piadinha infame.

César sorriu para ela e a abraçou. Para deixá-los à vontade pedi licença e fui dormir. Vi que Helena despediu-se deles também e foi para o quarto dela.

Olhei da janela, era noite quente. Admirei o céu inteiro, vi as estrelas, olhei a lua, estava vermelha, sorri e senti Deus sorrindo para todos.

IX

De olhos fechados não veremos o luar

HÁ DIAS EM que temos tanto o que fazer, que as vinte e quatro horas parecem pouco para darmos conta. Mas, se não pararmos um pouco, não veremos o luar e vamos perder a possibilidade de nos encantar com a lua, com as estrelas.

O dia da formatura de Carolina foi um destes dias em que devemos levantar bem cedo e lembrar que não há hora para dormir depois.

Meu pai retornava de viagem, depois de quarenta dias e fomos buscá-lo com todos os da família, para que ele sentisse como era amado.

Chegou imensamente feliz e nos abraçou como se fizesse alguns anos que não nos via. Fomos para a casa dele e lá, como sempre, Paola preparou um maravilhoso café da manhã para recebê-lo.

Tomamos o café e ouvimos os relatos da viagem e o convencemos a descansar um pouco, pois à noite estaríamos todos na formatura de Carolina.

Mas meu pai, como todo viajante, queria contar a sua viagem. Assim demos-lhe um tempo para fazer um resumo do que havia mais gostado. Eu lhe disse que durante a semana nós dois iríamos almoçar juntos e ele me contaria tudo. Ele ficou feliz e assim conseguimos que ele fosse descansar e nós para nossos afazeres.

Naquele dia, eu tinha uma reunião marcada e, saindo da casa de meu pai, fui direto para o encontro. Cheguei em cima da hora, já com os demais na sala da empresa em que iríamos fazer um projeto, que sinceramente eu ainda nem conhecia. No entanto, vivemos do nosso trabalho e no meu caso, seja um edifício, um teatro, uma igreja ou simplesmente um quartinho no fundo da casa, se nos chamam significa que querem conhecer nossas ideias.

Era um simpático grupo de muçulmanos que nos recepcionava. Os seus membros mostraram fotos do local, nos deram as medidas do imenso terreno e nos pediram que fizéssemos um projeto exclusivo e especial...

O terreno ficava de frente para uma praça que parecia um campo de batalha, que se percebia todo descuidado. E ali se poderia construir um belo jardim. Durante anos no subdistrito de Cerqueira César, imediações da região da Avenida Paulista e Rua Augusta, havia um terreno imenso que o povo pedia para acoplar na praça, mas nunca saiu do papel. Este terreno, após uma grande reviravolta política, foi comprado por este grupo e finalmente seria um belíssimo prédio com espaço para anfiteatro, exposições e artes. Os moradores da região ansiavam por um jardim bem cuidado, era possível fazê-lo e renovar toda a paisagem que existia, além de embelezar a região.

— E esta praça, poderemos encampá-la com nossos projetos? Vejam bem, se os senhores construírem este imenso edifício, a praça vai ter que estar de acordo com as linhas da construção – disse com um entusiasmo muito grande.

— Doutor Léo – disse um dos diretores – peço que, quando faltar seis meses para o término da construção do prédio, o senhor me apresente o projeto da praça, pode ser?

— Sem dúvida alguma, senhor – respondi meio sem graça, como quando tiram um doce de uma criança, pois nunca tinha feito o desenho para uma praça e sempre tive vontade de fazer um projeto de jardinagem.

— O senhor fez o projeto do Museu da Revista, não foi?

— Sim, senhor, fui eu quem o fez.

— Com pouca verba o senhor fez um excelente trabalho.

— Sim, foi simples, mas é o que podiam gastar.

— Eu gostei, levei meu filho e ele se apaixonou por tudo. Vamos nos dar bem.

Acabamos pegando o edifício da empresa muçulmana para construir e ficamos felizes. Único problema foi ter que aceitar almoçar ainda com eles. Companhia agradável, mas tempo longo. Acabei saindo do restaurante depois das quatro da tarde. Ainda fui comprar uma pequena lembrança para Carolina e voltei ao apartamento, após enfrentar um enorme trânsito, para me arrumar para a formatura.

Helena me fez companhia no carro, pois César veio buscar Carolina para levá-la para a formatura.

— Não ficou com ciúmes, Léo, pelo fato de o César ter vindo buscar a Carolina?

— Na realidade um pouquinho, mas foi bom, estou vendo algumas nuvens no futuro e acho que quanto mais tempo juntos, melhor para eles.

— Bem, acho que tem razão. Nesta formatura somente sinto falta do Ricardo, pois ele sempre falava que Carolina iria se formar antes dele.

— O ano que vem é a sua formatura, né?

— Eu estive na universidade do lugar onde meus pais moram, para ver se eu poderia me transferir para lá, mas eu não posso. Teria algumas disciplinas para completar e perderia um ano. Assim, prefiro ficar aqui.

— Já disse que esta é sua casa, fique o quanto quiser.

— Obrigado, Léo, vocês me deram muito apoio, mas acho que devo voltar para o apartamento, onde eu morava com minhas colegas. Sinto que estou abusando da vossa hospitalidade.

— Helena, faça o que julgar que é bom para você. Eu ficarei muito feliz se ficar conosco até terminar a faculdade e depois seguir seu caminho.

Você nos faz companhia, aqui todos te querem bem. É um pouquinho do Ricardo que está conosco.

— Léo, você é bom demais. Quero que me ajude a arrumar um tema para o meu trabalho de conclusão de curso, uma vez que eu preciso começar o ano entregando o projeto. Aprovado, começo a fazê-lo.

— Vou pensar em algo interessante para você. Dê-me alguns dias e entrego um tema para você ficar fascinada e feliz, algo diferente.

— Está bem.

A formatura começou e a beleza do acontecimento nos deixou muito felizes. Como toda formatura, os pais se emocionam, os formandos, os professores e amigos são transportados ao fascinante momento em que anos de estudo são coroados com um diploma.

Para nossa família, o discurso que Carolina fez foi maravilhoso, perfeito e impecável. Para todos, eu creio; aplaudimos muito e todos aplaudiram. De fato foi muito bom. César estava sentado ao nosso lado e se mostrava um namorado deslumbrado com sua amada. Eu até me preocupei ao vê-lo tão feliz.

Depois da cerimônia de formatura, mesmo sendo tarde da noite, fomos jantar num restaurante italiano para comemorar. Meu pai estava muito feliz, assim como todos nós.

Escolhemos nossos pratos, fizemos comentários sobre a formatura, falamos de tudo um pouco, exatamente como as famílias fazem em recintos festivos, nestas ocasiões.

Depois pedi champanhe, brindamos e, nesta hora solene, entreguei para Carolina uma corrente com um pingente muito bonito de água marinha e pequeninos brilhantes. Ela olhou e ficou emocionada:

— Pai, é muito lindo! Onde se viu gastar dinheiro com um presente tão lindo. Tanta gente sem condições de viver e eu com ouro e brilhante no pescoço? Dá até medo usar.

— Use somente em ocasiões especiais – eu disse.

— Bem, agora, neste instante vou usá-lo. Esta é a ocasião mais especial da minha vida. Ah, como sonhei em terminar a faculdade.

— Fico feliz – disse meu pai – minha neta uma advogada. É realmente maravilhoso, sinto muito orgulho da minha família.

Paola não conseguiu evitar a saudade de Ricardo e disse:

— Onde o Ricardo estiver, ele também deve estar orgulhoso da sua prima, que ele tanto amava.

Meu pai não perdeu a réplica:

— Ricardo está aqui conosco, no coração de cada um, não é, Helena?

Ela olhou para meu pai e comentou com cumplicidade:

— Nunca saiu de nossos corações, vovô!

— E já que estamos brindando a tantas coisas, vamos brindar ao Ricardo. Não brindamos a saudade que temos dele, nem a falta que nós sentimos. Nós o brindamos, porque ele está vivo em nossos corações a cada momento.

E, sem dizer uma palavra, brindamos em memória de meu sobrinho. Paola derrubou suas lágrimas como sempre acontecia quando se mencionava o nome de Ricardo. Eduardo sorriu triste, mas sorriu.

Saímos já de madrugada do restaurante e Carolina voltou conosco, deixando César ir sozinho, uma vez que ele já estava nas proximidades da sua casa.

Falei para meu pai que nos reuniríamos na casa dele nesse domingo, para que nos mostrasse as fotos da viagem e ficarmos todos juntos.

— Está bem, meu filho – disse ele – Vou passar para o notebook minhas fotos para que eu possa contar para vocês que linda viagem eu fiz... junto com ... — e mostrou o coração com a mão.

— Boa noite, pai.

No carro, Carolina ainda estava radiante.

— Nossa, foram cinco anos estudando e esperando este momento. Nem acredito, agora já sou advogada.

— Advogado ainda usa anel? Perguntei para ela.

— Acho que sim, pai.

— Mas não aquelas coisas antigas, não é? Hoje devem ser mais bem feitos, não é? Vi uma colega sua com um bonito anel.

— Alguns gostam.

— Eu queria lhe dar um anel.

— Pai, ganhei um lindo presente, obrigado mais uma vez.

Helena perguntou para Carolina:

— O César gostou muito da formatura e está todo animado com você. Vai sair casamento?

Carolina imediatamente mudou de assunto como se não quisesse responder:

— Sei lá, pai. Podemos viajar alguns dias nas férias? Queria tomar um pouco de sol, vamos para a praia?

— Vou pensar e depois combinamos. Preciso ver se dá. Está meio complicado, pois tenho clientes novos, um grupo muçulmano.

Olhei para o céu e a lua estava linda. Parei o carro e disse:

— Olhem a lua, meninas. Ontem ela estava vermelha, hoje está branca, quase prata e belíssima.

— É verdade, linda mesmo – disse Carolina.

— Encantada – falou Helena.

Terminei minha frase com o pensamento da noite anterior:

— Se não pararmos, não veremos o luar, nunca saberemos a beleza que perdemos. Carolina, a lua está dizendo parabéns pela sua formatura.

— Obrigada, pai, por tudo.

Em casa, deixei ainda uma pequena lembrança na cama de Carolina. Não falei nada, estava na sala sozinho, tirando a gravata e vi Carolina emocionada com a pequenina caixa na mão.

— Você não tem jeito, pai.

— Gostou?

— Amei, coloque no meu dedo.

— Pronto – coloquei no dedo de Carolina um anel de formatura de direito, estilizado, mas muito bonito. Somente quem olhasse muito bem veria que é um anel de formatura, mas passava perfeitamente por apenas um belo anel.

Beijou-me, disse coisas bonitas a meu respeito. Fez bem para meu ego saber o quanto minha filha gosta de mim e ficou patente para ela o quanto a amo e o quanto ela representa na minha vida.

Foi uma noite daquelas que o vento não leva e que o tempo não apaga. Uma noite pra lembrar que a vida não é feita somente de dramas, mas de coisas boas. Não misturemos alegrias intensas achando que as tristezas são sempre maiores. Balancemos a vida e a morte para que possamos viver bem. Cada uma tem seu momento de aparecer nas nossas vidas.

X

O Pão da Ressurreição

COMBINEI COM MEU pai de almoçarmos juntos na quarta-feira. Apesar de estar atrapalhado com o novo projeto que estávamos desenvolvendo, eu precisava dar-lhe um pouco de atenção. A vida é feita da rotina que desenvolvemos no trabalho e em casa. Outros momentos podem ser mágicos, mas se não tivermos a rotina acabamos nos tornando ansiosos sempre querendo que algo especial aconteça. Aprendi cedo que os bons momentos acontecem sempre, basta estarmos atentos para percebê-los. Assim, vale a pensa sair da rotina quando queremos arriscar a realização de bons momentos ou queremos fazer a felicidade do próximo. Quando almoçava com meu pai, esta troca de carinho e amor fazia-nos um grande bem. Isso eu bem sabia.

Passei e peguei meu pai que já estava na frente da casa e me esperava. Na mão trazia uma garrafinha de água gelada para que eu tomasse, dizendo que o dia estava muito quente e que era bom que eu me hidratasse. Achei que, de vez em quando, ele imaginava que eu era um garotinho e talvez tenha saudades de quando fui, de fato.

Para alegria dele eu estava com sede. Coisas de pai. Perguntei onde queria almoçar e ele disse que queria comer comida chinesa como fazia quando minha mãe era viva. E para minha alegria era perto da casa de meu pai e eu não precisaria enfrentar trânsito. Assim, resolvemos deixar o carro na garagem e ir andando, apesar do calor.

Meu pai pedia o mesmo prato e eu ficava pensando que ele adorava frango xadrez mais do que qualquer coisa no mundo. Ele falou sobre isso:

— Eu vinha com sua mãe aqui e ela sempre pedia frango xadrez, arroz com legumes, rolinhos e de sobremesa ela adorava maçãs. Agora, quando venho, eu peço isso.

— Entendo – disse para agradá-lo.

— Não estou maluco ainda, creio — e sorriu, buscando meu sorriso confirmativo — é que acho que ela gosta quando faço isso.

— Ah... pai, se todos fossem malucos como você, este mundo seria um paraíso. Me fala sobre a viagem. Me conta tudo...

— Foi ótima, mas preciso contar o que aconteceu ontem. Preciso dividir com você algo fantástico que aconteceu.

— Agora deu curiosidade – continuamos nosso almoço sem pressa nenhuma, eu tinha me programado para ouvi-lo a tarde inteira – conte-me, pai!

— Eu estava sozinho, mexendo no notebook para fazer um videozinho para vocês verem, pensando que assim ninguém fica cansado. Vê-se uma vez e pronto, não é?

Concordei fazendo sim com a cabeça. Ele continuou:

— Tocou a campainha. Era uma senhora de sei lá, aproximadamente uns cinquenta e poucos anos e perguntou se eu conhecia sua mãe e falou o nome dela. Eu disse que sim. Ela pediu para entrar, queria me conhecer. Disse, ainda, que precisa nos agradecer e eu vi que era uma pessoa boa. É impressionante, a gente reconhece quando alguém vem com boas intenções.

— Nem sempre, não é, pai?

— Léo, ela era uma senhora educada, aliás, muito educada. Daí sentamos na sala de visita. Ela então me contou seu segredo. Fiquei muito comovido ao saber que estava viva porque sua mãe – apontou o dedo para mim — lhe proporcionou isso; sim, ela recebeu o fígado, fez um transplante e está muito bem.

— Minha nossa!

— Pois é, filho. Ela contou até que o médico dela disse que o órgão era de uma pessoa com mais de sessenta anos, mas que daria certo, pois estava perfeito. Ela aceitou e está vivendo. Descobriu o nome da doadora, nossos nomes e veio me agradecer. Contou que é evangélica e que reza todo dia para sua mãe.

— Que bom, meu pai, sabermos disso. Nunca veio ninguém nos agradecer. É a primeira vez.

— Nem todos sabem de quem eram os órgãos transplantados. Ela me disse que descobriu e que fazia tempo, mas tinha receio de nos procurar e nos fazer sofrer porque íamos ver que ela estava bem, e lembrar o que aconteceu com sua mãe. Eu disse que contaria para meus filhos e eles ficariam felizes por ela estar vivendo com um órgão de sua mãe.

— Sem dúvida, pai, ficamos felizes sim de que ela tenha sobrevivido com o fígado da mamãe.

Ela contou a graça de renascer. "A sensação de volta ao mundo é maravilhosa. Com a evolução da enfermidade, a gente vai se afastando do mundo e suas coisas. Mesmo das pessoas mais queridas, a gente vai se distanciando, preparando a partida. É para não sofrer muito na hora do adeus. A morte é um adeus incerto e misterioso. Tinha muito medo, mas depois fui retornando, meio desconfiadamente, às coisas e às pessoas. Preparei silenciosamente a partida, mas acabei não partindo. Agora vou aos poucos desfazendo as malhas do adeus e recolocando as coisas nos seus lugares. Vi a morte diante de mim e voltei, mas nunca vou esquecer que sou bem morta".

— Daí, filho, ela havia entrado com um pão embrulhado, bem grande. Eu não vi que era pão, mas o cheiro se espalhou pela casa. Ela me contou que o que mais gosta de fazer na vida é pão, que adora cozinhar, como sua mãe também adorava. E depois que se recuperou do transplante, ficou boa, ela fez um pão e o chamou de Pão da Ressurreição. Disse que antes não tinha nome e ela o batizou e que todos gostam muito deste pão. Ela tinha acabado de fazer e nos trouxe.

— Que bonita história, não é, pai? Experimentou o pão?

— Claro que sim, Léo. É delicioso, tão bom como o que sua mãe fazia. Deixei um pedaço para você levar para sua casa e tomarem café com ele.

— Obrigado, pai. Pegou o endereço da senhora?

— Sim, ela deixou um cartãozinho. O que você achou, Léo?

— Maravilhoso, papai, uma boa pessoa, que fez um gesto esplêndido.

— Agora vou contar minha viagem.

E nas duas horas seguintes, entre um doce, um sorvete e um chá no Shopping Santa Cruz, eu ouvi a história da viagem do meu pai, que ainda ficou me devendo o vídeo que estava preparando.

Cheguei a casa e contei para as meninas. Helena fez um café e tomamos com o pão. Realmente o pão estava delicioso e lembrou o da minha mãe. Achei bonito o nome que ela batizou o pão, pois deve ter realmente sentido o que é a ressurreição. Quando estamos morrendo, quase sem esperança e revivemos, é o verdadeiro sentimento da ressurreição.

Na hora de dormir, eu sempre vou até a cozinha e pego um copo de água. Naquele dia, eu fui fazer meu ritual de sempre e vi Carolina sentada na cadeira da copa tomando um suco.

— O que aconteceu, filha?

— Nada, pai, estou pensando na minha vida.

— Algum problema?

— Não, ainda não. Vamos ver o que vai acontecer, se alguma das universidades vai me aceitar.

— E por que tanta preocupação? Vamos esperar e, quando chegar, você decide o que você quer fazer.

— Sim, eu sei. Você vai sempre dizer pra eu fazer o que meu coração mandar.

— É o que digo sempre. A felicidade está dentro de nós, somente nós sabemos o que é realmente bom para a nossa vida.

— E se eu não souber o que meu coração deseja?

— No fundo nós sabemos, temos o livre-arbítrio para decidir. Não deixa de ser conflitante, na vida, as decisões são sempre opções a serem feitas, que depois podem mudar o rumo de nossa existência.

— Como Judas Iscariotes? Que poderia ter-se negado a trair Jesus, mas mesmo assim o traiu?

— Judas teve seu livre-arbítrio e escolheu traí-lo. Segundo os textos dos evangelhos, temos indícios que se suicidou. Na verdade, fez uma escolha que ele já deveria ter imaginado, mas não lutou para salvar-se e muito menos salvar Cristo.

— Se eu escolher errado, eu devo me suicidar?

— Não, claro que não – Nem Judas deveria, se é que isto aconteceu mesmo. Você está usando seu livre-arbítrio para escolher o que quer na vida.

— E se eu magoar alguém? É correto?

— Minha filha, não é assim. Quando chegarem as respostas ou uma delas e estiver escrito que você foi aceita para fazer seu curso de Direito Internacional em Oxford, Cambridge, Harvard ou sei lá onde mais você enviou seu pedido, quando chegar, se chegar e acredito que chegue, a resposta vai estar dentro de seu coração. É de seu coração que vai sair a resposta, não sou eu e nem ninguém que vai dizer o que deve fazer.

— Eu me preparei a vida inteira para fazer o doutorado. Você sabe que eu sou boa em língua estrangeira, afinal eu tive que estudar muito inglês. Inclusive, deve-se recordar bem, você me enviou para ficar seis meses nos Estados Unidos para aprender inglês, além do espanhol e francês que eu estudei também. Hoje, eu falo inglês, escrevo e penso em inglês, como se deve. Tudo com uma finalidade, única finalidade, estudar numa universidade estrangeira. Tantos sacrifícios, eu sei. Então apareceu o César, com o jeitinho bonzinho dele, mostrando que já sofreu muito na vida, procurando sua garota ideal. Ontem ele disse que me ama, que me acha a mulher ideal para sua vida e que é comigo que ele quer ter filhos e formar uma família. Ele tem trinta e seis anos, logo vai fazer trinta e sete, perdeu alguns anos com suas cirurgias e agora, evidentemente, quer recuperar o tempo. Mas eu, pai, tenho vinte e três anos, não quero ter filhos logo, quero esperar mais tempo, quero fazer o que sempre sonhei. Hoje eu fiquei confusa o dia todo pensando nisso. Você já tem tanta coisa para pensar e eu venho encher sua cabeça com minhas suposições e dúvidas.

— Acho o seu problema sério, minha filha – e fiz uma pergunta para espairecer — este suco que você está bebendo é bom?

— Sim, é de abacaxi com hortelã. A Dirce, a nova empregada que fez e te garanto que está muito bom – e se levantando — Eu pego para você.

— Não, eu pego e vamos continuar a conversar.
Peguei o suco e sentei ao lado dela.
— Uma única pergunta, você o ama?
— Muito, mas...
— Mas o quê?
— Mas tenho dúvida se eu o amo o suficiente para abandonar todos os meus sonhos profissionais.
— Entendo, minha filha, e vindo de você é perfeitamente normal. Não sei quem você puxou na nossa família.
— Sou um pouco você. E é assim, você jamais quer magoar alguém e sai sempre magoado.
— Não é verdade. É sua bondade.
— É sim, eu nunca tinha pensado em gostar de alguém e aconteceu. Até aí, tudo bem, mas casar e deixar meus projetos para sempre... Minha mãe fez isso com você e nós sabemos o que você passou na vida.

Percebi como eram grandes os ressentimentos da Carolina. Nunca disse muito, nem protestou contra as trajetórias de nossa família e as peripécias confusas de sua mãe, mas no seu coração ficaram marcas que, infelizmente, são para sempre. Temos mesmo que estar mais atentos às sutilezas da vida, às coisas não ditas e mesmo aos sentimentos silenciados, sem realização.

— Foi minha a opção. Eu decidi e quis me casar com sua mãe. O mar tem a força sedutora dos cantos mais imperceptíveis dos pássaros noturnos.

— Ela o magoou tanto e você fez tanto e tanto por ela. Minha opinião humilde – e sorriu – é que quem deveria pensar em casar é você. Encontrar uma esposa dedicada e delicada e mesmo ter mais filhos, se ela assim o quiser. Você é o melhor pai do mundo, mas como marido você somente teve trabalho com a mulher que escolheu. E nunca reclamou.

— Eu sempre amei sua mãe, ela era alegre, tinha alma de artista. São opções na vida, por isso têm que ser muito bem escolhidas, mas sinceramente vivi de perto o triste final. Pense e descubra o seu coração. Mas, deixe-me dizer uma coisa, acho que existe algo que você está me escondendo e não quer contar, algum segredo que eu não posso saber?

Carolina olhou, suspirou como se não tivesse gostado do que falei e disse calmamente:

— Não, pai, está tudo bem, verdade.

Abracei-a com todo o carinho que tinha e ela me disse:

— Obrigado, pai, você não sabe como eu o amo.

— Eu também amo muito você, minha filha. Vá dormir, descansa. Deixa as coisas acontecerem.

XI

A saudade de cada um

NÃO SEI O que acontece comigo, mas desde pequeno eu sinto algo apertando meu peito e desconheço o motivo. Eu acho o Natal a festa mais linda do ano, porém triste. Sei que o que me deixa triste é que o aniversário de Deus Menino deveria ser o começo de um novo ano de paz e amor. Essa é a lógica dos sentimentos. No entanto, chega o Ano Novo e temos a continuidade das guerras, a falta de respeito pelo ser humano, o desarranjo da consciência, a desonra dos governantes, violência, e outras maldades humanas. É um golpe na esperança. Em que vamos acreditar, se perdermos a confiança na humanidade?

Quando vejo a pobreza, fruto da riqueza mal distribuída, interrogo-me sempre e procuro achar um caminho de luz que possa clarear meus pensamentos. Inquieta-me a preocupação com uma vida em favor de um mundo melhor. Mas eu me sinto sozinho no meu pensamento, mesmo sabendo que existem outros que pensam como eu. Podemos fazer nossa caridade e é só. Pena, a vida continuar do mesmo modo após cada Natal e muitos continuarem a fazer do calendário apenas uma mudança para o mais novo, que depois se torna novamente velho, antigo e desbotado.

Fiz recentemente um projeto de reurbanização e melhorias de uma favela e apesar da boa vontade de todos que encontrei pelo caminho, trabalhadores e moradores deste local, não tive apoio nenhum dos governantes. Apenas uma empresa ajudou-nos cedendo muitos litros de tintas e outros materiais para pintarmos uma pequena parte do projeto.

Este é o ventre do mundo, onde somos gerados e nem sempre conseguimos nascer. Bem que nascemos com o destino traçado para a morte, isso é inefável, mas nunca nos esqueçamos de que todo bem deve ser realizado na estrada na vida e não no seu ponto final. A corrida não se faz no pódio, mas na caminhada, na maratona. Nesta caminhada, podemos parecer sozinhos e no mais profundo de nós, estarmos na solidão. Mas a vida se faz de encontros e devemos caçar nossos afetos e construir nossos castelos no tempo que a vida nos der, antes que a morte nos visite. Tem tempo, temos tempo, sigamos.

Cada Ano Novo chega e tudo permanece na ilusão de que será melhor, mas muitas vezes encontramos apenas os nossos sonhos que vão desaparecendo logo nos primeiros meses e consequentemente vamos esperar até o novo Natal, como prenúncio de um Novo Ano e mais uma vez tentar começar de novo. É o círculo da tristeza, que se amarga pela constatação de que o tempo é mais veloz no final. Somos devorados pelo tempo. Quando somos jovens, queremos que o tempo passe rápido. Mais velhos nem vemos o tempo passar.

Desde que minha mãe faleceu, eu sinto muita tristeza no Natal. Recordo-me a sua felicidade em fazer uma ceia maravilhosa para nós. Minha mãe convidava algumas amigas dela, com seus familiares. A casa ficava repleta de crianças e nós adorávamos aquele cenário de alegria e aconchego.

Sempre tinha algum convidado que se vestia de Papai Noel e trazia as lembranças para as crianças, depois de todos terem ido à Missa do

A saudade de cada um

Galo. Me recordo que não era tão tarde assim, a nossa ceia começava às oito horas da noite e se estendia até dez e meia. Depois íamos para casa e tudo estava pronto. Dormíamos bem tarde e no dia seguinte almoçávamos as sobras, ainda mais apetitosas da noite anterior. Isso era ainda mais gostoso. Construímos certa nostalgia afetiva...

No Ano Novo, quando criança, ficávamos esperando a meia noite pela televisão e ao chegar o momento meu pai abria um champanhe e todos brindavam. As crianças apenas experimentavam a bebida dos adultos e tomavam seus refrigerantes. A ceia era mais simples do que no Natal e o sentido era comemorar o ano novo, cantando aquela canção universal, dando adeus ao ano velho e acolhendo o novo ano, que se entregava carregado de sonhos e novas expectativas.

Sempre acreditei que sonhar não era levar nossos projetos para o sono, mas trazer os nossos sonhos do sono para a claridade. Talvez esta nostalgia não me faça muito bem. Nos últimos anos, tivemos as mortes inesperadas de minha mãe, minha esposa Sara e meu sobrinho Ricardo. Naquele ano, sem o Ricardo, resolvi que faríamos apenas um jantar simples de Natal, sem presentes. Sabíamos que seria apenas troca de olhar, palavras poucas, para não despertar a tristeza e comungar lágrimas furtivas. Foi assim. Estávamos somente nós, os sobreviventes dos dramas. Nós e a solidão. Éramos meu pai, Paola, Eduardo, Carolina e eu. Helena fora passar o Natal e o Ano Novo com a família dela, César igualmente. Ele queria muito que Carolina fosse com ele, mas ela disse que passaria conosco. Se ele pudesse, viria depois.

É claro que nossas saudades foram exacerbadas, uma vez solitários. Optamos, como sempre fizemos, por ir à Missa do Galo. Eduardo, que não comungava de nossa fé, esperava-nos em casa. Lucramos com a sua permanência em casa, para deixar as coisas em ordem, olhar o fogão, preparar alimentos que deveriam estar no ponto, quando voltássemos. Assim era tudo certinho.

Não foi diferente desta vez. Rezamos nossa oração de família e jantamos, com um pouco mais de espiritualidade e saudade.

Carolina falou que nossa fé é sempre cheia de lembranças dos mortos e dos ausentes. "Parece uma coisa meio tétrica, mas é a melhor maneira de revivermos com os ausentes tantos instantes que partilhamos, quando estavam conosco. A morte avizinha os distantes e nos coloca num tal estado de espírito, que os mortos brindam conosco, como se fosse uma legião de anjos" – e ela continuou – "Quando penso no Ricardo, revejo sua vida, por meio de seus símbolos e suas atitudes. As mínimas coisas dele – roupas, frases, risos altos — preenchem os espaços vazios das lembranças. Ah, que saudade do Ricardo – expirou".

Paola resolvera trazer a sobremesa e como sempre estava deliciosa. Nossa ceia de Natal fora comprada. Nem trabalho tivemos. Em todos os cantos da cozinha, imaginávamos mamãe fazendo quitutes, abrindo fogão, separando talheres. Ah, que saudades da mamãe. Carolina fez arroz e salada e comprou uma deliciosa torta de frango. Tudo muito simples. Eduardo preparou os pratinhos de aperitivo. Era muito, era até demais para nós, que nos alimentávamos sobretudo de recordações. Era o prato mais servido.

Paola e Eduardo choraram a falta de Ricardo. Meu pai desta vez sentiu a falta de todos, mas ao contrário do casal que perdeu o filho, ele se comportou com muita serenidade. Vivia sua fantasia da presença do neto. Encontrou força no próprio coração e os consolou.

Eu pensava em tudo isso que havia acontecido no final do ano anterior. Agora que o ano começou de novo, percebi em Carolina, que era tão compenetrada, discreta e objetiva na vida, certa ansiedade. Eu sabia que tinha alguma angústia na alma, pois ela mudara até mesmo o jeito mais nervoso de pentear os cabelos com os próprios dedos.

Marcou-me demais o ano passado. Fui fazer um balanço das minhas dores, somente quando o ano já corria, como se não tivesse havido um final de ano. Foi uma noite estranha, daquelas que temos que passar, mas que deste modo, nunca gostaríamos de ter passado.

Paola, Eduardo e meu pai foram embora e eu fiquei apenas com Carolina esperando César chegar. Como ele estava demorando muito, Carolina achou que era melhor ligar, sugerindo que não viesse, pois depois teria também que voltar os mesmos longos quilômetros.

Mas tocou o interfone e ele chegou.

Desejei boa noite, perguntei se queria alguma coisa, pelo menos a sobremesa, mas César não queria nada, apenas ver sua amada. Ficaram sozinhos, mesmo que eu estivesse por perto. Por isso dizem que os "amantes são sozinhos no mundo" pois é verdade ainda que nosso olhar sempre se desvia para a luz que nos fascina.

Deixei os dois na sala para que trocassem seus presentes. Carolina contou que lhe comprara uma jaqueta branca, elegante e moderna.

Entrei no meu quarto, liguei a televisão e fiquei esperando o sono chegar, mas demorou muito porque eu senti este ano a falta dos três falecidos próximos de uma maneira muito maior do que em anos anteriores. Ricardo, que representava a juventude e a possibilidade de um dia casar com Helena e encher a casa de crianças, havia sido roubado de nossos projetos.

Foi Helena quem falou, sentindo saudades. Mas naquele dia estava serena, com uma dor mais profunda. "Na solidão, nos encontramos nos campos dos mortos. A solidão é o átrio entre o paraíso e este mundo, onde sentimos os mortos, à soleira da porta divina, mas ainda neste chão de montanhas".

Eu sempre me questionei sobre a morte e tolamente procurava entendê-la. Sei que eu não havia compreendido nada do que buscava. Refugiava-me nos escritos bíblicos, nas minhas teorias de vida. Mas nesta noite, senti como foi forte a presença da morte na minha família.

A morte de minha mãe foi uma fatalidade, algo que não podemos entender, mas temos que aceitar. Naquele momento, naquele instante, ela estava ali e morreu. Depois, a triste história de Sara, que se entregou à morte sem muitos questionamentos. Tentei atribuir sua morte aos sonhos não realizados, ao fracasso. Fui o perdedor, que não conseguiu vencer e nem suportar o amargor da derrota. E Ricardo, a juventude e o futuro que acabou numa das balas recebidas, justamente pelo filho de Maristela, a nossa empregada, numa ironia do destino. Exatamente como minha mãe, Ricardo estava no lugar errado, na hora errada, passando no meio de um assalto, fatalidade imprevista demais. Como se viajássemos para uma ilha e ocorresse um terremoto, se perdermos o avião que caiu e explodiu. Qual a possibilidade de entender e explicar estes fatos? Nenhuma. Assim, é bem melhor vivermos a solidariedade já que impossível mudar a realidade dos momentos passados.

Era muita coisa para uma família de oito pessoas, restarem apenas cinco delas. Natal difícil demais e eu queria tentar entender melhor o significado destes acontecimentos. Como entender a morte, sem questionar? Afinal, ela chega sorrateiramente, bate à porta e nos leva, sem deixar nenhuma mensagem e nem mesmo envia mensagens depois. Certamente nunca teremos isso, e o plano de Deus ainda se torna ainda mais misterioso para meu entendimento.

Eu me arrependo de não ter participado com todos de uma forma melhor das festas natalinas. Natal e Ano Novo têm que ser lembrados e realizados com muito amor, mas algo passou por mim que não era o que havia planejado. Agora que o ano corria veloz, é que eu penso que estou perdendo a corrida.

Não adianta correr atrás das coisas perdidas que não podem voltar mais, mas podemos tirar uma lição maravilhosa para que no futuro não façamos novamente os mesmos erros. Olhando Carolina formada e agora diante de seu impasse com a vida, me questionei o fato de que o ano há muito havia começado e eu me perdi no caminho e no tempo. Era hora de correr atrás da minha espiritualidade que ficara congelada desde a morte de Ricardo.

XII

Coração Muçulmano

EM JANEIRO DAQUELE ano, começamos a trabalhar no projeto do edifício do grupo Abdul-Malik. Ficamos, eu e minha pequena equipe cerca de uma semana com este grupo até que o esboço do projeto fosse aprovado.

Conheci neste período o presidente da empresa, Abdul-Malik cujo nome significa *Servo do Rei*. Por ele ser o irmão mais velho e por desconhecermos bastante o alfabeto dos países orientais, o nome da empresa ficou como Abdul-Malik, mas o chamamos carinhosamente apenas de Abdul.

Os irmãos, também proprietários da empresa, são mais três e todos têm nomes significativos. Anwar, que significa *Luz*; Salah, cuja tradução seria *Justiça* e o caçula Hassan que tanto pode ser *Bonito* ou *Melhor*.

Nesta semana, conheci um pouco mais Abdul, o presidente, e dois diretores, Salah e Anwar. Anwar me perguntou no último dia qual era o meu nome completo, pois todos me chamam de Léo. Ele queria saber se era nome ou apelido.

— Leonardo D'Angelo Bernstein, mas como todos me chamam de Léo, até esqueço que sou Leonardo. D'Angelo é o sobrenome de minha mãe, que é filha de italianos e Bernstein de meu pai, filho de alemães.

Ele olhou para mim, pegou uma agenda, leu e me perguntou:

— O nome Ricardo D'Angelo Bernstein Oliveira significa alguma coisa para você?

Olhei espantado para Anwar e fiz que sim com a cabeça.

Como me espantei com a pergunta e notei que ele percebeu isso, respondi com mais firmeza e precisão.

— Era meu sobrinho, filho de minha irmã.

— Não acredito – disse Anwar – ele foi vitima de uma bala perdida, não foi?

— Sim, foi.

— A família, vocês fizeram a doação dos órgãos, não fizeram?

— Sim, fizemos.

— Não me lembro da data, exatamente a data, mas foi há uns seis meses, não foi?

— Foi no dia 13 de junho, sete meses atrás.

— Impressionante, mundo pequeno, Léo, muito pequeno. Eu já volto. Acho que alguém vai querer conhecê-lo.

Não houve tempo de perguntar mais nada, mas pensei na hora que se tratava de alguém que havia recebido algum órgão de meu sobrinho. Quem seria, meu Deus?

Por alguns minutos pensei na senhora evangélica que havia recebido o fígado de minha mãe e agora meu sobrinho havia doado mais um órgão. Qual órgão, me pergunto, para qual receptor?

Ele voltou logo e me disse:

— Sei o que você está pensando e é verdade. Seu sobrinho salvou uma pessoa e ela está vivendo. Venha comigo. Deixe que ele lhe conte a história.

Subimos um lance de escada e vi na porta que se tratava da sala de Hassan, irmão de Anwar.

Entramos e ele, Hassan, um homem alto como meu sobrinho, de porte bonito, cabelos e olhos negros, com um sorriso que invadia todo rosto, me recebeu e me abraçou.

Depois do abraço, pegou a minha mão e a colocou sobre seu peito. Apesar de eu ser bastante controlado emocionalmente, não pude deixar de me comover com o gesto que ele fez, tão afavelmente.

Olhou-me muito emocionado e disse:

— O coração do seu sobrinho bate agora em meu peito.

Queria dizer muita coisa, mas o que me veio foi bem óbvio.

— Fico muito feliz que ele está batendo em seu peito.

— Sentem-se – disse ele e olhando para Anwar – vamos demorar um pouco. Se tiver pressa, volte depois. Sorriu.

Anwar sentou-se também e ficamos ambos em volta da mesa e ele de frente para nós:

— Ah... eu pedi o endereço de sua família e queria levar um presente e sobretudo agradecer por terem sido doadores. Eu estava muito mal, a morte não saía do meu lado, parecia que estava dando as mãos para mim. Ela queria me levar embora, mas de repente mudou de ideia, quando me avisaram que havia chegado a hora de fazer o transplante. A morte era minha sombra, esperando que a luz se apagasse e o silêncio tomasse conta de mim.

Anwar olhou para mim e disse:

— Meu irmão teve algo muito raro. Surgiu-lhe no coração um câncer de origem primária. Feito todo o tratamento, seu coração voltou a crescer mais do que o normal, de modo que somente um transplante poderia salvá-lo.

Hassan olhou para o irmão e depois para mim.

— Eu acho que o Léo não quer saber destes detalhes. Ele quer saber do coração do Ricardo, aliás eu poderia dizer que Ricardo Coração de Leão me doou este coração jovem. Bate em meu peito o coração de um guerreiro. Léo, permita que eu conheça sua família, eu quero que seus parentes toquem o meu peito e vejam que o coração de Ricardo bate em mim.

— Minha irmã, meu cunhado e meu pai moram juntos e ficarão muito felizes com sua visita. Quando fizemos a doação, queríamos justamente isso, que outros pudessem viver com os órgãos transplantados.

— Diga para eles que agora eles têm um coração também muçulmano, que bate feliz no meu peito e agradece a Alá por poder estar aqui. Peço a Alá que abençoe esta família que foi maravilhosa em doar os órgãos de seu filho. Os céus se alegram com nossa gentileza, o céu sorri; sorriem nossos antepassados.

— Você dirá pessoalmente para eles, está bem? Marque comigo e eu o levarei quando quiser.

— Amanhã, podemos ir?

— Claro que sim.

— Fiquei muito feliz em conhecê-lo, Léo. Sua maneira de ser mostra exatamente seu espírito que vem de uma família generosa e que quer o bem do próximo.

— Pode ter certeza disso.

— Amanhã nos falamos e iremos.

Abraçou-me novamente e voltei para a sala com Anwar. Estava maravilhado porque Deus estava me mostrando alguns caminhos para entender os mistérios que se escondem na escuridão da morte. Me sentia decifrando os enigmas de um criptograma, diferentes daqueles jogos lógicos. São bem irregulares os criptogramas da vida.

Anwar, quando fui embora naquele dia, foi bem suave na sua observação.

— Léo, meu irmão voltou a trabalhar e está tão feliz que quer agradecer sua família. Tudo é muito pouco diante da atitude de vocês. Falo de espírito aberto, pois eu o vi quase morrendo e hoje ele está bem, um pouco magro ainda, mas vai voltar a ser o Hassan que todos conhecem. Obrigado, meu amigo, obrigado mesmo, que Alá proteja sua família. Embarguei a voz, me emocionei.

— Amanhã eu o levarei até minha família.

Saí da empresa e fiquei pensando que algo estava acontecendo. Primeiro meu pai recebendo a visita da senhora evangélica trazendo-lhe o *Pão Ressuscitado*, agora o coração de Ricardo batendo no peito de Hassan e como ele disse *coração muçulmano*. Não, não podia ser coincidência, alguém lá em cima estava querendo nos mostrar algo muito maior. Poderia ser o início das respostas que meu coração buscava.

Avisei meu pai, Paola e Eduardo que iria visitá-los com um amigo para o qual eu estava trabalhando. Deixaria que a surpresa acontecesse normalmente, aos poucos e explodindo no momento mais adequado.

XIII

Sinais, sinais e sinais

QUANDO CHEGUEI à casa de meu pai, acompanhado de Hassan, ninguém suspeitou que ele tivesse sido o transplantado do coração de Ricardo. Hassan agora estava bem, embora um pouco magro devido aos problemas que tivera antes do transplante. Apenas sete meses depois, já trabalhava a "todo o vapor" como ele mesmo dizia, na empresa que tinha com os irmãos. Seu jeito era de uma pessoa muito alegre e sua maneira de abraçar todo mundo cativava por ser algo do seu estilo, espontâneo e simpático.

Em alguns minutos de conversa, tinha-se a impressão de que todos o conheciam. Sabia se expressar muito bem e era de um humor bastante divertido.

Paola serviu pãezinhos diversos e outras guloseimas. Na hora da bebida, sugeriu vinho.

— Hoje eu vou tomar um copo de vinho, faz tempo que não bebo – disse brincando e ameaçou pegar uma garrafa e levá-la à boca. Fez de tal forma que todo mundo entendeu que fazia gracinhas. Paola o serviu. Ele bebeu um gole demonstrando ser um grande conhecedor.

— Todo vinho é bom, desde que seja tomado em boa companhia.

Pronto, conquistou o coração de Paola. Carolina estava ao meu lado e levantou-se, mas como falava o que pensava, disse baixinho para mim, entre simpatia e ironia.

— De onde veio esta peça?

— É um dos meus clientes especiais – respondi brincando.

— Gostei desta casa, muito simpática, tão acolhedora. Este jardim aqui dentro parece o paraíso – e rindo completou a piadinha, de mau gosto, se não tivesse ele mesmo feito a anedota — não que eu tenha ido, mas estive perto. Riu da própria piada e somente eu com ele.

— Meu pai é engenheiro e foi quem construiu a casa. Na realidade pode-se dizer literalmente que ele mesmo a construiu. Pai, conte a ele sobre a casa.

— Fantástico – interveio Hassan — Anwar, um dos meus irmãos, é engenheiro. O senhor precisa ensiná-lo a fazer uma casa. A casa dele tem tanto vidro que outro dia ele mesmo não sabia onde era a porta e os passarinhos vivem se arrebentando nas vidraças.

Disso ele não riu, mas como todos acharam graça ele acabou rindo também.

Meu pai falou da casa e do amor que tinha por ela e como ele e minha mãe fizeram tudo; escolheram as cores, as formas e mesmo a decoração.

O tempo passou mais um pouco e Hassan olhou o relógio se voltando para mim. Entendi que devia revelar a razão de sua visita.

— O César não está aqui hoje, que pena. Gostaria muito que ele estivesse, pois Hassan fez um transplante do coração. Olhei para Hassan e continuei – César é o namorado da minha filha. Bem, eu trouxe o Hassan aqui para agradecer a Paola e ao Eduardo que fizeram a doação dos órgãos do Ricardo. O Hassan agora está bem, saiu da quase morte para a vida, pois está batendo em seu peito muçulmano o coração cristão do Ricardo. E, exibindo minha teologia, feita de leituras e longas conversações, arrisquei um conceito: um ecumenismo no coração.

Paola levantou-se da cadeira e duas lágrimas rolaram de seus olhos. Hassan aproximou-se dela e fez o que havia feito comigo. Foi assim que pegou a mão de minha irmã e colocou-a no peito dele. Paola pôs a mão e em seguida, num gesto de entrega, colocou a cabeça de forma que o ouvido ficasse no coração e ela o ouviu bater. Depois olhou para Hassan e deu um beijo no seu peito. Marcou a camisa branca com o batom, leve porém evidente.

Hassan sorriu para ela e ela ficou sem graça porque tinha manchado a camisa.

— Sujei sua camisa de batom.

— Não, nem pense assim. Apenas seus lábios beijaram o coração de seu filho. Quando tiver saudades do coração dele, me chame. Sou parte desta família para sempre.

Ela o abraçou e não conseguiu dizer nada.

Eduardo viu toda a cena sem se mexer na cadeira. Instantes depois, levantou-se e deu um abraço em Hassan.

Carolina resolveu fazer um pequeno discurso:

— Hassan, seja bem-vindo à família. Ricardo era maravilhoso e você nos encantou com seu jeito agradável.

Meu pai não havia dito nada, mas ele quando quer ser engraçado, não tem prá ninguém.

— Agora eu também quero ouvir o coração do Ricardo. Posso, Hassan?

— Vou virar negociante – disse, tentando ser engraçado novamente — vou começar a cobrar para ouvir o meu... quero dizer, o coração de Ricardo. – e olhando para meu pai – não, não do senhor, o senhor tem preferência, pois é o avô querido deste coração, como falou seu filho Léo.

Meu pai colocou a cabeça no peito de Hassan e ouviu o coração bater. Não chorou, pelo contrário, sorriu.

— Que bom que o coração do meu neto bate em seu peito, assim podemos sempre nos lembrar dele e também de você. Sorria sim, mas sua voz tremulava, qual bandeira num deserto com pouca brisa.

Eu e Hassan nos despedimos e fui levá-lo até seu apartamento. Perguntei, pensando no batom na camisa, se ele era casado.

— Não! — disse como se sentindo culpado — Estou com trinta e quatro anos e ainda solteiro. Meus irmãos são todos casados, sou o caçula, quem sabe eu comece a pensar no caso. Sua filha namora um transplantado, que é médico cardiologista, deve ser engraçado.

— Como assim, Hassan.

— O paciente chega no consultório, ele dá um monte de remédio e depois tira a camisa e diz "se não tomar o medicamento, vai ter que operar".

Me esforcei para rir, afinal não se pode perder um amigo que tem no peito muçulmano um coração cristão.

Cheguei a casa e Helena tinha acabado de voltar de suas longas férias. Fomos para a cozinha comer algo, se bem que na realidade eu já tivesse comido e bebido.

— Já sei o que você vai fazer no seu trabalho de conclusão da faculdade.

— Sério, Léo?

— Sério, muito sério. Eu pensei nisso devido alguns acontecimentos que me levam a crer que você poderá fazer um trabalho muito bonito, interessante e diferente. Pelo menos eu não vi nada igual ainda.

— Fala, fala...

— Você vai fazer a saga da minha família.

— Como assim?

— O César vai te ajudar na parte de medicina, por exemplo, explicar o que é o transplante do coração, o Hassan que você ainda não conhece, mas vai conhecer, recebeu o coração do Ricardo.

— Do Ricardo? – levou um susto depois que contei toda a história. Ela ficou curiosa para conhecê-lo, a primeira pergunta que fez foi:

— Quando posso ver o Hassan?

— Quando você começar seu trabalho – falei o que seria o trabalho dela.

— Deixe-me ver se eu entendi. Vou aos hospitais, onde cada um da sua família morreu e vou procurar saber o que aconteceu com os órgãos. A partir daí vou investigar, visitar os transplantados e falar com os médicos e familiares. Pensa assim?

— Sim, trazer todas as informações. Acho que temos direito de saber o que fizeram dos órgãos das pessoas amadas.

— Não é meio mórbido isso, Léo? Não é traumatizante talvez? Creio que reabrirá feridas profundas.

— Você não viu a cena de hoje, foi linda. Talvez porque Hassan seja maravilhoso, tudo se transformou numa poesia de um coração transplantado. Disse que um coração cristão bate num peito muçulmano e tudo foi lindo. Fico pensando, como as pessoas que receberam o transplante ficaram depois da cirurgia.

— Não precisa dizer mais nada. Eu tenho mil perguntas, mas adorei o tema. Santo Deus, como realizar este projeto?

— Antes de tudo, você vai pegar uma procuração de meu pai, da Paola e do Eduardo. Minha você já tem – e sorri pegando em suas mãos. Veja, a senhora evangélica descobriu o endereço de meu pai. Converse com ela e veja como ela soube dele. Pergunte para Hassan como ficou sabendo, eu não perguntei ainda nada destes detalhes, mas entendi que foi o médico que lhe disse. Bem, eu não vou fazer o seu trabalho, minha jovem. Você vai fazer e nos vai dar as respostas. Pense bem, estamos recebendo sinais e sinais que precisamos desvendar. Temos que saber tudo o que aconteceu nos tempos que se seguiram aos transplantes. Nossa história não pode parar aqui. Isto é apenas o começo. Temos que ir até o fim.

— Realmente é um trabalho de investigação. Mas me responda uma coisa, Léo, não é segredo o nome dos doadores e dos transplantados?

— Sinceramente, não sei, não li nada sobre isso e como já temos antecedentes desta história, vamos continuá-la. Afinal é um trabalho de investigação, como você diz.

— Nossa... Ficou ainda mais interessante.

— Leve câmera, grave testemunhos e imagens de tudo o que for necessário. Faça o que for preciso. Aquilo que as pessoas permitirem, procure fazer. Depois transfira para o papel. Faça com que cada um de nossos entes queridos que morreu reviva nestas páginas, contando sua história.

— Léo, você me leva para conhecer o Hassan? – disse, como que confiando aceitar os projetos da pesquisa.

— Faça o projeto e eu a levo. O primeiro que você vai entrevistar será o César. Fale com ele sobre a questão médica. Você precisa estar bem amparada, dado que para você e eu o problema é o coração. Mas sempre, em tudo tem uma doença. O coração do Hassan estava enfermo. Tinha câncer no coração.

— Câncer no coração?

— Sim, ele estava na iminência de morrer, fez tratamento, mas o resultado final não foi bom. Precisava de um novo coração. Bem, ele está vivo e deve isso ao Ricardo que doou, aos médicos que fizeram a cirurgia e a Deus, de todos os nomes, que o abençoou.

Helena se empolgou com minha sugestão sobre o trabalho de conclusão do seu curso de jornalismo. Bastava ter a ideia e persegui-la. Assim se fazem as estradas de conquista. O principal nós tínhamos, o nome dos três doadores e alguns transplantados. Estávamos no campo de batalha, buscando um caminho.

XIV

Professor, arquiteto e pai

AS AULAS COMEÇARAM e reiniciei minhas atividades como professor universitário. Desta vez com imensa vontade de fazer carreira acadêmica.

No início oficial das aulas, tivemos reuniões com os outros docentes e cada um fez seu plano de disciplina. Demos opções de horário e uma aula inaugural para todos os alunos do curso. Quando cheguei para as primeiras aulas, recebi os diários de classe e tudo começou a fazer sentido. Realmente, estava gostando da ideia de voltar a ser docente, renascia.

Combinamos que, neste semestre, eu ficaria ministrando quatro aulas de manhã e quatro aulas à noite. Oito aulas semanais. Assim, ficaria apenas uma manhã sem ir à empresa para cuidar de meus projetos.

Eu teria duas disciplinas. No período da manhã, para o primeiro ano, deveria ministrar História da Arquitetura e do Urbanismo e à noite, para o quarto ano, Planejamento Urbano e Regional.

Meu doutorado foi em História da Arquitetura e do Urbanismo. Fiquei imensamente feliz. Nada como dominar uma disciplina, quando fazemos o doutorado no assunto. Nos sentimos, por certo, muito mais seguros e tranquilos. Afinal, foram anos de estudos, de pesquisas e descobertas.

Meu primeiro dia de aula foi maravilhoso. Com todo o modernismo, usamos meios virtuais e ilustrativos, que são fundamentais para que possamos apreciar imagens de edifícios e seus detalhes. Tudo isso acaba por transformar as aulas em verdadeiras palestras, bem mais dinâmicas e informativas.

Saí da aula muito feliz em recomeçar uma atividade que para mim é muito prazerosa. Talvez me ajude o fato de ter uma empresa em sociedade com mais dois arquitetos e dois engenheiros, o que me permite fazer algumas coisas impossíveis em uma grande organização.

Sabia que, nos próximos meses, o projeto com a Abdul-Malik tomaria uma grande parte do meu tempo. De vez em quando, pensava na horrível praça que tinha na frente, conforme conversamos com Abdul. Esse assunto seria tratado somente quando faltassem seis meses para entregarmos o edifício.

Cheguei a casa naquela noite e encontrei Carolina meio apreensiva. Ela tinha começado há algumas semanas, no escritório em que fez estágio, a trabalhar como advogada. Nenhuma das universidades ainda havia mandado resposta, pois o ano letivo destas universidades começa em agosto, estávamos ainda em março. De fato, se ela fosse aceita, conforme havia me explicado, as respostas deveriam chegar provavelmente a partir de abril.

— Então, pai, como foi seu primeiro dia de aula? – perguntou minha filha.

— Carolina, sinceramente? Maravilhoso, estou feliz em voltar a ministrar aulas.

— Espero que sim, pai. Estou vendo seu empenho. Espero que continue assim, feliz.

— Está preocupada com alguma coisa?

— Não.

— Como está indo como advogada?

— O pessoal do escritório já está me entregando um monte de coisas para fazer. Como te disse, eu não quero exercer assim minha advocacia. Não diga que sou ambiciosa, mas quero fazer algo maior do que aquele escritório faz. E veja que é um escritório muito criativo e diversificado.

— Eu monto para você um escritório, se você quiser. Faço-o modestamente e você faz dele o maior do mundo.

— Não, por enquanto não, pai, obrigada.

— Alguma coisa com o César?

— Não, de jeito nenhum. Ele é maravilhoso, bem atencioso e me ama muito.

— São boas as qualidades dele, mas, sobretudo te ama.

— Sem ironia, *papaizinho* do meu coração.

— Você que está sendo irônica, minha filha. Falando sério, o que está acontecendo de fato?

— Ele quer casar comigo. Toda hora, a cada dia, me pergunta se ele pode falar com você.

— E o que você diz?

— Nada, pai, eu peço para ele ter um pouco de paciência. Não é o fato de casar, antes é o sonho que eu tenho da vida inteira, de estudar, de ser uma profissional de referência. Desculpe-me pela vaidade, mas é meu ideal. Não consigo me ver como uma mãe de família tão cedo, como a vovó era, lembra? Trabalhava fora, cuidava da casa, ela era magnífica, mas eu jamais seria como ela. A tia Paola é meio bagunçada, mas mesmo assim ela é boa dona de casa, minha mãe era o desastre que sabemos e eu fico imaginando que vou ser pior do que ela. Além de que ele quer ter filhos. Desculpe pai, hoje estou azeda, mas o César me pressiona demais para casar.

— Bem, diante de caminhos, você vai ter que escolher a trilha. Pense nisso.

Helena chegou nesta hora, toda feliz e logo foi falando:

— Projeto aprovado. Na segunda-feira próxima, vamos começar as pesquisas.

— Parabéns, Helena! Tenho certeza de que vai fazer um ótimo trabalho.
— Parabéns, minha amiga, você vai ser uma jornalista magnífica. – disse Carolina.
— Agora, as duas – disse eu, apontando as duas ao mesmo tempo vão ver se tem algo para comer. Se não tiver façam, mandem buscar uma pizza, resolvam, está bem?
— Vamos lá, Helena! Quem sabe a Dirce deixou alguma coisa preparada.

Jantamos o que as meninas encontraram na geladeira e esquentaram. Fui depois para meu quarto que tem uma porta para o escritório. É o espaço que preciso para trabalhar, pensar e idealizar os projetos.

A ideia de saber o que aconteceu com os órgãos dos corpos doados de nossos entes queridos não me saía da cabeça. Até o momento em que não sabemos nada, tudo parece normal, mas quando brota alguma ideia e a estrada muda repentinamente de direção, passamos a ter certeza de que não ficaremos mais olhando o universo somente de um único ângulo. Surgem novos ângulos, novos olhares. Isso começou a acontecer comigo quando meu pai contou sobre a senhora evangélica que recebeu um fígado de minha mãe. Cresceu ainda mais esta ansiedade, agora que Hassan tinha recebido o coração de Ricardo. E os outros, quem seriam os demais? Onde estavam vivendo? Como seriam suas vidas, suas histórias?

A cadeia da fatalidade estava mostrando seus frutos e seu rosto. Terrível recordar, mas havia noites que eu simplesmente me via acordado pensando sem fim. Alguma coisa muito grande iria aparecer, afinal não era possível que tudo o que aconteceu não tivesse um significado.

Não via a hora que Helena começasse a registrar tudo o que eu queria saber. Quem foram os beneficiários das doações? Por que somente agora as coisas começavam a aparecer?

Me senti mal naquele instante. Nos momentos dolorosos gritamos socorro e a solidariedade se revela. Fomos servidos por desconhecidos e anônimos de braços abertos, para seguirmos na esperança e vencer as ondas da adversidade. Nas horas difíceis procuramos amigos, buscamos parceiros. Na hora da morte, sentimos a companhia das pessoas amadas. Tudo contribui para que a escuridão não seja tão grande e a dor seja menos pungente.

As interrogações me deixavam pensando tanto no assunto, que eu fiquei com receio de estar sendo invadido por uma estranha obsessão. Qualquer arma vale contra a morte, pois a morte usa qualquer arma para reinar. Mas é melhor usar armas que, seguindo vivos, não nos envergonhem.

Sei que quando percebi já estávamos no final de abril e eu aplicando minhas avaliações. Estava tudo aparentemente normal. Única coisa que aconteceu neste bimestre foi o dia em que eu apresentei Helena para Hassan.

Eu já havia avisado Hassan que Helena tinha namorado Ricardo e que ambos se amavam muito. Fiz com que Helena entendesse que era o coração de Ricardo que estava no peito de Hassan e não o seu amor por ela. Ela riu, falei disso também para ele. Na nossa existência, tão frágil, seguimos caminhos tão neblinados que não vemos distante, somente passos adiante. Queremos tatear os campos da morte, mas mal compreendemos os campos da vida que vivemos misteriosamente.

Os dois gostaram um do outro e Hassan se comprometeu a ajudá-la na pesquisa. Igualmente César.

Cada novidade que acontecia na pesquisa, Helena me contava algumas coisas. Sentia, no entanto, que ela me escondia muitos detalhes. Sempre me falava que seria mais interessante reportar as pesquisas quando tudo estivesse pronto.

Meu pai conhecera na viagem um homem da idade dele e foi procurá-lo para ajudar a montar um escritório de projetos de engenharia para seus dois netos. Esses netos haviam se formado como engenheiros civis. Meu velho pai tinha um desses escritórios antes de se aposentar e sabia bem como montar e administrar. Valia sua experiência.

Disse para meu pai que fiquei feliz em saber que ele estava voltando às suas atividades. Ele me falou que não gostava de ficar sozinho em casa, assim iria para o escritório ajudar os jovens engenheiros e mostrar como se trabalha, de fato, na engenharia.

Paola e Eduardo estavam programando uma viagem no meio do ano. Achei ótima a ideia e, melhor ainda, meu pai também estava pensando em viajar novamente.

A vida parecia meio normalizada, mas não o era no meu espírito. Eu precisava conhecer mais o mistério da morte. Queria conhecer seu âmago e suas fronteiras. Queria entender o que aconteceu com meus entes queridos que ela embarcou, sem muito perguntar, em sua nave. E quem eram os que reviveram neste naufrágio da vida. Queria, precisava mesmo entender um pouquinho mais estas fatalidades tão complexas em minha história familiar.

Se a morte é uma nave, me disse a mãe de um menino que morreu ainda aos três anos, o João Luís, é preciso navegar. Mas eu queria muito entender esta passagem. Eu vi a nave chegando, chegando devagar. Tentamos adiar a viagem, mas ela veio e nem quis muito conversar. A morte, como uma nave foi levando nosso menininho, levando para longe. Perdeu-se na neblina e nunca mais o vi diante de meus olhos. Foi desaparecendo, e eu chorando, cada vez mais silenciosamente, cada vez mais dolorosamente, pois a nave foi se perdendo na distância. Hoje entendi – disse ela depois – que ele desapareceu de meus olhos, mas veio morar dentro de mim. Sempre que quero senti-lo, não olho no horizonte, mas fico em silêncio e o sinto dentro de mim. A morte tira os entes queridos de nossos sentidos e os planta dentro dos sentimentos, dentro de nossa alma. Que saudades do João Luís. Saudade é o jeito mais certo e consolador de saber que ele está vivo, que ele pertence a mim.

XV

A decisão de Carolina

CHEGUEI A CASA e fui abrindo as correspondências que o porteiro havia me entregue. Observei os envelopes das duas cartas para Carolina. Percebi que uma era de Harvard. Deixei no quarto dela e fui ouvir música. Havia comprado ingressos para um musical que nós três e mais César queríamos assistir. Tínhamos combinado que todos nos encontraríamos na porta do teatro.

Helena não tinha tempo para mais nada. Simultaneamente frequentava a faculdade, estagiava numa emissora de televisão e fazia seu trabalho de conclusão do curso.

Arrumei-me, peguei o carro e fui esperá-los na porta do teatro. Helena iria diretamente de seu estágio, assim pediu-me que levasse uma jaqueta. Como não havia dado tempo de voltar para casa, queria parecer pelo menos como alguém que tivesse se arrumado. Carolina e César chegaram quase em cima da hora, mas chegaram.

Mal deu tempo de entrar, sentar e o espetáculo começou. Não disse nada da carta para Carolina e nem sei se a resposta era afirmativa. Para que preocupar alguém que justamente naquele instante estava se distraindo? Bem, ela que abrisse a correspondência mais tarde. Ainda hoje, universidades tradicionais não apreciam correspondências eletrônicas. Normalmente enviam carta, o que é muito charmoso e elegante.

Terminado o espetáculo, fomos jantar. Gosto muito de musicais, porque eles me levam a um sonho, como quando criança meus pais nos levavam, eu e Paola, para ver musicais, mais que desenhos e comédias. Com o tempo fui me acostumando a ver estes espetáculos e quando estou sentado, olhando o visual, a beleza do cenário, da música e da coreografia, esqueço o mundo real. Minha doce alienação acontece nestes momentos de puro encantamento.

Durante o jantar, a nossa conversa foi sobre diferentes assuntos. Notei que Helena parecia mais alegre e perguntei-lhe como ia a pesquisa.

— Muito boa, mas ainda não tenho tanto material como gostaria. Tenha um pouco de paciência.

— Não tenho, eu sei que não tenho, mas tentarei – disse para eles. Eles riram, como se, de fato, não acreditassem.

— Até que acho você bem paciente, pai – disse meio se contrariando.

— Tento, minha filha, ser paciente. É minha prece mais repetida. Aquilo que mais peço a Deus é que me dê paciência, pois não tenho tanta como gostaria.

César olhou para nós. Entrou na conversa com certa parcimônia.

— A paciência é uma das maiores virtudes do homem. Eu também não tenho, apesar de aparentar ser paciente e ter passado por tanta coisa na vida, eu também fico devendo a falta desta virtude na minha vida.

Carolina inflou o ego de César:

— Você tem muitas qualidades, César. Esta é uma das poucas que não fazem parte de você.

— E você, Helena, tem paciência? Perguntei.

— Não, Léo! Sou, como muitos, bastante impaciente. Vivo sempre ansiosa, sempre desesperada com tudo. Posso aparentar ser calma, mas na verdade e no fundo não sou nada disso.

— Eu acho você mais paciente que todos nós – disse Carolina.

César olhou para Carolina, com olhar terno, bem amável.

— Falta você dizer se tem paciência. Qual o tamanho de sua paciência, meu bem?

— Que pena, não tenho paciência. Aliás, vocês três têm muitas qualidades. Eu fico até com inveja diante de tantas virtudes que vocês têm. Meu pai quer salvar o mundo, Helena é ajudante de meu pai e você, César, é um amor de pessoa. Cuidado, porém, pois quer fazer tudo ao seu modo, quer salvar o mundo sozinho, carregar nos ombros as dores da humanidade.

Olhamos para Carolina e não falamos mais nada. Queríamos mesmo mudar de assunto, pois aquelas conversas estavam começando a criar constrangimento.

Era tarde e no dia seguinte eu tinha aulas de manhã. Cheguei e fui deitar. Avisei Carolina que havia chegado correspondência para ela. Estava na sua mesa.

No dia seguinte saí bem cedinho e fui para a universidade, mesmo curioso sobre a carta de Harvard.

Ao meio dia fui almoçar na cantina da universidade. Olhei e vi uma jovem mulher muito, muito bonita; observei-a em silêncio e somente mais tarde fiquei sabendo que era uma de minhas colegas, uma arquiteta bem conhecida, por sinal, chamada Gabriela Beluzzo.

Ficamos frente a frente em uma mesa da cantina e começamos a conversar, ou, como dizem os alunos, jogar conversa fora, trocando informações genéricas.

Há muito não reparava em alguma mulher como esta Gabriela. Parecia que ela tinha algo a mais, uma espécie de charme e simpatia especiais. Percebia nela uma beleza igual à que os pintores clássicos utilizavam em suas "madonas", diria uma espiritualidade que saía delicadamente de seu sorriso, seu estilo e suas frases cuidadosamente desenhadas.

Confesso que ela me perturbou naquele almoço, o qual deve ter durado uns vinte minutos. Por certo, não mais tempo que isso, pois estávamos indo para nossos empregos, uma vez que eu tinha reunião e ela encontro com clientes. Não me lembro de nada que falei, estava absorto vendo-a pela primeira vez. Não perguntei se havia recém-chegado à universidade ou outra curiosidade. Acho que meu deslumbramento me impediu de ser eu mesmo. Fiquei, confesso, tímido diante desta mulher. Me assustei, pois esta foi uma coisa que nunca senti em toda minha vida.

Cheguei à empresa e percebi que somente sabia seu nome, Gabriela Beluzzo. Me informei e descobri várias obras de que ela havia participado, algumas com grandes nomes da arquitetura mundial.

Além de famosa, tinha todas as qualidades de uma mulher. No meio do devaneio, a secretária me chamou para a reunião. Terminada, fui para minha sala e, após uma série de mudanças no projeto que eu estava fazendo, o telefone tocou. Era César. Disse que estava no hall do prédio e se poderia subir para conversarmos.

Disse que sim, expliquei-lhe como chegar até a minha sala de trabalho.

A secretária me avisou que ele tinha chegado. Pedi que ela o levasse para a sala de reunião, pois estava livre e poderíamos conversar sossegados. Pedi também para Carmem, a secretária, que nos servisse água e café.

Encontrei com César na sala. Cumprimentamo-nos.

— Desculpe-me por incomodá-lo, Léo. Vim falar com você, que é um homem bem esclarecido e já sofreu muito na vida. Eu gostaria, se possível, que você falasse com a Carolina. Você sabe, eu a amo muito... muito mesmo.

— César, não estou entendendo nada, o que houve?

— Como o que houve?
— Vocês brigaram?
— Não, muito pior — e sorriu tristemente. Ela terminou comigo. Disse que se preparou a vida inteira para estudar fora do país e que está indo para Harvard.

Realmente era o que eu pensava. Entendi que Carolina abriu a carta, foi aceita e decidiu que entre o amor de César e a sua profissão, seu doutorado, ficaria com o segundo.

Olhei para César e vi que estava visivelmente transtornado, entristecido. Tive muita pena dele. Conheço bem um amor desprezado por um sonho profissional. Somente havia café e água, dei-lhe a segunda opção. Fiz com que sentasse.

— Sabe, César, acredito mesmo que ela o ama, mas Carolina sempre foi determinada e muito objetiva. Ela é uma jovem decidida e sempre sonhou com este ideal. Por isso, com grande esforço, aprendeu inglês durante anos. Tudo para fazer o doutorado em Direito Internacional, de preferência numa grande universidade...

— Eu estava fazendo planos para nos casarmos e ter nossa família. Mais que tudo, queria ter filhos com ela. Pois bem, não me oponho que ela trabalhe, mas que continuasse em nosso país, nós, juntos, comigo. Léo, você bem conhece minha história, estou com quase trinta e sete anos, fiquei muito doente durante muito tempo. Fiz medicina porque meu problema do coração me escolheu para isso e agora não sei para onde rumar minha vida.

— Entendo, César. Sim, eu entendo você – disse de coração, embora ele não imaginasse a veracidade de minhas palavras e o eco de seu desapontamento em meu coração.

— Posso dar uma vida tranquila para Carolina. Sei que você tem condições excelentes para isso, mas eu tenho, além de meu trabalho, participação nos negócios da família. Pode acreditar-me, pai, não vai lhe faltar nada.

César ter-me chamado de pai foi um aceno inexplicável de ternura, de grito de socorro, como um menininho que se perdeu num parque lotado de crianças e chama por seu pai. Foi, posso dizer, um golpe baixo, delicado, mas doloroso. Confesso que senti a morte de todos os meus desgostos em relação à minha Sara. A história se repetia e somente a morte, um dia, poderia apagar este ressentimento, brotado no sentimento de abandono. Mas a morte é tardia, sempre sendo um bom remédio para nossas mágoas, é sempre tardia. Quando chega, já queimamos nas chamas da raiva e da revolta os mais belos dias de nossa juventude. Pensei no destino de César e tive pena. Não cheguei a ter raiva de Carolina, que o relegava a segundo plano. Não, pois era minha filha e eu a adorava, mas tive pena de César. Ah, ... ah, nada. É assim. Mais uma vez me veio à baila o nobre – e temível – provérbio: destino não se escreve, destino se lê. Como a morte, não a visitamos, quando a queremos; é ela quem nos alcança a seu bel-prazer.

Dirige-me para César, que ainda estava diante de mim, quando voltei de meus pensamentos.

— César, o fato é que ela não quer isso agora para vocês. Ela pensa num outro futuro. E se você partisse com ela. Se vocês fossem juntos? – arrisquei contracenar com o destino.

— Léo, neste momento da vida, estou refazendo tudo o que parei de fazer por causa do meu problema. Vi o fim de meus dias de perto. Vi, como diz Francisco de Assis, a irmã morte de perto durante meses e meses. Senti a morte como um fantasma diabólico, inteligente e sedutor, que estava me enredando apaixonadamente. Era a sombra escura, para a qual eu quase estava me entregando. Algo diabólico que você nem tem ideia. É como uma paixão que devassa o corpo e a alma; é a loucura da sedução. Você começa a clamar por ela, pois é a cura para todas as dores e, mais que dores, é a cura para toda humilhação. Quando achei que não suportava mais e, afinal, resolvi me entregar a esta fascinação e acabar de vez com o sofrimento, eu fiz o transplante.

Contra minha vontade espiritual, espantei a morte, como o sol espanta a neblina matinal e acaba com os resquícios da noite. Foi assim, Léo, tinha feito parceria com a morte.

Para me resgatar, apareceu Carolina e foi como se os anjos me tivessem transportado ao paraíso. Conheci o amor de uma criatura linda, tão encantadora. Fui o primeiro a mostrar para ela o verdadeiro amor, a entrega total e a partilha dos sentimentos, dos ideais. Como pensava que somente a morte realizava a unificação de nossa alma, entendi com o amor que as almas se unificam neste sentimento. Tê-la em meus braços foi como ter um anjo depois da morte.

Aquele jovem, naquele momento, me fez entender o que significa viver à sombra da morte. Parece que todos os vivos, ao nosso redor, são intrusos como quando os grandes entram no meio das brincadeiras das crianças no quintal. À sombra da morte, ele não percebia os convites da vida e foi Carolina quem soou o sininho para voltar e reviver. E se este sininho desaparecesse, o que seria do César?

— Nossa, César, que explicação, que metáfora linda que você me mostrou sobre a morte e sobre seu sofrimento. Sim, eu lamento que Carolina tenha resolvido desta maneira, mas como pai preciso entender suas decisões e que ela julga ser fundamental na vida dela. Se ela casar com você e renunciar a seu sonho antigo, vai se sentir frustrada a vida inteira. Bem entendo que devido a tudo que você passou, esperar ela terminar o doutorado, casar com você e terem filhos significa atrasar seus sonhos. Sei e você sabe que o tempo é cruel.

Lembrei-me de um poema, cujos versos não saberia repetir, mas dizia que já se viu heróis dominarem feras bravas, serpentes ferozes e até corredeiras de rio; até mesmo um coração apaixonado é possível dominar. Mas o tempo é cruel e implacável. Contra o tempo temos a impressão de que empatamos a cada momento, mas na verdade, no final, simplesmente fomos vencidos. E seu troféu é mesmo a morte, onde o tempo se torna eternidade.

— Léo, eu não sei quanto tempo eu tenho de vida. Como nenhum de nós, não quero ser egoísta, casar com Carolina e deixá-la viúva cuidando dos filhos. Quero repartir com ela meus ideais e meus projetos e sei que tenho condições de viver muitos anos e ver crescer nossos filhos. Sei também, não sou ingênuo, que meu tempo é diferente do dela, bem logo terei quarenta anos.

— Meu amigo, você é uma pessoa maravilhosa, mas não tenho condições de mudar o destino de Carolina com você. Ela tomou a direção que acreditou ser a melhor. Sei que é difícil entender, mas ela nem falou comigo antes de falar com você.

— Você não sabia, Léo?

— Não, César, eu não sabia. Na verdade, ontem vi uma correspondência de Harvard, mas hoje saí muito cedo, fui dar minhas aulas e vim direto para o trabalho. Acho que ela resolveu o que deve ter pensado há muito tempo, quero dizer, o que faria quando recebesse uma carta positiva de Harvard.

— Desculpe, mais uma vez, me desculpe, Léo. Eu pensei que ela tivesse falado com você antes de mim e tivesse dito o que iria fazer.

— Não, ela sabia que eu não daria opinião, César. Ela é adulta o suficiente para saber como conduzir a própria vida. Sara, minha mulher, mãe dela, — resolvi confidenciar sobre minha esposa, para ajudar o César compreender e mesmo perdoar Carolina — morreu sem realizar completamente seu sonho na vida, conseguiu aparecer em algumas propagandas, fazer alguns papéis secundários em peças de teatro, protagonizou apenas uma temporada como atriz principal. Pior, a peça fracassou e ela morreu, eu diria, tragicamente. Tristemente ela se suicidou no meio de uma forte depressão. Carolina viveu tudo isso. Até penso que para escapar da sina da mãe, criou todo este aparato e modo de vida. Ela tem que se realizar e tem medo de seguir o caminho da mãe e perder a batalha de seu ideal.

— Entendo, Léo, entendo tudo. Mesmo assim, converse com ela e veja se é isto mesmo que ela quer. Eu não posso obrigá-la a casar comigo, mas vou sentir muita falta dela. Sofrerei muito, mas aceitarei em silêncio.

— Pode ter certeza, meu amigo, que ela também vai sentir sua falta e, se for o desejo de Deus, vocês vão unir suas vidas. Devo ser franco, tem que ser assim, escolheu sua estrada e você deve seguir sua trilha. Uma coisa que preciso dizer é que gosto de você, meu amigo. Minha casa sempre estará aberta para você e mesmo se Carolina for embora, venha me visitar. Eu também vou sentir muito a falta da minha filha. Ela é minha melhor amiga, você sabe.

— Sim, eu sei e não quero atrapalhar, Léo. Desculpe ter vindo aqui desabafar com você. Eu não sabia o que fazer. Obrigado, a gente se fala dia desses.

Nos abraçamos gentilmente e César saiu da sala de reunião. Para confortá-lo, fui até a porta e vi que ele estava realmente triste. Como uma plantinha parecia estar sendo devorado pelas larvas do destino. Não sei se era o fim de seu namoro com Carolina. No entanto, percebi que ele a amaria por muito tempo ainda.

Minha filha, sem dúvida, optou pelo seu sonho, como sua mãe. Estou tranquilo, pois certamente muito mais viável que o sonho de Sara. Sara sonhou o impossível. Carolina sonha o possível e tem algo que a mãe não tinha, a determinação e a lucidez.

Quando cheguei em casa me surpreendi. As meninas estavam à minha espera e tinham feito o jantar. Era bom estarmos juntos.

Esperei que Carolina falasse e sabia que ela iria contar tudo. Ainda não tinha decidido se contaria para ela minha conversa com César.

— Bem, pai, estamos aqui. Eu e a Helena fizemos o jantar, já que ela veio mais cedo e me ajudou como sempre nestas coisas de cozinha, que não é meu forte.

— O que estamos comemorando? Será o que estou pensando?

— Sim, você viu o envelope de Harvard. Fui aceita e já confirmei minha transferência. Pretendo partir na segunda quinzena de maio. Vou procurar lugar para me alojar. Não sei como funciona. Quero me inteirar sobre tudo antes de chegar lá na Universidade de Harvard.

— Está feliz?

— Sim, estou, mas há algo muito triste neste capítulo da minha vida. Terminei com o César. Sei que o magoei muito e sofro porque ele é bom demais e por ter saído tão ferido deste pequeno epílogo. Desde o início, ele sabia, não é verdade? – ela buscava consolo na minha confirmação — que eu tinha um sonho. Não seria justo, eu vejo assim, ficar com ele e na minha mente estar pensando que aquilo que eu renunciei era a razão da minha vida.

— Entendo, minha filha, procure torná-lo seu amigo. Pelo menos, eu sei que...

— Vou tentar, pai, mas penso que ele não quer isso, está magoado. Ele procura uma esposa que possa dar-lhe filhos e um lar que possa dar-lhe paz e segurança. Ele é um vencedor, é um homem valoroso, mas eu tive de abdicar de seu amor. Minha vida seguirá o caminho que escolhi. Nem mesmo sei se terei sucesso como espero, mas eu farei do meu estudo a maior luta da minha vida.

— Você fará o que sonhou, mas eu peço que seja menos dura com você. Um pouco de leveza também é bom, certo?

— Vou tentar, pai, você me conhece como ninguém.

— Quando pretende partir?

— Na segunda quinzena de maio, daqui a quinze dias. Você aceita me sustentar nos primeiros tempos? Depois, vou tentar arrumar um emprego, pelo menos para pagar os custos do alojamento.

— Não há necessidade de trabalhar, minha filha. Há anos venho economizando. Temos o suficiente para você fazer dois doutorados – disse ironizando e esnobando um pouco. Filha, apenas estude, seja a melhor. Dinheiro, não temos tanto, mas temos o suficiente. Em outubro talvez eu possa visitá-la e no Natal poderá vir conosco.

— Você vai me ver, daí resolvemos o que fazer no final do ano. Helena vai ficar com você até o término da faculdade.

— Pelo menos, não vou ficar sozinho.

Helena olhou para mim.

— Obrigado, Léo, você tem sido meu paizão desde a morte do Ricardo. Por vezes, acho que atrapalho a vida de vocês.

— Helena, deixe de ser tola. Fique comigo até terminar a faculdade. Faltam apenas mais alguns meses e termina e depois então, faça o que seu coração mandar. Decida se vai fazer como Carolina, uma especialização no exterior ou se vai arrumar emprego ou mesmo se vai voltar para sua cidade. Importa pouco agora, por enquanto, fique.

— Está bem, Léo. Mais uma vez, obrigada, pois eu me sinto tão em casa e tão em paz com vocês.

Jantamos e jantando pensei apenas no César. Também Carolina deveria estar com o coração adolorado pela separação e pela terrível decisão. Ela sonhava com voos altos e este era o mais alto de todos. Ninguém segura as asas que batem em direção aos sonhos. Como é difícil decidir entre dois sonhos, dois projetos de vida que, infelizmente, se excluem. Pobre Carolina, pobre César.

Naquela noite, antes de pegar no sono, pensei em Gabriela Beluzzo. Aquela mulher não me saía do pensamento e sentia que estava se apossando do meu coração...

XVI

A ameaça

CAROLINA NORMALMENTE SAÍA muito cedo de casa e aproveitava para deixar Helena na faculdade. Depois ia para seu emprego. Naquela manhã aconteceu algo estranho. César pediu para tomar café com Carolina, queria vê-la, dissuadi-la de sua decisão de ir para os Estados Unidos estudar.

Carolina disse que ela e Helena tomariam café com ele, mas avisou que não poderiam atrasar, ele concordou, estava na realidade perdido com a separação.

Sentaram num café bem próximo da faculdade de Helena. As duas ficaram ali até a chegada dele. Helena ficaria alguns minutinhos e depois os deixaria sozinhos.

As duas conversavam quando, sem mais e nem menos, surgiu Jorge. Helena se assustou, ela nunca tinha visto Jorge, a não ser em algumas fotos que um dia Carolina lhe mostrou.

Jorge olhou para Carolina e disse:

— Então, sua vagabunda, é assim que você trata o seu padrasto querido?

— Jorge, some daqui, para de me perseguir, eu não vou mais tolerar isso, vou chamar a polícia, some daqui.

Jorge se aproximou mais dela e passou a ameaçá-la, fazendo com que as pessoas começassem a olhar o que acontecia.

Foi então que chegou César e vendo a cena, gritou:

— O que está acontecendo aqui?

Jorge olhou meio assustado para César e para um segurança que veio ao encontro deles.

— Ah... chegou o namoradinho da vaga... – e não completou a frase.

O segurança olhou para ele e indiretamente o ameaçou:

— Por favor, o senhor pode deixar nossos clientes em paz?

Jorge olhou furiosamente para eles e percebeu que era melhor ir embora.

Saiu. Helena ficou preocupada de deixar Carolina, mas ela lhe disse:

— Fique tranquila, Helena, eu vou fazer uma ocorrência, isso tem acontecido já algumas vezes, desde que Jorge voltou para São Paulo.

César já conhecia a situação e disse para ela:

— Vou com você à delegacia, já passou dos limites, antes que este maluco faça alguma coisa mais séria, é a segunda vez que eu o vejo.

Naquele dia César foi com Carolina à delegacia e o nosso conhecido Delegado Armando fez um boletim de ocorrência. Carolina também peticionou ao juiz solicitando que Jorge Pontes não se aproximasse dela, que ficasse distante cinquenta metros.

À noite conversamos, Helena estava presente.

Carolina somente me contou sobre isso naquele dia e eu fiquei imensamente preocupado, pois apenas sabia que Jorge tinha voltado e deixado uma carta que Sara havia escrito para mim.

— Pai, ele queria dinheiro e eu achei melhor mandá-lo embora, depois disso começou a me perseguir, atualmente tinha ficado pior, até que hoje extrapolou, creio que usa drogas. Contou-me com detalhes o que havia ocorrido no dia em que viera procurar-me e ela resolveu o que queria fazer.

— Nada justifica você ter-me escondido isso, minha filha. Ele tem ódio de nós e isso pode se tornar perigoso, como você está dizendo, talvez seja até melhor antecipar sua ida aos Estados Unidos. Deveria ter-me deixado cuidar deste assunto.

— Você já sofreu muito por causa do Jorge, eu tentei impedir isso.

— Nada justifica você ter-me escondido essa situação, se ele está deste jeito, pode fazer qualquer besteira na vida. Você disse que ele queria dinheiro?

— Sim, queria uma indenização. Disse que gastou tudo o que tinha por causa de minha mãe, mas esqueceu de falar que ela gastou tudo por causa dele também, inclusive o final de vida que ela teve.

— Não importa o motivo, ele veio me procurar. Deixou, inclusive aquela carta. Se ele tem ódio de mim, pode perfeitamente descontar em você.

— Sinto muito, pai.

— Carolina, minha filha, estou feliz porque você vai para os Estados Unidos iniciar uma nova fase da sua vida, mas acho que você extrapolou em querer me proteger, já passei desta idade, quem protege sou eu.

— Desculpe, não tive a intenção de magoá-lo.

— Sabe por acaso o endereço dele?

— Claro que não, pai. Inclusive, na delegacia dei o endereço antigo dele, aquele onde achei minha mãe.

— Então como vai pedir para o juiz impedir que ele se aproxime de você?

— O delegado Armando vai ver isso, disse que vai mandar um investigador. Mas com o pedido ao juiz, caso apareça perto de mim poderá ser preso.

— Você é advogada, minha filha, isso não adianta nada, até chamar a polícia... Ele já desapareceu.

— Bem, vou começar a utilizar outros caminhos. Como você diz, estou de partida, realmente quero deixar tudo isso para trás.

— Entendo, acho melhor contratar um motorista ou um segurança, caso queira ficar mais tempo aqui.

— Vou ver, pai, sem pressa. Não precisa de ninguém para ficar comigo.

— Espero que não apareça de novo, não vou ficar mais sossegado. Vou ver se consigo saber onde mora, se quiser dinheiro para sumir daqui, eu darei.

— Fique tranquilo, pai, não vai acontecer nada.

Helena, que estava tão quieta durante a conversa, resolveu falar:

— O que me preocupou, Léo, foi que ele chamou a Carolina de vagabunda e disse que era seu padrasto, foi desagradável demais.

— Como é que é? – perguntei meio assustado.

— Já falei, pai, já falei que ele é drogado, deve ser isso... Foi o linguajar que ele usou.

— Estranho – falei – muito estranho.

Àquela noite fiquei bem preocupado, algo me dizia que aconteceria alguma coisa terrível. Em vez de querer que Carolina ficasse mais um pouco conosco, eu já estava querendo que ela viajasse de uma vez para que o Jorge não fosse atrás dela novamente.

No dia seguinte, fui levar Helena e Carolina. Na volta passei na delegacia e falei com o delegado Armando que tinha acabado de chegar.

— Única coisa boa que posso lhe dizer é que o endereço antigo que Carolina nos deu, um dos nossos detetives apurou que ele foi visto pela redondeza, o que significa que ele voltou para algum daqueles prédios antigos na baixada do Glicério.

— Tem como fazer alguma coisa?

— Vamos ver se conseguimos pegá-lo, entregar a intimação judicial e vê-lo longe de sua filha.

— Bem, então vamos aguardar, delegado.

— Qualquer novidade eu entro em contato.

Agradeci e fui para o escritório.

Esse episódio todo me mostrou mais uma vez que Carolina era independente demais, que ela sabia tomar conta da situação.

Mas ao mesmo tempo, neste coração de pai, ficou uma dúvida cruel, se minha adorada filha Carolina não estava mentindo em alguma coisa referente ao Jorge, sei que seu ódio era total, mas...

XVII

Eduardo

HELENA ESTAVA MUITO preocupada com Eduardo, talvez porque ele era muito quieto e raramente falava o que sentia, ou porque minha irmã Paola falava, como se diz, pelos cotovelos. Eduardo apenas concordava sempre com tudo, permitindo que Paola pudesse fazer o que quisesse. Devido à pesquisa, Helena foi várias vezes ao hospital onde Eduardo trabalhava. Nasceu entre eles uma amizade cultivada pela saudade de Ricardo, memória sempre presente.

E quando ela podia, passava para vê-lo e partilhavam o sentimento em relação ao filho de Eduardo. Um dia em que Helena foi falar com um médico do hospital para levantar dados sobre seu trabalho de conclusão de curso, pediu-me que fosse junto. Ela queria que eu visse com os meus próprios olhos que a morte estava presente de vários modos. São vários os rostos da morte, suas formas reluzentes. E eu procurava sempre entender os enigmas da morte. Cada momento buscava nova compreensão. Helena achava que eu devia descobrir algo ao acaso, para assim entender melhor o que ela aos poucos compreendia, na medida em que desenvolvia sua pesquisa.

Sempre achamos que nossos dramas são maiores do que os dramas alheios. Muitas vezes, somos surpreendidos por acontecimentos que nos ferem cruelmente. Helena disparou a falar, como quem tinha direito, pois perdera seu namorado no auge do amor e dos sonhos.

— Para mim, dor é dor da gente. A dor que sentimos não faz propaganda, não se divulga, nem serve como verso de poesia. Quando a gente sofre tem vontade de gritar para que todos testemunhem nosso sofrimento, mas é inútil. Pelo que tenho visto nas minhas andanças, seria uma gritaria infernal no mundo – falou e riu amarelo, pois não era engraçado — minha dor não tem tamanho e continua a cada dia. Busco o Ricardo nos rostos na multidão, nas vozes que se multiplicam nas feiras, em todo lugar. Ele não morre. Ninguém morre se a gente não permite. Eu não quero deixar o Ricardo morrer, mesmo que a preservação de sua vida seja meu calvário, cheio de estações tristes. Vale a pena a dor, para viver o amor. Quando vejo as pessoas, fico pensando que todas elas, cada uma delas lida com a busca da felicidade, um caminho estreito onde nas margens estão as flores e os espinhos de nossa sina. Mesmo assim, me pergunto, por que algumas pessoas sofrem tanto, sem o merecer, talvez?

Parou de falar, seus olhos estavam vermelhos e agitados, piscavam sem cessar e sua voz falhava. Mesmo assim, chegou ao final de seu testemunho. Mas não chorou, preferiu preservar sua mágoa em silêncio. Olhou-me, quase pedindo desculpas pela confissão. Sorri-lhe e bastou.

Naquele dia, chegamos e Eduardo ficou imensamente feliz de nos ver. Ele é biomédico, mas nos últimos anos trabalhava como administrador hospitalar.

— Nossa, cunhado – falou para mim – que surpresa vê-lo!

— É rápida a visita. Tenho uma reunião mais tarde e vou levar Helena comigo.

Perguntei-lhe como estava.

— Léo, eu nunca pensei que isso fosse acontecer. A cada dia, sinto uma saudade tão grande do Ricardo. Não pode imaginar, é uma dor que não sei de onde vem. Invade o corpo por inteiro, a mente, o coração, me deixa sem vontade de viver. Materializa de tal forma que chega a me dar câimbras.

Olhei e tentei dizer que não. Ele continuou:

— Quando chego a casa, normalmente mais cedo do que Paola, eu vou até o quarto do Ricardo, abro a porta e sei que ele nunca mais vai estar lá, nunca mais vou vê-lo. Isso dói, dói muito. Muitas vezes, deitei na cama dele, abracei o casaco que ele sempre usava e chorei sem fim, evitando ser visto, para não ser consolado. Parece que estou distante, mas é um momento nosso, um momento pai-filho, como na infância quando brincávamos de bola na sala, sob os protestos da Paola – "vai quebrar a cristaleira". Procuro não expressar a dor quando Paola está perto. Sei o quanto ela sofre também.

— Não deve ser fácil, não. Para vocês que foram pais maravilhosos, certamente é terrível, mas sei que Deus vai nos dando forças. Para mim também não é fácil pensar neles, ainda mais em Ricardo que foi embora tão jovem.

Eduardo, curiosamente, jogou o inverso das nossas expectativas, como se eu, e não ele, tivesse perdido o filho.

— Temos que descobrir a hora do adeus, o momento de deixar partir os mortos. É necessário, é preciso redescobrir uma forma de existir. Algum destino, temos algum destino. É preciso que os vivos sepultem seus mortos para que possamos viver. Não é assim que vivem repetindo nas suas missas? – seu tom era provocativo — é preciso sepultar os mortos e seguir a vida, buscando novas parcerias. Continua a lembrança, mas o espírito tem que partir. Tem que ser assim. Se você crê é paz para seu ente falecido; se não crê é paz para os vivos, para você. É melhor crer, mas crer não depende da gente, que pena".

Até hoje não sei se foi um desabafo, um desejo ou mesmo uma ironia. Tomei, então, como um testemunho. Era um testemunho. De repente, olhamos e vimos um homem mais ou menos da minha idade com uma menina pequena nos braços. Fiquei me interrogando se era o pai ou o avô.

Aquele senhor olhou para Eduardo, nos cumprimentou e veio até nós. Já conhecia Eduardo muito bem.

— Está tudo bem, Sr. Orlando?

— Tudo bem. Vim trazer minha netinha para fazer uma inalação, porque ela ficou resfriada, mas já está bem melhor.

Cumprimentou-nos e foi embora com uma menina linda e sorridente, que ele segurava como se fosse uma coisinha muito delicada e frágil.

Meu cunhado contou a história. A filha do Sr. Orlando, com dezenove anos e recém-casada, ficou grávida. No quinto mês, o médico falou para ela e sua família que a gravidez era de altíssimo risco, que ele aconselhava abortar, pois a vida dela corria perigo. Era melhor optar pela vida da mãe. A jovem grávida disse que ela não faria isso, que iria até o fim da gravidez e que tudo daria certo. Fora a outro médico e mais uma vez o diagnóstico se repetiu. E este aconselhava a interrupção imediata da gravidez. A família pediu que ela abortasse e ela disse para o Sr. Orlando que Deus havia lhe dado a vida, que ela devia para Deus uma vida e que ele não se preocupasse, pois haveria de dar certo. Ele implorou que ela fizesse o aborto, no que ela respondeu teimosamente e com convicção que não faria. Eis o epílogo da história: antes de completar sete meses, foi levada ao hospital e faleceu antes de dar à luz. O obstetra, que estava de plantão, fez uma cesariana *post-mortem* e salvou a criança.

— Meu Deus – exclamou Helena levando as mãos ao rosto. Senti seus olhos lacrimejarem.

Meu cunhado continuou contando que a família ficou arrasada e que o Sr. Orlando tão desesperado que não sabia o que fazer. Hoje, ele e a mulher cuidam da menina. Ficaram amigos, o pai e o avô da menina. Mas o pai renunciou à filha por não suportar o adeus da esposa.

Seu Orlando, passando por nós na volta, contou-nos:

— O pai da minha neta Luciana, meu genro, pareceu que enlouqueceu nos primeiros tempos, depois da morte da minha filha. Sempre ouvi falar de mães que enlouquecem, que não conseguem suportar a dor e fogem da razão. Vivem na fantasia, conversam com o morto. Meu genro foi assim, ficou fora de si. Não conseguiu nunca amar a filha, pois a culpava pela morte da esposa. Meu genro caminhava pela casa procurando pela esposa, falava com as fotografias, folheava os álbuns de família. Mas nunca conseguiu amar minha netinha. Voltou ao trabalho, mas por enquanto ainda não retomou sua vida. Abandonou os amigos, voltou para a casa de sua mãe e ficou menino de novo. Eu não me deixei enlouquecer. Não tinha esse direito, tinha a Lucianinha para cuidar. Veja que princesa – e acariciou a menininha — Fico com pena do pai dela, pois perdeu a esposa e está perdendo a filha. Mas não o culpo. Deve ser mesmo insuportável a morte, no ápice do amor. Mas, como se diz, a morte não tem agenda.

Achei estranha aquela confissão. Eu nem o conhecia, mas parece que as pessoas precisam falar de suas desventuras para espantar a tristeza.

O Seu Orlando saiu, quando ouviu o chamado da esposa. Voltei-me para Eduardo e retomei sua última conversa.

— O que você quer dizer com descobrir a hora do adeus, Eduardo?

— Não sei, Léo, não sei mesmo. Eu poderia dar respostas que experimentamos no espiritismo. O fato é que as dores são atrozes em função da morte, apesar da vida muitas vezes ressurgir com a morte.

— Como assim?

— A doação, com grande certeza, é uma delas. Este é o trajeto que Helena está fazendo na sua pesquisa. Mas aqui, Léo, você precisava ficar alguns dias vendo o que acontece. A morte muitas vezes não é somente trágica, mas benéfica, pode ser um bem. Jesus mesmo falou da semente no chão, os árabes falam do ressurgir da fênix. Há dezenas, até centenas de explicações.

— Como benéfica? – perguntei intrigado.

— Veja, não temos a eutanásia aqui no nosso país, não é permitida, portanto ninguém pode desejar morrer e morrer simplesmente. Vi tantas pessoas sofrendo tanto e tanto, principalmente crianças, tão inocentes, como o João Luiz, que era uma criança pequena e que fez transplante de medula. Sofreu muito e era tão pequenino. E os pais sofreram ainda mais do que ele, muito mais. Nada podiam fazer, a não ser chorar, rezar e silenciar. Quantos vovozinhos, ainda lúcidos que têm uma vida inteira de trabalho, criando filhos, netos e no final da vida são acometidos por doenças graves, num grande sofrimento. São contrastes da vida, numa imensidão de maravilhas e sofrimento, e aprendemos a construir nossa felicidade a partir destes eventos que nos surpreendem.

Eu queria indagar e perceber a segurança do Eduardo, tão certo de suas convicções.

— Ninguém merece isso — disse eu, depois de suspirar, revelando certa mágoa com o destino.

— A morte tem seu encanto, pode ser um prêmio – insistiu Eduardo.

— Você quer culpar alguém? Deus? Deus não quer o sofrimento de ninguém, Ele chora junto, partilha a dor com a família, vai junto ao velório e desce ao sepulcro com o falecido. Ninguém desce sozinho ao túmulo.

— Não, você não me entendeu. Quando uma pessoa morre, vivemos nossa lamentação e nossa dor. Verificamos depois que os mortos não mais padecem, que acabou o sofrimento e que sua hora chegou. Temos a esperança de que a morte foi bem recebida, porque estava sofrendo. Outras vezes, a morte passa com seus passos de veludos, outras vezes, como um furacão, tal qual ocorreu com o Ricardo. Mas, como consolo, muitas pessoas viveram em seu nome. Nós pensamos os mortos e nós nos pensamos pelos mortos. Um encontro curioso. É isso que temos visto, não é, Helena?

— Léo, na literatura científica temos trinta e poucos casos. Um deles foi neste hospital, apenas a família não autorizou a divulgação dos nomes. Uma moça grávida de vinte e um anos teve um aneurisma cerebral e chegou aqui já em coma. Dois dias depois, teve morte encefálica. Os médicos viram que a criança não sobreviveria, o peso era baixo. No mínimo, se diagnosticou, precisaria de mais de um mês e meio na barriga da mãe para tentar salvá-la. São os chamados milagres da vida, duelo entre a vida e a morte que se trava no campo de batalha que são nossos corpos. O médico disse que poderiam tentar manter tudo como se ela estivesse viva. O jovem marido estava tão desesperado que concordou, mesmo sabendo que as probabilidades de salvar seu filho eram praticamente zero. Durante quarenta e um dias, milagrosamente, o corpo sobreviveu. Os médicos acompanhavam tudo e viram que havia chegado a hora definitiva. Salvaram o bebê que ficou ainda meses até chegar ao peso ideal. Ele teve problemas de pulmão e depois se recuperou. Afinal, meu Deus, nasceu com menos de um quilo. O coração dela, rins e fígado foram doados. Decisões dolorosas. Todas as decisões são dolorosas nas encruzilhadas da vida.

— O que vocês estão me contando é para eu entender que existe um lado que nos faz desesperar e outro lado que nos acalma. Como alguém pode se acalmar? É difícil, e menos doloroso aceitar quando a tragédia acomete pessoas de idade. Mas grávidas que perderam a vida para dar à luz, será justo?

— Léo, não nos compete achar que seja justo, Helena está fazendo uma pesquisa e você pensa o tempo inteiro na razão dos acontecimentos. Foi uma fatalidade. O Ricardo estava passando no momento exato do tiroteio. Você que é cristão deveria entender melhor isso do que eu.

— Eu acredito em outra vida, na vida que segue no além. Mas eu queria muito mais que isso, preciso entender a morte.

— Não, Léo, você questiona, mas não aceita. Aqui no hospital não existem escolhas. Um casal de idosos resolveu praticar a eutanásia por conta deles. Ela estava sofrendo muito e ele deu veneno, um monte de comprimidos, para ela. Depois também tomou. Ele queria acabar com o sofrimento deles. Ela morreu, ele sobreviveu. A justiça está processando o pobre velho por homicídio.

— Eu não sei se entendo o que você quer dizer, Eduardo, mas acho que é muito triste ver a morte de crianças como esta que você contou. Os pais sonham tanto e de repente os filhos morrem como o Ricardo, os idosos querem morrer porque cansaram e não podem realizar seu desejo.

— É muito diferente o sentimento de morte dos idosos e o de crianças. Também é muito diferente a forma de morrer. Morte abençoada é a morte dos mártires, morte constrangedora é a morte por crimes.

— Não sei, Léo – disse Helena – o fato é que as respostas que você deseja são muito complexas, principalmente para mim e o Eduardo. A nossa vida era o Ricardo, mas pelo menos ele vive em outros corpos. Partilhamos e minimizamos a morte, quer dizer, o adeus. Na dor, todas as possibilidades servem de conforto.

— Helena, vamos embora – olhei nos olhos de Eduardo e percebi as lágrimas de sempre. Precisamos ir, Eduardo, e muito obrigado pelo que contou. Certamente, vou pensar muito na conversa de hoje, do dia a dia de vocês, da morte que ronda e leva apenas os que estão predestinados. A morte não escolhe os que ela chama, ela chama somente quem ela quer. O plano de Deus é ainda complexo demais para nós. É mesmo enigmático.

— Obrigado, meu querido cunhado – e bateu-me nas costas, manifestando simpatia. Venha sempre, vou levá-los até o estacionamento.

Despedimo-nos e fomos para uma reunião onde eu deveria fazer uma entrevista naquela noite, na emissora que Helena fazia seu estágio acadêmico.

No carro, Helena me falou:

— Sabe, Léo, para tentar terminar o assunto, porque fica muito cansativo falar somente nisso, você vê um pai e uma mãe falarem bem do filho, como aconteceu comigo. Insistem que ele era maravilhoso, que era um verdadeiro santo. No entanto — e riu discretamente — quando você levanta a ficha de algumas histórias, descobre uma folha que não acaba mais de crimes. É tudo muito complicado no mundo da morte. O fato é que os pais não aceitam que seu filho é um criminoso e têm vergonha disto. Então procuram esconder os fatos.

— Meu Deus do Céu, é um assunto muito complexo, mesmo constrangedor até de pensar, tanto mais falar.

Vamos estacionar e passear pelos prados. Está ficando muito difícil seguir no assunto.

Helena sorriu. Assim fizemos.

XVIII

O sequestro

FALTAVAM ALGUNS DIAS para Carolina viajar para os Estados Unidos. Finalmente ela iria concretizar seu sonho de fazer pós-graduação.

O problema com Jorge parecia ter sido superado, ele não a perturbou mais desde que Carolina fizera o boletim de ocorrência. Posteriormente conseguiu por meio de um juiz e, coincidentemente, havia sido seu professor na universidade, uma intimação para Jorge ficar no mínimo cinquenta metros longe dela. Jorge tinha voltado a morar nas proximidades do prédio antigo onde morou com Sara. Tentei falar com ele, mas não o encontrei. As coisas pareciam calmas. Pareciam...

Ainda trabalhando no consultório de advocacia, Carolina se preparava para enfrentar Harvard. Mas aquele dia foi, sem dúvida alguma, algo de terrível em nossas vidas. Carolina saiu com Helena para deixá-la na faculdade e ir para o seu emprego. Na hora em que estava descendo do veículo, Helena foi empurrada por Jorge que estava armado, indo parar no chão com sua mochila. Deu tempo de Helena ver que Carolina foi obrigada a sair com Jorge apontando uma arma em sua cabeça.

Em seguida, nervosa e mal podendo falar me ligou e contou-me:

— Léo, o Jorge me jogou no chão na hora em que eu estava saindo do carro de Carolina e entrou com uma arma. Ele a sequestrou.

— Meu Deus – exclamei ao mesmo tempo que pedia ajuda para Ele – vou ligar para o delegado Armando, passar a placa do carro para ele.

— Certo, ele avisando os policiais pode impedir que saia da cidade.

— Venha para cá, pegue um táxi.

Liguei para o delegado e contei que minha filha tinha sido sequestrada, ele precisava de fotos dela, do Jorge, endereços e todas as informações sobre o que havia acontecido.

O Delegado Armando chegou ao mesmo tempo que Helena.

— O que aconteceu?

Helena contou-lhe o que havia presenciado. Foi necessário recontar a história de Sara e de Jorge, o que para mim é sempre um tormento falar sobre o assunto, mas como ele já sabia alguma coisa, foi mais rápido. Enquanto contava o passado, preocupava-me com o presente, em saber o que Jorge poderia fazer com Carolina.

— Sim, ela fez o boletim de ocorrência – disse o delegado para alguém com quem falava no telefone — veja o endereço deste tal Jorge Pontes, que recebeu uma intimação do juiz para ficar longe de Carolina a... sim, a moça que foi sequestrada agora de manhã. Ainda não tivemos nenhum contato. Evidentemente não deve estar no apartamento, mas pegam um carro e vão o mais rápido para lá.

— Doutor Léo – perguntou o delegado para mim – ele queria dinheiro, acha que foi por isso ou por ódio de sua filha?

— Não sei, delegado, não sei. Minha filha não queria que eu me preocupasse e acabou escondendo que ele veio aqui pedir dinheiro. Ela falou o que queria. Claro, originou uma inimizade mortal com ele.

— O motivo, sem dúvida alguma, é financeiro, não deve estar sozinho, deve ter um cúmplice.

— Na realidade eu não sei, apenas estou desesperado por ele ter sequestrado minha filha.

Ora conversava conosco, ora falava pelo telefone com a delegacia. Fotos de Carolina foram fáceis, lembramos da peça e pegamos a foto de Jorge na Internet. Helena colocou nas redes sociais a foto de Carolina e pediu para espalharem, para ver se a encontravam. A foto de Jorge também foi colocada.

Os policiais receberam aviso e já começaram a fazer em alguns bairros uma *batida policial* para ver se encontravam o carro de minha filha.

Parecia que o mundo havia desabado sobre minha cabeça, estava completamente apavorado com medo de que Jorge a matasse. Helena fez café para todos, parecia que era a única coisa que se conseguia beber. Nada do celular tocar. Nada do telefone da casa tocar. Quanto mais o tempo passava, mas minha angústia aumentava e dilacerava minha alma.

Nesta hora liga Paola, desesperada, e pergunta:

— Já acharam a Carolina? Acabei de ver pela internet que ela foi sequestrada pelo Jorge.

— Sim, é verdade, Paola, procure ficar calma, o delegado Armando está aqui com alguns policiais.

— A gente não tem mais sossego na vida, meu Deus, este maluco sequestrou a Carolina, vai pedir resgate você vai ver.

— Nós estamos aguardando ele entrar em contato, mas até agora nada, esta espera é um inferno, estou com Helena aqui.

— Vou indo aí, estou na universidade, em quarenta minutos eu chego.

— Não, fique aí, depois vá para sua casa, não adianta vir para cá, pois não sabemos ainda o que vai ser feito, logo que tiver notícias eu ligarei para você.

— Está bem, vou mais cedo para casa. Lá estarei mais perto de você, se precisar.

— Paola, o que importa é Carolina estar bem, só saberemos quando o Jorge ligar pedindo resgate, ou sei lá o quê... evidentemente ele vai querer dinheiro para não matá-la.

— Não diga isso.

— Reze para que ele não a mate, é só o que peço.

As horas pareciam intermináveis, Jorge já tinha levado Sara ao desespero, agora era Carolina que ele havia pego. O que eu mais queria era ouvir a voz de minha filha.

Não sei quantas vezes liguei para o celular de Carolina, como se ela fosse atender e dissesse que estava tudo bem. Eu olhava para o meu aparelho e ficava imaginando que ele fosse logo tocar.

As horas passavam, pedimos comida para todos. Eu não conseguia engolir nada. Helena procurava atender as pessoas que estavam no apartamento, era um detetive que chegava, os policiais que se renovavam, o delegado que nos atendia o tempo todo e nada de novidades.

Chegou a noite e eu fui me desesperando. Paola e Eduardo chegaram. Estavam preocupados também. Paola em vez de me deixar tranquilo, deixou-me ainda mais apavorado:

— Você se lembra do seu Leandro? Aquele que foi sequestrado, que era vizinho nosso?

— Paola, por favor, o seu Leandro não! Desculpe, mas eu preciso que você reze, somente reze.

— Você precisa tomar um calmante... ainda vai ter um infarto, procure se acalmar.

— Estou tentando, Paola...

Eduardo deu-lhe um beliscão. Ela entendeu e ficou quieta e foi até a cozinha preparar alguma coisa para as pessoas que lá estavam.

Foi então que o meu celular tocou. O delegado Armando e os demais fizeram-me sinais para que atendesse somente quando eles mandassem. Foi o que fiz. Era do celular de Carolina.

— Alô... filha...

— Não é sua filha, Léo, é o Jorge...
— Deixe-me falar com Carolina.
— Ela está bem.
— Eu quero falar com ela.
— Depois... Eu quero duzentos e cinquenta mil dólares amanhã, vou dizer o lugar e vai ter que ir sozinho se quiser ver sua filha de novo! Certo, paizão?
— Tudo bem. Vou arrumar o dinheiro, mas não tenho tudo isso...
— Em dólar, quero em dólar, entendeu?
— Entendi, me deixa falar com a Carolina.
— Fala com teu pai – escutamos ele falar para ela.
— Pai...
— Como você está, filha?
— Bem, bem...
Do outro lado ouvimos ele dizer:
— Agora chega...
Em seguida falou para mim:
— Arrume o dinheiro, amanhã eu ligo para dizer onde você entrega, paizão! Entendeu?
— Está bem, Jorge – e ouvi o sinal que havia desligado.

Ficamos em suspense, o delegado Armando falou baixinho com um dos técnicos que estavam lá esperando a ligação. Se voltou para nós e, com expressão de alívio, falou:
— Bingo!
— O que houve? – perguntei.
— Conseguimos saber de onde veio o sinal, captou inclusive o barulho de um trem, estão próximos da zona sul. A equipe especial vai tentar encontrá-los.

Na hora seguinte eu, Helena e a família sabíamos que Jorge estava com ela, mas o delegado achava que havia mais cúmplices, que ele não seria doido de ter feito isso sozinho.

No entanto, eu achava que sim, Jorge devia pensar que com isso resolveria o problema dele.

— Diga-me uma coisa – perguntou-me o delegado – desculpe-me pela pergunta ser bem pessoal, mas quanto o senhor tem no banco? Vai precisar arrumar o dinheiro se não conseguirmos achá-lo até amanhã.

— Com todas as minhas aplicações, eu acho que não tenho nem a metade deste dinheiro.

— Ele deve saber, caso contrário, teria pedido muito mais, provavelmente vai ligar de novo, vamos pedir tempo para arrumar o dinheiro. Diga que não tem e que o banco não pode dar-lhe empréstimo assim. Diga que o máximo que poderá conseguir é 100.000 dólares.

— Certo – mas minha filha está com ele.

— Ele não vai matá-la, precisa do dinheiro, sem ela o sequestrador não consegue nada. Amanhã ele liga de novo. Doutor Léo, estou começando a achar este sequestro sem elaboração nenhuma, ou ele está agindo sem pensar em nada, que é também preocupante. Parece algo de um amadorismo muito grande.

Falou novamente no telefone e pouco tempo depois, sabia que uma patrulha estava nas imediações de onde partira o sinal, mas a zona sul como é extremamente complicada, era difícil saber o ponto exato.

Paola e Eduardo foram para um dos quartos e ficaram lá. Pedi para Helena fazer o mesmo. Ela demorou a aceitar, mas depois de algum tempo, acabou indo para seu quarto também.

Eu mesmo, chegou uma hora que fechei os olhos e dormi um pouco. Acordei assustado, o delegado me olhou e disse:

—Até agora nada, vamos aguardar, daqui a pouco o dia amanhece.

Acontece que o banco abre somente às 10 horas da manhã. Fui com Helena e um dos policiais até lá, bem antes de abrir. Pedi para falar com o gerente e acertamos que o máximo que eu conseguiria com meus recursos era o suficiente para comprar 100.000 dólares.

Por volta das onze horas da manhã, estávamos novamente no apartamento. Tinha um policial aos aparelhos, aguardando a chamada.

Momentos de tortura absoluta, eu queria saber da minha filha.

Foi então que o celular tocou, era quase meio dia. Enquanto isso uma pessoa anônima que viu as fotos nos meios de comunicação avisou a polícia onde Jorge estava com Carolina. Algo inesperado aconteceu. Avisaram o delegado Armando.

Ele me disse:

— Fale normalmente com ele, sem pressa...

Atendi o telefone:

— Jorge, quero falar com minha filha, saber como ela está.

— Ela está ótima. Arrumou o dinheiro?

— Sim... está comigo, 100.000 dólares, não tenho mais do que isso.

— É pouco, eu preciso do dobro.

— Não tenho como arrumar mais...

— Eu vou pensar se aceito, é pouco, vou precisar sair daqui desta cidade.

— Este dinheiro vai te ajudar... Deixe-me falar com Carolina.

— É menos da metade do que eu pedi.

— Eu sei, Jorge, mas você esqueceu que Sara levou uma grande parte do que eu tinha? É tudo o que tenho no momento...

— Empresta do banco...

— Vamos negociar... Deixe-me falar com minha filha ou não tem acordo.

— Fala com teu pai, para ele você vale somente 100.000 dólares – escutamos ele dizer para ela.

— Pai... Estou bem.

— Carolina, fala comigo, filha.

— Pai, estou bem... – percebemos que ele tirou o fone dela.

— Se entrar a polícia aqui, eu mato sua filha.

Desligou o telefone. O delegado Armando olhou para mim.

— É o endereço que passaram.

O delegado falou com o Capitão Damasceno que estava próximo do local do cativeiro.

— Delegado, vamos para lá... Por favor – pedi para ele.

— Doutor Léo, iremos juntos, eles são especializados em sequestro, vão tentar resgatá-la, fique tranquilo, vai dar tudo certo, o Tenente Marcos já cercou o local, acabou de me dar esta boa novidade.

Paola me olhava com desespero. Eduardo havia saído e Helena estava petrificada com tudo. Eu apenas rezava para que Carolina não fosse morta por Jorge.

— Vamos – disse o delegado Armando – uma pessoa só para acompanhá-lo, vamos para lá.

Paola olhou para mim e disse:

— Helena vai com você, eu vou esperá-los aqui.

Assim, eu e Helena fomos no carro do delegado Armando. Como moramos perto da Av. Paulista, nas imediações do Masp, o trânsito, mesmo com sirene e tudo o mais, estava congestionado. Levamos um tempo enorme para chegar na zona sul, pra lá de Parelheiros.

Pelo carro ouvíamos o que acontecia e isso nos fazia tremer de medo que Carolina fosse morta por Jorge. O dinheiro estava conosco, pois não sabíamos como tudo iria terminar.

Sei que na hora em que chegamos, vimos Carolina amparada por dois policiais, Jorge preso e sendo colocado na viatura. Ele se entregou para os policiais que comentaram depois que ele esperava ser morto por eles. Acharam que ele se suicidaria depois de matar Carolina, caso nada desse certo. O fato é que eles invadiram a casa e conseguiram evitar um desenlace trágico com minha filha.

Carolina estava acabando de ser desamarrada quando chegamos. Correu para mim, abraçou-me chorando.

— Você está bem?

— Estou – disse – me leva para casa.

O delegado Armando veio até nós. Vi pelo canto dos olhos aquele monte de policiais que haviam salvado Carolina e fui cumprimentá-los e agradecer, enquanto alguns já iam, levando Jorge com eles.

Pelo rádio ficamos ainda sabendo que o carro foi localizado em outro bairro. O que se presume é que Carolina tenha ficado na casa e Jorge tenha levado o carro para outro lugar, ou um cúmplice tivesse feito isso.

Chegamos em casa com Carolina, eu nem acreditava. Ela aparentava estar muito assustada, mas fisicamente parecia estar bem, tirando os pulsos que estavam machucados da corda e os tornozelos que também foram amarrados.. Havia um hematoma no braço, um pequeno corte e um arranhão na testa.

Sem perguntarmos, nos tranquilizou dizendo que ele não havia abusado dela e entrou no banheiro.

Pediu um suco, tomou e fomos fazer o exame de corpo de delito e depois prestar a queixa formal na delegacia. O delegado Armando nos atendeu, fez as perguntas para Carolina.

Ela contou:

— Eu deixei a Helena na faculdade como faço toda manhã. Jorge entrou no carro, jogou Helena para fora, colocou uma arma na minha cabeça e mandou-me dirigir o carro até aquela casa. Quando entrei, ele me jogou numa cadeira e começou a me puxar pelo cabelo e ameaçou me arrebentar o rosto. Fiquei apavorada e ele amarrou as minhas mãos e os meus pés e me jogou numa poltrona velha. Tinha uma mulher que eu não vi, trouxe um pacote de biscoito e água, entregou na porta para ele. Depois me prendeu na poltrona de modo que eu não pudesse sair. Saiu por um bom espaço de tempo e a mulher de vez em quando entrava naquilo que seria a sala, mas eu estava de costas, de modo que não podia vê-la. Ah... nem podia falar, porque estava amordaçada.

— Quanto tempo ele ficou fora, Carolina?

— Não sei, algumas horas.

— E o que ele fez na volta?

— Esperou e falou com meu pai. O celular estava na minha bolsa, ele mexeu em tudo e tirou o aparelho, levou com ele quando saiu e na volta me disse que falasse somente que estava bem e foi o que fiz.

— Viu que tipo de arma ele portava?

— Não entendo de arma, mas tinha um cano comprido, não era destes tipos compactos.

— E à noite como foi?

— Ele me tirou a mordaça e disse que não adiantava eu gritar porque a próxima casa estava muito longe, eu comi a bolacha que tinha, ele colocava na minha boca e depois bebi água. Amordaçou-me de novo. Tinha medo de dormir, mas acabei no meio da madrugada cochilando um pouco. Ele dormiu no chão. Havia trancado a porta e ficou com a arma e a chave. Mesmo que eu tentasse, não poderia sair. A poltrona era ruim demais e eu estava amarrada com lençóis. Pedi para tirar a mordaça e ele tirou. Eu não gritei, achei que ele estava alterado demais e poderia me dar socos no rosto. Estava mais preocupada com meu pai, pois sei como ele é. Depois voltou a me amordaçar.

— Temos a queixa anterior aqui que ele a perseguiu algumas vezes, fazia tempo que não ia atrás de você?

— Umas três semanas. Eu parava o carro na garagem do escritório onde trabalho e lá é difícil entrar sem passar pela portaria do carro e pela portaria interna, ele nunca foi lá.

— Deixe-me ver seus pulsos. O que foi no braço?

— Eu me cortei, pedi para ir ao banheiro, ele disse que sim. Na realidade eu queria ver se havia alguma possibilidade de fuga pelo banheiro. Entrei, pedi para tirar as cordas das minhas mãos. Ele não deixou e eu tentei fazer as coisas com as mãos amarradas. Me cortei no banheiro, não tinha luz lá. A janela da sala permaneceu fechada e no banheiro havia um respiradouro pequenino e alto ou era uma janelinha, não sei.

— Carolina, quem era a mulher?

— Não consegui ver nada, eu fiquei sentada de costas para a porta. Ela entrou e saiu algumas vezes, mas eu não consegui vê-la.

— Tem certeza de que era uma mulher, não poderia ser um homem?

— Jorge falou com ela e uma vez ela respondeu muito baixo, mas deu para perceber que era voz de mulher.

— O que o Jorge falava para você?

— Ele estava drogado, só pode ser. Falava que fazia isso por amor. Eu deixei falar o que quisesse. Estava amordaçada e não falei nada.

— Sexualmente?

— Não me molestou, ele falava algumas bobagens, insinuava que ia me violentar, por isso eu fiquei calada, tentava evitar que chegasse de fato nisso.

— Bem, ele está preso, é réu primário, agora depende da justiça.

Olhei para o delegado Armando e disse:

— Carolina está de viagem para o exterior, vai estudar lá, alguma coisa que impeça a partida dela?

— Quando você vai embora?

— Daqui a alguns dias, meus documentos atrasaram um pouco, já deveria ter ido.

— Talvez tenha que regressar quando tiver audiência, não sei quando será. O advogado dele apareceu e vai fazer o possível para atrapalhar a vida da gente, o ideal é que fosse julgado, mandado para a cadeia e cumprisse sua pena... Mas nem sempre a lei é assim...

— Entendo, delegado – disse para ele.

— Posso ir embora, eu quero ir para nosso apartamento – pediu Carolina.

— Claro que sim, você é extremamente forte, menina – disse o delegado.

— Eu vou-lhe dizer uma coisa, delegado, se eu tivesse tido a oportunidade, eu teria pego a arma dele e o matado, sem dó...

— Minha filha! – exclamei chocado.

— É pai, eu sempre disse que ele é um canalha. Matou minha mãe e não sei como eu escapei. Graças a todos, estou aqui, obrigada, delegado.

O delegado Armando nos olhou e deve ter realmente pensado que Carolina teria feito isso. Não vacilou nenhuma vez, detalhou tudo. Acho, também, que se Carolina tivesse tido a oportunidade teria feito o que disse.

De volta para casa, Carolina disse que queria dormir, não conseguia segurar os olhos. Deu-me um beijo e foi deitar, já era noite.

Agradeci a Deus, por ter minha filha viva, por nada ter acontecido, mas alguma coisa parecia muito estranha em tudo isso. Quando deitei-me, pensei bastante e, achei bom que em breve ela iria iniciar um novo período de sua vida estudando fora do país.

Mas algo foi estranho, este sequestro foi muito estranho. Helena, sempre delicada, me fez uma única pergunta:

— Léo, a cúmplice não foi encontrada?

Respondi com a cabeça querendo dizer não, não sei, sumiu!

XIX

Alguns meses depois

VI GABRIELA APENAS duas vezes durante os últimos meses. Ela havia solicitado uma licença sem remuneração, pois estava com problemas familiares, segundo ouvi de uma colega do seu departamento. Perguntei os motivos, mas ela também não sabia. Depois, entendi um pouco, pois Gabriela era do tipo que não falava sobre sua vida particular. Fiquei sabendo, também, que era casada, e isso pesou muito no meu interesse por ela. Estava me animando para levar alguém ao cinema ou ao teatro, e sonhava que fosse esta arquiteta tão bonita, mas ela é casada. Confesso que fiquei baqueado quando soube que ela tinha marido. Como não usava aliança, achei que fosse solteira ou quem sabe divorciada. Casada, impossível. Queria um relacionamento profundo e em família.

Convidei César para jantar uma noite comigo e com Helena, mas ele declinou do convite. César não conseguia esquecer Carolina. Meu pai continuava a assessorar os jovens engenheiros e estava feliz com esta atividade. Paola e Eduardo foram para a Europa e ficaram lá todas as férias de julho. Eu continuava trabalhando com nosso maior cliente, Abdul-Malik, e o edifício ia muito bem. Era nosso maior projeto. O que me deixava feliz era ver que a obra avançava cada dia mais e com isso eu esperava o tempo certo para falar com a família Abdul-Malik sobre a ideia da praça. Naquela época eu não fazia a menor ideia do que faríamos lá. O fato é que precisávamos de algo interessante e bonito para marcar aquele local.

Helena, eu a via cada vez menos. Estava às voltas com sua vida e seu famoso trabalho de conclusão de curso, mas muito feliz com os resultados. Sei que Hassan a ajudava e que César também lhe deu uma mãozinha em algumas coisas. Mas era perceptível que ele queria cada vez mais se afastar de nós. Carolina mandava notícias ou a víamos nos meios virtuais sempre que era possível. Não era tão frequente, pois ela estava empenhada nos seus estudos.

Encontrei-me com o delegado Armando casualmente num empório de bebidas, creio também que ele aprecia um bom vinho, mas falamos sobre um telefonema que ele havia me dado. Avisou-me que Jorge e outros presos fugiram durante uma transferência de cadeia. Não houve julgamento e nem nada. Posteriormente foram recapturados seis e outros seis ficaram praticamente carbonizados numa guerra entre os chefões do narcotráfico. Ao falar isso tocou num ponto extremamente delicado para mim:

— Doutor Léo, quando estávamos fazendo o relatório final para o caso do sequestro de sua filha, notamos que a tal mulher, a que participou do sequestro nunca existiu. Por outro lado, quando Jorge depôs, ele disse que queria o dinheiro para ir para os Estados Unidos a fim de ficar com Carolina. O que acha disso?

— Provavelmente endoideceu, ou como diz Carolina, ele é um drogado, não é?

— O comportamento de Jorge, creio, é mais voltado para o lado da psiquiatria do que, propriamente, as drogas que toma. O relató-

Alguns meses depois

rio ficou incompleto, não foi adiante, parou com a morte dele, pelo menos é o que achamos.

— Bem, então podemos considerar o caso do sequestro encerrado?

— Sim, espero que ele não ressuscite, pois achamos que sua filha pode ter sido cúmplice dele. Ela foi para os Estados Unidos, não foi?

— Sim, foi, mas o que você está falando é pura fantasia. Minha filha odeia o Jorge pelo mal que fez à mãe dela.

— Bem, queria apenas colocá-lo a par do que apuramos.

— Agradeço, delegado. Mas isso não tem o menor sentido.

Cumprimentamo-nos. Fiquei pensando e cheguei à conclusão de que era pura fantasia o que o delegado Armando aventou.

Era quase outubro e eu desisti de visitar Carolina, pois estava envolvido com a universidade e o meu trabalho nos cursos com os alunos.

No início de outubro aconteceu algo maravilhoso. Atendi ao telefone e alguém queria falar com Helena, mas ela não estava em casa. Perguntei se queria deixar recado e a pessoa assim o fez. Helena tinha procurado esta pessoa e ela finalmente resolvera contar sobre o seu transplante.

Aquela senhora deixou um contato. No dia seguinte, Helena foi procurá-la e voltou muito entusiasmada.

— Conte-me, Helena, pare de me deixar mais curioso do que eu ando. Quando vai me entregar esta pesquisa com os doentes que foram transplantados?

— Prometi para você, Léo, que logo que eu tivesse a resposta de todos que procurei, eu te contaria.

— Ainda não tem?

— Não consegui ainda a resposta positiva de duas pessoas. Antes estavam faltando três respostas, não significa que...

— Morreram, talvez. Nem todos os transplantes dão certo, sabemos disso.

— Sim, tivemos óbitos, o que não me impediu de entrevistar algum familiar.
— Helena, estou muito curioso e interessado. Preciso saber mais sobre este argumento, melhor, sobre esta realidade. Eu não paro de pensar, deixe-me ver o que você já descobriu.
— Façamos um trato. Esperemos mais uma semana e, se eu não conseguir a entrevista com os dois que estão faltando, vou considerá-los como desaparecidos. Então lhe entrego a pesquisa. Será pronta, provisoriamente pronta. Considerarei terminada, pode ser?

E Helena fez mais uma reflexão, que foi me iluminando na minha busca da compreensão histórica da morte.

— Ontem conversei com a esposa de um cantor muito famoso. Teve um acidente fatal que ficou bem conhecido e ele estava no auge da carreira. Continua fazendo muito sucesso, pois está vendendo muito mais. Mas para ela, tudo era diferente. "Não vou desprezar o dinheiro" – disse ela, a Helena – "seria muita hipocrisia. Mas ele me faz falta. Não sei cuidar sozinha de nosso filhinho. Ele chora e não tenho para quem perguntar; 'será que está com cólicas?'. Tem muitas pessoas ao redor, mas é para ele que quero perguntar. Sei que é subjetivo, que poderia fazer diferente, mas não existe outro caminho. Sou assim e sem ele estou perdida. Até as irritações dele me fazem falta. Tudo é temporal, eu também sei' – e eu fui anotando na mente e tentando decorar estas palavras — repetia Helena — 'mas somos todos temporais'.

Eu vivo conversando com ele, peço-lhe conselhos, falo de nossos projetos, recordo coisas que vivemos juntos. Sinto que ele está presente. Não ouço vozes, pois seu corpo morreu. Sinto, porém, seu espírito bem pertinho, muito perto mesmo.

'Você sabe' – foi continuando, querendo mesmo desabafar – 'vivemos no tempo e como o tempo é muito passageiro, buscamos algo mais perene. Me consola saber que vou estar com ele um dia, como se voltasse de uma turnê mais longa um pouco. Muito mais longa', corrigiu-se. 'Falam até que deixou uma grande herança de família. Mas não é verdade, verdade mesmo é que minha herança está debaixo da terra. Ah', finalizou, e caminhando para a sala de pediatria', 'não publique estas coisas' – ela me viu com o bloco de anotações – 'pode publicar, mas anônimo. Ah, faz como quiser' – sorriu amarelo e desapareceu no corredor.

Voltamos à conversa depois que ficou mais tranquila e eu consegui retomar o discurso.

— Bem, fazer o quê?

— Você jura que não vai me chamar de louca?

— Como assim, Helena? O que você fez?

— Não fiz, vou fazer.

— Bem – olhei carinhosamente para ela – você não é de fazer loucura, diga apenas o que vai fazer.

— Vou dedicar meu trabalho para o Ricardo, Sara e sua mãe, D. Leila.

— Isso é bonito, é nobre, afinal eles estão fazendo parte do seu trabalho, ainda mais o Ricardo que você ainda ama demais e traz tanta simbologia, principalmente por causa do coração de Hassan – falei brincando porque Hassan era o maior incentivador da pesquisa dela.

— Hassan tem o coração dele e está me dando a maior força para fazer este trabalho. Foi ele que conseguiu arrumar os nomes das pessoas e ainda faz parte de uma associação de transplantados, para promover doações.

— Isso é bonito mesmo. Ele é uma pessoa muito especial. Bem, que mais quer fazer?

— Desejo que todos nós possamos ir ao cemitério quando tiver terminado o trabalho pra colocar em cima do túmulo de família, onde estão todos enterrados. Gostaria de ler para eles o que eu ouvi de cada um dos transplantados.

— Por isso que você não quer me mostrar o trabalho?

— Não, eu quero mostrar para você antes. Quero que você o leia e o corrija. Eu lhe peço fazer o que achar que ficaria melhor. Preciso que você leia em primeira mão.

— Está bem, logo que você me entregar, eu lerei, mas não vou corrigir nada. Vou respeitar quem falou e você o que escreveu, contemplando, entendendo e interpretando seus testemunhos.

— Como você quiser – reforcei – será como diz...

Uma semana depois desta conversa e esperando que Helena me entregasse logo a pesquisa, recebi um convite de casamento de um dos nossos clientes. Fui a um shopping para comprar um presente e mandei entregar, com votos num cartãozinho. As secretárias, principalmente a Carmem, fazem com muita maestria, mas eu mesmo quis fazer este gesto artesanalmente. O fato é que eu estava cansado de ficar no escritório e resolvi andar um pouco.

Depois de ter escolhido um vaso de cristal bem bonito, feito os arranjos de sempre, saí com vontade de tomar um café. Foi o que fiz.

Quando estava na fila para comprar a ficha, olhei e vi Gabriela, bonita, mais bonita ainda, elegantemente trajada. Não resisti e a cumprimentei

Ela deu um sorriso muito bonito e a convidei para sentar-se comigo à mesa.

— Não posso demorar muito – disse ela – preciso tratar de alguns documentos. Vou aceitar um café, como você sugeriu, ainda que apressadamente.

Sentamos numa das mesinhas e em seguida nos serviram.

— Tenho uma notícia para você.

— Diga – perguntei curioso.

— Vou voltar o ano que vem para a universidade.

— Sério? Mas que bom.

— Vi os horários e notei que nossas aulas são no mesmo dia. Vou ficar no lugar do Professor Fernandes Lemos Camargo, que foi meu orientador de doutorado e vai se aposentar.

— Nossa, sua volta é algo muito bom. Você é uma profissional famosa, competente e sua presença vai enriquecer a universidade.

— Como fui muito amiga dele, eu o substituía sempre que ele precisava. Dava suas aulas, quando ele ia ministrar palestras ou viajava.

— Fico feliz por você.

— Eu também estou feliz em voltar. Tive um ano muito difícil e você deve saber a razão. Meus colegas mandaram uma coroa de flores por ocasião do falecimento de meu marido, há quase três meses atrás.

Eu não sabia que o marido dela tinha falecido. Quem vive numa empresa, numa universidade sempre que acontece alguma coisa assim alguém fica encarregado de arrecadar o dinheiro de cada um e fazer o que precisa. Como ia na universidade somente uma vez por semana, quando a secretária diz que devemos fazer alguma coisa, eu apenas cumpro a minha parte. Desta vez eu nem sei se colaborei ou não, eu não sabia de nada. Procurei imediatamente me justificar:

— Vou uma vez por semana na universidade. Bem que eu queria fazer-lhe uma visita, mas nem ao menos eu soube. Infelizmente, não temos uma amizade tão próxima.

— Na realidade eu vou ser, a partir de agora, do quadro docente da universidade. Até o momento sou apenas uma substituta e realmente, tirando o Professor Fernandes, não tenho amizade com ninguém.

— Desculpe perguntar, mas ele faleceu do quê?

— É muito triste isso, Léo, meu marido estava com distrofia muscular de Steinert.

— Desculpe, Gabriela, distrofia muscular eu sei o que é. Mas o que quer dizer "de Steinert"?

— É uma das variantes. Pesquisei bastante. Meu marido foi adotado, não se sabe se é hereditário. A partir do momento em que começou o problema nas faces e depois pelo corpo todo com mil implicações no organismo, ele viveu seis longos anos. Sofreu muito, muito, muito mesmo. Que horas tristes.

— Que horror, não há cura?

— Não, não tem. Viveu vários anos na cadeira de rodas. O último foi terrível. Eu me casei com trinta anos e ele tinha trinta e cinco. Dois anos depois do casamento começaram os problemas. Nos últimos anos, ele tinha dois enfermeiros. Foi um processo tão longo e tão dolorido para um homem que morreu aos quarenta e um anos. Nem falar mais ele conseguia. O coração foi enfraquecendo até que parou. Ele morreu dos problemas que a doença traz. É algo terrivel e não desejo a nenhuma família que passe por este vale de aflições.

— Entendo, você ficou cuidando dele todos este tempo e ainda fazendo as maravilhas que faz na arquitetura.

— Eu precisava trabalhar, ele recebeu uma aposentadoria por invalidez que não pagava nem os remédios que precisava tomar. Meus pais ajudaram bastante, os pais dele não têm condições financeiras, são pobres e é interessante porque eles o adotaram e lhe deram a melhor educação possível. Tenho pena deles por tudo que aconteceu, muito sofrimento. O pai ficava todos os sábados com ele. A mãe ficava duas manhãs por semana na folga dos enfermeiros.

— Eu sinto muito.

— Você é viuvo, não é isso?

— Sim. Por minha própria experiência, posso fazer uma ideia do que sofreu.

— Do que sua esposa faleceu?

— Ouvindo todo o seu sofrimento, cuidando do marido desta forma, sinto vergonha em dizer do que ela morreu. Esta é uma história muito longa, mas eu resumo numa palavra: suicídio – disse meio envergonhado — Mas tudo é morte, não?

Não, por certo não, pensei comigo mesmo.

— Meu Deus, também não deve ter sido fácil.

E, num instante, ela contou a história de um amigo dela. 'Parecia que estava bem e tinha motivos de sorte para viver. Mas nos abandonou, diante dos problemas. Sua esposa tinha dito: a cruz era de nós dois, mas ele não quis mais carregar, me deixou sozinha com o fardo. Foi triste e com certa humilhação. Tinham problemas, como todo mundo, mas tinham filhos que, é o bálsamo para suportar as tragédias grandes da vida. Mas, no meio da vergonha, ele se suicidou. Não é simples, a gente fala que ele morreu e troca de assunto, pois as pessoas logo perguntam de que morreu, sobretudo porque morreu muito jovem. Suas crianças tinham pouco mais de dez anos. Vejo outras mães que contam sobre a morte de seus filhos com mais orgulho, contam detalhes, falam deles como heróis, como nobres. Tem uma mãe que vive contando que seu filho morreu sufocado pela fumaça, mas conseguiu salvar uma criança num incêndio. Até falava do choro da criança e como foi socorrida. Tornou-se um mártir na cidadezinha. Meu filho é diferente, morreu num suicídio – tive vontade de perguntar, mas cometeria o erro de todo mundo, assim, me segurei – Meu Deus — seguiu ela – por que ele fez assim conosco?"

Fiquei me perguntando por que Gabriela, tão reservada e sem estilo discursivo na sua personalidade, discorreu sobre este argumento. Creio que vivia esta sensação ou talvez respondia a alguma indagação minha, que lhe revelei sem querer.

— Temos que percorrer nosso caminho, Gabriela, nem sempre é como queremos.

— Faz tempo?

— Quatro anos. Por vezes, tenho a sensação de que foi esta manhã e outras vezes, parece que as imagens se perdem no tempo. Mas ficaram as memórias, as marcas dos acontecimentos. Falamos de sua vida e mesmo de sua morte, mas saltamos as narrativas sobre as circusntâncias de sua morte. Ainda tento perdoá-la pelo que fez. Nos deixou esta herança e é preciso grandeza de alma para superar a dor; mais que dor, esta mágoa.

Gabriela olhou para o relógio e disse:

— Léo, desculpe, mas preciso ir ou vou chegar atrasada nos meus compromissos.

— Posso convidá-la para jantar, para conversarmos mais sobre isso. Será uma forma de terapia, o que acha?

Me senti um tolo. Chamar um encontro de amigos de terapia; me senti ridículo. Ela percebeu e deu um salto por cima.

— Tem um cartão de visitas?

Tirei um do bolso e lhe entreguei.

— Eu ligo para você, Léo, logo que houver possibilidade. Haverá de ser breve.

— Aguardarei.

Nos despedimos e eu fiquei imaginando se ela voltaria a ligar para mim. Gostaria tanto que entendesse que simpatizei por ela desde a primeira vez que a vi. Não tinha nem ideia de que estava sofrendo tanto.

Fico questionando a morte com o que aconteceu. Tanto sofrimento, tanta dor e depois vem nos buscar, por que não leva logo, porque fica ao lado da pessoa até que esta se entregue e diga "estou pronto, pode me levar".

Recordo ainda as palavras de Gabriela, carregadas de dor e de importância. – "A hora da morte é uma queda. Quando gritamos, ninguém ouve, quando precisamos dos vivos, recebemos os mortos. Mas são as dores silenciosas, os dramas pessoais e as tristezas prolongadas as forças secretas da morte. Nem sempre são escolhidos aqueles que estão preparados, pela dor e pela maturidade diante do adeus. Por isso, devemos estar sempre prontos. Tanto para conviver com a morte, como também para lidar com a vida que se segue a ela".

Notava em Gabriela uma grande tristeza e também resignação. São dois sentimentos mais maduros, que compõem o verdadeiro luto: tristeza e resignação. Tristeza pela saudade, e resignação pela esperança.

Anos e anos de sofrimento e as pessoas sabendo que vão morrer, os familiares fazendo o possível e o impossível para cuidar, endividando-se e sofrendo simultaneamente.

Quando eu conto que minha mulher se suicidou, me desconcerto. Na verdade, sinto um pouco de vergonha de sua história. Fico com a impressão de fracasso, que eu não soube cuidar dela. Envergonho-me com a hipótese de que fui destituído de qualquer coisa de sentimento e não percebi sua dor.

Comunguei o sentimento de Gabriela, quando lamentava de não perceber a dor, a morte que ronda. Pode ser falta de sensibilidade. Fiquei me sentindo na cegueira, pois não percebi a escuridão dos olhos de Sara que perdia, pouco a pouco, a luz.

É ruim, ruim demais. Eu me recordo de nossa empregada que teve vergonha de dizer que o filho morreu porque ele era um bandido. Eu não fico atrás, eu tenho vergonha de dizer que Sara se suicidou. É horrível. Tão triste, meu Deus. Se Sara tivesse tido uma doença e fosse morrendo vagarosamente como o marido de Gabriela, seria mais fácil ou mais penoso do que o suicídio?

Saí com a cabeça girando por testemunhar tanta dor. Uma pessoa tão maravilhosa como ser humano e sofrendo tanto.

Mas a conversa de Grabriela me consolou. Como é grande a solidariedade na dor. Se a vida nos faz irmãos, muito mais a dor nos aproxima. Que mais pode nos unir que a morte?

Eu me senti muito mal depois de conhecê-la, quando fiquei sabendo que era casada e amava muito seu marido. Imagina, desejei que não fosse. Santo Deus, como somos egoístas na vida. Pedi a Deus desculpas e até me senti meio indecente, mesmo sem querer. Foi como se eu ofendesse o marido doente. Somos egoístas mesmo. Agora a vejo sozinha e meu coração sente ímpetos de convidá-la para conversar. Pobre Gabriela, mal enterrou o marido e, apesar de tanto sofrimento, eu querendo que o sepulte bem rapidamente porque a desejo. Por vezes, leva meses um sepultamento e pode mesmo demorar anos. Que Deus me perdoe ou me ajude, mas ela é exatamente o que eu sonho para ter como companheira de vida.

Meu Deus, como sou miserável. O coração realmente não escolhe suas razões, apenas sua realização.

Voltou-me à lembrança a mãe de Luciano, quando éramos jovens. Todos caminhávamos felizes, depois de uma festinha de amigos. Um carro, dirigido por um homem embriagado, subiu na calçada e como ele era o que estava mais perto da rua, foi o único atropelado mortalmente. Faleceu na mesma noite e foi grande a comoção. Por anos, sofremos o trauma daquele acontecimento trágico, o sangue, os gritos e a raiva. Tudo foi passando aos poucos e, meses, mesmo anos depois, sua mãe, que sempre nos acolhia com bolos e refrigerantes, nunca mais nos recebeu em sua casa. Nós éramos a lembrança viva de uma dor inextinguível. Dizem que ela ficava revoltada quando nos via em danças ou em festas. Não suportava nossas risadas, nossas brincadeiras e nossa alegria. Mesmo nós, parece que tínhamos remorso de continuar vivendo, quando nos lembrávamos de nosso amigo que foi eleito pela morte. Rezo muito pela Dona Joana. Não apenas vive em luto, mas se sepultou com o filho.

As anotações de Helena – Leila

MINHA MÃE FOI a primeira a morrer. Já se vão cinco anos desde sua morte. Ela tinha na ocasião sessenta e três anos. Após o choque da morte por acidente, foi-nos solicitado que doássemos os órgãos, apesar da sua idade. A fatalidade nos colocou três vezes diante da doação, pois três dos nossos entes queridos tiveram morte cerebral.

Concordamos e nunca soubemos o que foi feito. Na realidade era tudo tão dolorido que nunca quisemos tocar neste assunto e revolver os fatos.

Li as anotações de Helena sobre minha mãe. Resolvi transcrever apenas os fatos que creio fundamentais para compreender os sentimentos.

Normalmente, na condição do paciente que chega à morte encefálica, os órgãos podem ser todos aproveitados para transplante. Uns são considerados comuns, outros mais complexos e exigem cuidados especiais. Alguns pacientes receptores não sobrevivem e morrem devido a sua debilidade física ou posteriormente quando há rejeição. Raramente se encontra um novo órgão tão rápido e, então, perde-se a corrida pela vida.

O processo de doação e captação de órgãos não é tão simples. Primeiramente, a família é informada da possibilidade de doação e, caso haja anuência, uma série de exames são feitos para confirmar o diagnóstico. A notificação da morte encefálica é obrigatória por lei.

A Central de Notificação, Captação e Distribuição de Órgãos (Central de Transplantes) é notificada e repassa a informação para uma Organização de Procura de Órgão (OPO) da região. A OPO se dirige ao hospital e examina o doador, revendo a história clínica, os antecedentes médicos e os exames laboratoriais. A viabilidade dos órgãos é avaliada, bem como a sorologia para afastar doenças infecciosas e a compatibilidade com prováveis receptores.

A OPO informa à Central de Transplantes, que emite uma lista de receptores inscritos, compatíveis com o doador. Cabe à equipe médica decidir sobre a utilização ou não do órgão.

A conversa com a família sempre é muito delicada. Imediatamente são identificados e chamados os candidatos ao transplante. Vamos falar de Esther, a evangélica que transplantou o fígado de minha mãe. Ela foi chamada na madrugada e se dirigiu ao hospital. Foi preparada para a cirurgia. Logo após amanhecer foram desligadas as máquinas de suporte de vida. As equipes levaram para diversos destinos os órgãos para serem transplantados.

Na história de Esther, logo que o fígado chegou, ela se encontrava quase anestesiada e a equipe cirúrgica pronta para iniciar os procedimentos. O que se passa na sala de cirurgia é a troca de um coração, fígado, enfim, algum órgão doente por um órgão saudável. Mas as implicações estruturais saltam as paredes dos hospitais. Normalmente são pessoas com menos de cinquenta anos que são os doadores.

Esther estava tão mal que talvez não vivesse mais do que uma semana. Assim, a equipe optou por pegar o órgão de minha mãe, apesar de ela ser mais velha do que Esther. E Deus assim quis que acontecesse o milagre. Esther ficou boa, o fígado estava em boas condições e ela se encontra fazendo o pão da ressurreição. Nunca me esqueço da alegria do meu pai.

É importante saber que o receptor e o doador precisam ser compatíveis. Devem estar felizes, cumprindo uma ação nobre, uma alegria divina. Se triste é perder um órgão, mais triste é perder o caminho da paz.

No caso de minha mãe, vários orgãos serviram para transplante. Um dos rins foi para Rui, um senhor de sessenta anos. Ele estava em processo de diálise e, segundo os médicos, não teria muito tempo de vida se não fizesse rapidamente o transplante.

Rui fez um grande depoimento. Escolhi algumas partes para não ficar enfadonho. A cada frase, olhava para sua esposa. Pedia confirmação e aprovação a ela. Seu nome não estava na pesquisa.

"Quando criança, tive um problema renal. Como naquela época os exames não eram realizados com ressonância magnética, demorou para ser descoberto que eu tinha somente um rim saudável. Fiz faculdade, casamos – e olhou para a esposa — tivemos filhos e temos duas netinhas e tudo parecia normal na minha vida. Comecei com uma cólica renal e, mesmo depois de vários tratamentos, os problemas passaram a se manifestar com uma violência insuportável. Os exames eram evidentes e o que houve foi um processo de necrose. Transplante ou a morte". Suspirou e a mulher apertou sua mão. "Nas últimas semanas, fazia hemodiálise e achava que o fim havia chegado. Eu já estava hospitalizado e o médico me disse que o rim era de uma senhora um pouco mais velha. Era isso ou nada – olhou para o céu. Eu agradeci a Deus pela nova chance e só me lembro que, quando acordei da cirurgia, me disseram que estava tudo bem. Não tive nenhum problema de rejeição, nenhum. Somente quem passou por isso pode dizer. Eu chorei como uma criança, estava vivo e não precisava mais fazer diálise. Poderia ainda viver normalmente com minha família. Percebi o que era, nada foi inventado. Na iminência da morte, descortinamos as graças da vida, o sol, as flores, o amanhecer e sobretudo, as pessoas, os amigos, a família. Tem Deus e eu acredito. Agradeço muito a Deus este milagre".

As descrições da Helena eram geniais, traziam as falas, gestos, símbolos e mesmo os suspiros. Foi assim que fiquei sabendo que o segundo rim foi destinado a um senhor chamado Ibrahin, judeu, de cinquenta e três anos. Helena foi até o endereço e somente uma pessoa se lembrava dele, disse que se mudara de lá e a pessoa não soube informar mais nada. Talvez tenha vindo para cá apenas para se cuidar, e tendo o rim transplantado retornou para sua casa, talvez muito distante.

A morte reabre fronteiras, refaz endereços e encurta espaços. As córneas foram para um rapaz chamado Carlos, que trabalhava com informática e estava cada dia mais cego. Nos últimos meses, quase não enxergava mais nada e sua visão foi se turvando gradativamente. Seu relato é muito simples, mas esboça um sentimento espiritual elevado, a fé.

"Quando o médico me disse que a infecção que havia tomado o ouvido e tinha emigrado também para os olhos, eu fiquei muito preocupado, próximo do desespero. De um ouvido eu fiquei surdo, mas do outro eu posso ouvir ainda um pouco. Pior, muito pior, a visão foi indo embora dos dois olhos. A sensação de ficar surdo e cego é horrorosa. Pedi a Deus que me deixasse surdo, mas não cego. Não que eu quisesse a surdez, mas dava a Deus opção, como se isso fosse possível.

Aos poucos eu comecei a ouvir, a surdez ficou apenas num ouvido. Fiquei cego, mas um transplante de córnea poderia me reabilitar. Rezei como nunca. Logo eu que não era devoto de nenhum santo. Rezamos juntos. Na agonia a dor desperta nosso sentimento religioso mais profundo. Reacendemos nossa fé. Rezei, rezei, rezei – repito o quanto rezei, para evidenciar minha aflição e minha esperança em Deus. Minha mãe me disse para rezar para Santa Luzia, protetora dos olhos e eu fiz isso durante meses. Participei da procissão numa capela da Santa. Fui chamado para o transplante e eis-me aqui. Esta graça eu devo ao doador da córnea. Agora enxergo novamente. Depois de tanta escuridão, voltou a luz dos olhos e ganhei a luz da fé. Não sabe o quanto eu sou agradecido a Deus e esta santa. Agora que sei o nome de quem me doou a visão de volta, seu nome é Leila, eu vou rezar para ela também".

A segunda córnea foi doada para um mecânico chamado Toshiro. É um japonês de trinta e dois anos, praticante do budismo. Teve um problema ocular, a tal ceratocone, e foi ficando cego dos dois olhos. Falou de seu desespero, porque precisava lavar os olhos milhares de vezes por dia. Foi chamado para o transplante e voltou a enxergar. "Meus olhos foram como os faróis de um carro que a bateria foi ficando fraca e acabou. Plena escuridão e a alma também se escureceu. Horrível sensação de que talvez nunca mais visse meus filhos e minha mulher. Andava com medo de cair, perdi a fome, perdi a vontade de viver. Mais que tudo, fiquei taciturno. A oficina era meu ganha pão. Convidei meu irmão para cuidar dos serviços e não sabia direito o que fazer. Mal dava para nos sustentar. Tudo o que eu havia construído estava acabando para mim. Mais que a pobreza, escapava-me a graça de viver. Numa noite, fui chamado e fiz a cirurgia. Aos poucos voltei a enxergar novamente. Foi como um sopro de vento que desanuviou a paisagem. Desneblinou o mundo ao meu redor. Olhei meus filhos, minha mulher, meus amigos. Até minha oficina me excitava o espírito. Recomecei a viver, a trabalhar e cada vez mais agradecer por ter saído das trevas para a claridade".

Minha mãe possibilitou a recuperação da vida, para Esther, Rui, Ibrahin, Carlos e Toshiro. Apesar de seus sessenta e três anos, possibilitou a pessoas mais novas do que ela a oportunidade de recomeçarem a viver e realizar seus sonhos. É a magia da vida, por meio dos cientistas e da oblação de pessoas generosas.

Depois que li todas as pesquisas em torno da "herança sagrada" de minha mãe para estes anônimos e agora revelados seres humanos, me senti como parte de um grande mistério de Deus.

Na vida, existem mistérios que serão sempre difíceis de entender. Buscamos explicações sem cessar, fundamentados em nossa fé, nossas convicções, nosso próprio coração.

Notam-se muitos detalhes na pesquisa de Helena, sobre nomes e características de cada enfermidade que levam a pessoa ao transplante. Abandono estes detalhes e nomes. Para alguém talvez importem. Quero somente a história, porque minha mãe fez parte dela. É a construtora desta realidade.

XXI

As anotações de Helena – Sara

MINHA ANSIEDADE CRESCIA muito e meu coração palpitava quando Helena entregou as pesquisas sobre minha mãe. Li o texto, revi e alguns trechos li diversas vezes. No dia seguinte fui jantar na casa de meu pai. Paola havia resolvido preparar um jantar, exatamente como minha mãe ensinou. Lembramos dela com amor, revivemos sua memória, partilhando a lembrança dos almoços dominicais que minha mãe sempre fazia. Paola aprendeu com ela, com sua paciência e paixão.

São heranças que ficam de nossos entes queridos. Minha mãe nos deixou muitas e muitas lembranças. Somos parte do que nos ensinou.

Os mortos sobrevivem em nossas ações, em nossos hábitos e em nossos menores gestos. Contei-lhes o resumo que escrevi. Detalhes secundários apenas fazem com que a história se alongue. Queremos conhecer o essencial e suas motivações. Antes as motivações pessoais, depois os sentimentos das pessoas envolvidas no desencadeamento dos fatos.

Ficamos felizes em saber que ela, que sempre procurou ajudar os outros e fez tanto pela família, depois de morta ainda fez o bem. Mais felizes ainda, porque mesmo depois de atravessar o 'rio da vida' continua na prática do bem. Que orgulho será dizer que ela vive em outros corpos. A morte ganha novas graças e o espírito transcende.

Nos emocionamos com algumas partes desta outra história, mas aprendemos a lidar com isso com tanta leveza e amor que nos faz um bem enorme saber que nossa família contribuiu para que outros pudessem reviver. Buscamos sentido para a morte ou compensações para nossas derrotas. É o jogo das sutilezas de nossa razão. Procuramos ainda redesenhar o rosto da morte, bem diferente daquele que se imprime no velório. Entendo, assim, porque cuidamos dos corpos dos falecidos antes do sepultamento. Cada vez se faz mais claro que precisamos lidar com mais naturalidade com este misterioso momento da vida humana.

Depois desta conversa séria e cheia de interrogações, estávamos mais leves e sentimos o quanto minha mãe foi tão especial para este mundo.

Mais tarde jantamos as delícias preparadas por Paola. Conversávamos, meu pai e eu.

— Estou trabalhando com os meninos

— Os jovens engenheiros — precisei.

— Eles estão muito felizes comigo. Voltei a ter contato com alguns clientes da minha época. Acredite, três deles deram trabalhos para o escritório.

— Que bom, pai – disse eu – é uma volta e tanto ao trabalho.

— Isso não é nada – disse Eduardo – seu pai está ganhando dinheiro e agora vai fazer uma nova viagem.

— Olha só, pai, você não me contou isso.

— Vou fazer a viagem, mas depois do inverno europeu, nada de passar frio, quero desta vez ir com calor, andar pelas ruas, acho que vou em maio ou junho do próximo ano.

— Que bom, pai, que está pensando em algo para o ano que vem. Muito bom mesmo.

— E você, quando é que vai trazer uma namorada para nos conhecer?

— Namorada eu não tenho. Bem que gostaria, acreditem, conheci uma arquiteta. Ela é viuva e sofreu muito na vida, sobretudo a enfermidade do marido. Vamos deixar passar um pouco o tempo, por enquanto é uma amiga. Está trabalhando comigo na universidade.

— Já é um passo, meu filho. Você é muito novo para ficar viúvo. Sara era uma boa moça, mas com a cabecinha sonhadora nos deixou. Precisa recomeçar.

— É, pai, quem sabe! Estou pensando em convidá-la para a nossa ceia de Natal. Tem tempo, muito tempo ainda.

— Pode convidar, convide. Este ano será aqui em casa – disse Paola.

— Certo – confirmei.

— Como está a minha neta? – perguntou meu pai.

— Linda, pai, e como sempre, estudando muito e feliz.

— E o César não foi atrás dela? – perguntou novamente.

— Não.

— Então não a ama, se amasse iria atrás e ficaria pertinho dela. Esta história de ter que casar e arrumar filhos é meio antiga.

— Caramba – disse eu. Nem pensei nisso e vejo que você está mais moderno que todos nós.

— Sou um velho vivido, experiências da vida.

Rimos bastante. A noite foi agradável. Voltei para casa e conversei com Helena a respeito das pesquisas sobre minha mãe.

— Léo, leia agora as anotações sobre Sara — disse ela, muito cansada. Leia todas as pesquisas e conversaremos amanhã.

— Está bem, Helena. Tenha uma boa noite, descanse bem.

— Obrigada, Léo, vou dormir. O ano está terminando. Prepare-se para a minha formatura.

— Vou comprar um terno novo, brinquei.

Ela sorriu e foi para o quarto.

Li pausadamente as pesquisas que diziam respeito a Sara. Sobretudo com muita atenção. No dia seguinte, levei comigo as folhas e voltei a ler alguns itens.

Pensei em escrever alguns detalhes que me marcaram, mas os dias seguintes foram agitados e eu não consegui resumir a pesquisa com as narrativas referentes às doações de órgãos de Sara. Tristeza falar de doação, quando se trata de uma pessoa tão íntima. Não são apenas órgãos, são partes de uma vida.

No meio da minha confusão de trabalho, o telefone toca insistentemente. Atendo sem saber quem me chamava.

Surpresa absoluta, era Gabriela. Fiquei muito feliz com a ligação, pois esperava ansiosamente por este momento, que não sabia quando seria, mas que tinha chegado.

— Como vai, Gabriela?

Ela conversou meia hora comigo. Parecia que já éramos amigos de longos anos. Na realidade ela precisava de uma informação referente a uma empresa, para a qual fizemos um trabalho. Agora estavam pedindo um orçamento para o escritório em que ela trabalhava.

Trocamos todos os dados referentes ao orçamento. No final, eu não suportava mais a vontade de convidá-la para almoçar. Fiz isso com muita naturalidade.

— Estou ocupada com reuniões e trabalhos, mas deixa eu ver aqui – disse ela e demorou um minuto para voltar. Posso na sexta-feira, e acrescentou quase afirmando, mas perguntava — pode ser um jantar em vez de um almoço?

— Claro que sim – falei até mais entusiasmado do que queria – pode ser. Assim podemos conversar sobre muitas coisas.

Combinamos então de nos vermos na sexta-feira. Ela marcou o restaurante e eu disse que era muito bom.

Para mim, poderia ser em qualquer lanchonete. Não faria diferença nenhuma. Nesta noite, mais entusiasmado, terminei as anotações que fiz em relação a Sara.

Para tristeza minha, devido à overdose de medicamentos que Sara tomou para colocar fim à sua vida, seus rins não puderam ser doados. Foram descartados.

As córneas foram aproveitadas. Uma delas foi transplantada em um menina de quinze anos que estava sem enxergar há quase oito anos. Seu depoimento é muito bonito, fiquei impressionado pela leveza com que falou do transplante:

"Não me lembrava mais como as cores são tão bonitas, pois eu fiquei muitos anos sem enxergar, na escuridão. Quando a gente é criança, não sabe bem o que acontece. Me recordo que eu dizia que não estava enxergando bem e acharam que eu precisava de óculos. Depois de exames e mais exames, descobriram que era coisa séria e foi tão rápido que não deu nem para me preparar para ficar cega".

A narrativa era dolorosa até para ler, mas fui seguindo a leitura, tentando desgustar a emoção. Não sei como a gente se prepara, uma vez que adiamos sempre a consumação dos fatos, tentando empurrar o destino para mais distante. Como na morte, mesmo que nos sintamos na sua soleira, suplicamos mais um dia de clemência e temos esperança de que teremos a graça de amanhecer mais uma vez.

E continuei a ler, pausadamente: "Foi horrível, quando eu levantava de manhã, minha mãe e minha avó tinham que me ajudar em tudo. Ia para a aula e fui obrigada a aprender braile. As escolas que não tinham salas especializadas não me queriam. Foi um período confuso até que uma escola me aceitou. Passei novamente por um tratamento; perdi aulas, perdi amigos. Somente o transplante ia resolver. Demorou anos devido a uma meningite. Tudo ficou muito complicado e no fim eu acabei indo morar com minha avó porque minha mãe precisava trabalhar para sustentar a família. Meu pai foi embora de casa quando eu fiquei doente. Um dia minha mãe foi me ver e levou um oftalmologista com ela. Ele olhou, viu os exames, examinou meus olhos e pediu uma série de novos exames. Disse que ele faria o transplante, que daria certo. Assim foi. Quando fui chamada para fazê-lo, eu morria de medo que não desse certo. Era uma chance em mil, meu Deus. Ele conseguiu fazer e hoje estou enxergando bem. No futuro, se houver possibilidades, ele quer que eu faça do outro olho. Se não fizer, não importa muito. Com uma vista, eu já vejo a beleza da vida, das cores, eu adoro azul e fico olhando para o céu o tempo todo. Quero aproveitar bem cada instante. Olho demoradamente as coisas, para ter a sensação do olhar. Ficou aquele medo que posso perder tudo novamente. Tive a experiência da perda, como a uma mãe que perdeu um filho e tem medo de perder o outro. Agradeço muito ao Doutor Mellantônio que me operou, minha avó que cuidou de mim todos estes anos. São instrumentos de Deus e a Ele agradeço sem cessar. Hei de nunca mais perder o sentimento de gratidão. Meu pai era umbandista, minha mãe foi católica, espírita, evangélica e tantas mais. Viveu mudando de religião, buscando milagres. Minha avó é católica, ela me ensinou a rezar, me levava com ela na igreja e tinha um padre chamado Almir que dizia que eu voltaria a enxergar. Sempre rezava comigo. Ah... (sempre Helena ouvindo, normalmente tudo gravado), meu nome é Elaine".

A outra córnea ficou para uma senhora de quase cinquenta anos chamada Esperança. Ela contou que nasceu com um problema no olho direito e viveu assim até os quarenta e poucos anos. Estava nadando numa piscina e de repente um rapaz, acidentalmente, se chocou com ela dentro da água. Afetou justamente o olho bom. A partir daí sua visão se transformou num borrão. Foi assim que ela descreveu. A única solução era o transplante, pois o outro olho já trazia problemas de nascença. Conseguiu fazer o transplante e voltou a enxergar como antes. Foi um período difícil, mas tinha tanta certeza de que voltaria a enxergar que esperou pacientemente até ser chamada para o transplante. Disse que seu nome Esperança reforçou sua personalidade. Sempre nutriu esperança de fazer as coisas independentemente de sua visão. Fez advocacia, mas nunca trabalhou com as leis. Entrou num concurso público na área da Polícia Federal e pensa trabalhar até sua aposentadoria. Tem somente um irmão e nunca casou. Para proteção mútua, mora com uma amiga que a socorreu quando esteve toalmente cega. Disse que é católica, mas não frequenta a Igreja. Ah, disse sorrindo que gosta muito do Papa.

Quando comecei a ler sobre quem recebeu o coração de Sara, tive uma sensação tão maravilhosa que liguei para o transplantado. Pedi para conhecê-lo. Falei da pesquisa de Helena e contei-lhe que era o marido da doadora. Eu somente queria conhecê-lo, nada mais. Bem, se ele concordasse em conversar um pouco comigo, com gosto, sem constrangimento.

Aceitou contente e disse ter ficado feliz. Senti nas suas palavras coisas boas e pouco depois estava com ele.

Parei meu carro no pátio da Igreja e dirige-me à casa paroquial que ficava no final do imenso terreno. Apesar de lá ser o fundo da casa, o padre havia me dito que era uma rua difícil de estacionar. Disse para tocar a campainha e ele viria abrir a porta dos fundos. Assim poderia estacionar sem problemas.

Ele abriu a porta e se apresentou:

— Sou o Padre Oswaldo. O senhor deve ser o senhor Léo?

— Sou apenas Léo. É um prazer conhecê-lo, Padre Oswaldo.

— Creio que meu prazer é muito maior, Léo. Entre, por favor.

Oswaldo é de estatura baixa. Tive a sensação de que era da altura de Sara. Tinha porte magro, com um aspecto muito bom, alegre e simpático.

Convidou-me a tomar um café na própria cozinha. Esta porta se abria para o pátio da igreja, e a porta de entrada da casa dava para a rua.

— É prática esta porta. Quando vim para cá, ela não existia. Você não vai acreditar, mas cheguei num ponto de tanta fraqueza, que não conseguia mais andar de casa para a igreja. Mandei fazer esta saída de emergência, pois era emergência sair e chegar aqui – disse e riu contente.

— Como o senhor está hoje?

— Para um jovem de sessenta anos, recém-completados, estou muito bem. Há quatro anos que este novo coração bate em meu peito.

— Fiquei muito feliz que o senhor me recebeu, padre. Eu precisava conhecer quem ficou com o coração de Sara.

— Pegue sua xícara e vamos sentar na sala.

Cada um pegou sua xícara e fomos até a sala. Padre Oswaldo contou que teve problemas cardíacos, os quais começaram com a válvula e acabaram no transplante. Na realidade, ele fez três cirurgias cardíacas e na última "trocou" o coração. Achou que devido à idade não sobreviveria, mas um de seus paroquianos, um cardiologista, o conveceu a entrar na fila de transplante para que pudesse viver mais alguns anos. Ainda era cedo para ir para Deus, sempre lhe diziam os paroquianos.

Disse que, mesmo muito mal, celebrava, com a ajuda de um ministro, sua missa diária. Creio que deve ser uma pessoa muito amada pela comunidade, pois todos queriam ajudá-lo. Ele somente foi para o hospital quando ficou muito doente e sentiu que estava morrendo. Algumas semanas depois, apareceu o novo coração para ele. Um presente do céu, confeccionado na terra, nas suas palavras.

Achei sua frase de uma poesia belíssima. Me perguntei se ele inventou ou leu nos seus grandes livros de estudos seminarísticos.

Ele não sabia nada sobre Sara, apenas que a doadora tinha tido uma morte encefálica e que a família havia autorizado a doação dos órgãos.

— Sua esposa morreu, exatamente, do quê?

— Ela estava com depressão, tomava muitos medicamentos e acabou tendo um choque anafilático. Não sei explicar melhor, sei que entrou em coma, e depois para a morte cerebral. Não quis contar-lhe a verdade e menti. Achei que seria melhor para ele. Foi o que pensei naquele momento. Além de tudo era padre e se eu contasse que Sara suicidou-se seria desconcertante para ele saber que seu coração veio de uma suicida. Pedi desculpas a Deus por ter-lhe mentido, mas como poderia contar a verdade a este santo homem? Todos sabemos que a verdade vale ouro e nunca devemos dizer mentiras. Mas sabemos também que algumas verdades fazem mal e destroem amizades, relacionamentos e dificultam a existência. Assim, a verdade para os doentes é sempre uma opção; dizem que é bem subjetivo. Neste quesito, a morte tem melhor sorte. Ela é sempre real e verdadeira, não deixa dúvidas.

— Eu rezo todas as noites pela sua alma. Agradeço a Deus por estar ainda vivo, cumprindo minha vocação sacerdotal e minha missão com o povo.

Acho que Deus não vai ficar zangado comigo por ter mentido sobre a morte de Sara. Na verdade, percebi que no fundo ainda eu tenho vergonha de como ela morreu.

Contei-lhe que Sara era uma atriz que não teve muito sucesso. Incrível, mas ele gostou da história dela. O café estava tão bom que repetimos e teríamos ficado conversando mais tempo não fosse uma reunião que ele tinha com um dos seus grupos de trabalho. Creio que era a pastoral da acolhida.

Abraçamo-nos. Ao contrário de Hassan, que fazia do seu coração uma reunião apaixonante, com o Padre Oswaldo foi um encontro mais espiritual.

O caso seguinte foi de uma senhora que esperava um novo transplante, ou melhor, um retransplante. Uma junta médica recomendou que ela precisava fazer um segundo transplante. Aconteceu o que mais preocupa os pacientes e os médicos: houve rejeição do organismo ao fígado transplantado.

Apesar dos remédios e principalmente dos antibióticos de última geração, a senhora estava há meses com dois drenos biliares externos, que eram ligados ao fígado. Bem se sabe que isso favorece muito o risco de infecções.

Assim, era a segunda vez que ela fazia o transplante. E assustava, pois era um risco total de vida. Orações e mais orações, mas ela estava realmente morrendo, era a última esperança. Os exames constataram que tudo era compatível. Ela ficou bem depois do transplante e voltou para casa. Não poderia ter uma vida normal, mas com cuidados ainda poderia viver alguns anos.

Maria Rosa era seu nome e a filha Dayse foi quem deu as informações para Helena. A mãe viveu mais três anos com o fígado de Sara. Segundo Dayse, ela teria vivido poucas semanas, se não tivesse feito este segundo transplante.

Tereza, de quarenta e oito anos, recebeu o pâncreas. Infelizmente, teve complicações diversas que levaram ao óbito.

Depois de ler toda a pesquisa sobre Sara, fiquei pensando nestas pessoas que encontraram uma nova chance de viver. Que ingratidão a Deus, se não tivéssemos feito as doações. Abençoada a hora que assinamos, pois sempre existem pessoas desesperadas para continuar a viver. Ainda não entendi a morte, mas algo mais profundo me faz crer que ela existe para nos dar uma resposta para tanto sofrimento. Os que estão perto dela não querem a morte de ninguém, mas sabem que ao levar alguém pode trazer vida a muitos outros. Alguém se doou para a morte, mas é ela quem faz suas escolhas. Acredito que os que reviveram por meio da doação agradeçam de fato ao Deus de todos nós a grande generosidade.

Naquela noite adormeci como não fazia há muito tempo. Afinal, no dia seguinte iria rever Gabriela. Adormeci feliz.

XXII

As anotações de Helena – Ricardo

COMO NÃO PODERIA deixar de ser, as anotações de Ricardo foram mais detalhadas. É evidente que Helena tornou-as mais interessantes e mesmo emocionantes. Na minha cabeça, na verdade, eu não precisava de tantos detalhes, apenas saber o que havia acontecido depois que os três morreram.

Li com muito cuidado, mas minha mente estava distante, meu coração alçava voos. Tive de parar de ler. Comecei a pensar em comprar uma gravata nova para me encontrar com Gabriela. Confesso que me senti um adolescente com este encontro, mesmo que fosse para falar de trabalho. Me recordo quando coloquei minha primeira gravata. Parece que todo mundo a olhava, parece agora que todos percebem, no meu rosto, meu estupor.

Combinamos que nos encontraríamos onde nos vimos na última vez. Fiquei com vontade de comprar flores, bombons, joias, chapéu...

Bem, o fato é que eu queria fazer tudo que um adolescente faz, mas precisei me controlar. Comprei apenas uma rosa branca, muito bonita, que vi ao passar por uma floricultura. Não me ocorreu mais nada. Está bem assim, as coisas muito grandes escondem os sentimentos.

Gabriela chegou pontualmente ao encontro. Deixou seu carro numa garagem e fomos ao restaurante sugerido por ela.

Conversamos como dois bons amigos, falamos de nossas profissões e também de sonhos. Ela era *expert* em jardins públicos, parques e jardins residenciais, o que era meu sonho profissional.

— Léo, você nunca fez um jardim, nunca criou um parque?

— Nunca apareceu isso para eu fazer. Para ser honesto, faltou-me esta oportunidade, mas vejo luz no fim do túnel. Estamos fazendo um prédio e combinei com os proprietários que quando estiver faltando seis meses para entregá-lo, que acredito será no meio do ano próximo, aproximadamente, eu entregaria um projeto para fazermos a praça. A praça será o jardim de minha vaidade profissional, a cereja do bolo.

— Já fez? Está pronto o projeto? — Senti certa intenção na sua pergunta.

— Ainda não! Veja, Gabriela, eu quero lhe propor uma coisa. Você é uma paisagista famosa, será que eu posso pedir um favor?

— Diga, Léo, pode dizer.

— Vamos fazer este trabalho juntos?

— Eu aceito, claro, que surpresa boa. Sabe, eu gosto muito de paisagismo. Sempre me pedem para fazer, acho que porque sou mulher. Na realidade eu gosto de projetos de prédios, teatros, igrejas, tantas coisas. Sou apaixonada por fazer igrejas e fiz apenas uma capela.

— Uma capela?

— O que você está pensando?

Olhei para ela e me veio à mente algumas coisas maravilhosas.

— Meu Deus, você me inspirou agora para algo muito maior do que eu pensava. Podemos fazer desta praça um lugar fantástico.

— Coloque para mim o que você deseja e vamos pensar juntos como transformar esta praça num símbolo da cidade.

— Você falou a palavra-chave, um símbolo da cidade.

— Nossa, quanto mistério, Léo. Não esqueça que sou mulher antes de ser arquiteta e sou bem curiosa. Conte-me exatamente o que você deseja fazer.

— Sim, vou lhe contar o que me ocorreu. Quero te levar para conhecer o Hassan, pois ele é um dos sócios deste grande empreendimento que estamos fazendo. Nada mais, nada menos, é a sede, a sede da Abdul— Malik. Hassan é irmão do presidente, o Abdul.

— Sim, já o vi uma vez na televisão dando uma entrevista.

— Bem, vou contar-lhe sobre o coração de Hassan.

Relatei apenas a coincidência de meu sobrinho ter morrido, termos doado seus órgãos e que Hassan recebeu o coração dele.

Nos nossos encontros seguintes, comecei a contar um pouco mais da minha vida e escutar com muito interesse e carinho a vida tão atribulada de Gabriela. Em nenhum momento, mesmo diante do drama que passou, deixou sua profissão, pelo contrário tirava forças de dentro de si para ser a melhor no que fazia. Jamais se descuidou um minuto do marido, que lutava para viver. Essa foi grandeza de Gabriela, pois lutou mesmo sabendo que suas possibilidades eram quase nulas.

Levei-a alguns dias depois para o escritório de Hassan. Eu já havia falado com ele sobre Gabriela, insistindo discretamente que ela é uma das arquitetas mais respeitadas da nova geração. Nossa ideia era fazer da praça um marco da cidade.

Apresentei-os e ele fez questão de chamar Abdul e os outros irmãos para conhecerem Gabriela e nos ouvir sobre o projeto que iríamos apresentar.

Em nossa breve apresentação, apenas expusemos com ardor e convicção nossas ideias. O projeto era ambicioso, sem dúvida, mas não iria requerer gastos acima da verba a ele destinada. Mesmo que fosse, não custava ver este sonho ser realizado. Dependeria da aprovação dos irmãos, particularmente de Hassan, responsável pela execução do projeto. Seus olhos brilharam de emoção.

Gabriela apresentou o projeto oralmente, sem nada termos feito com desenhos técnicos, pois queríamos a aprovação para podermos trabalhar sobre as ideias, os conceitos, como se diz. Os irmãos ficaram maravilhados.

Hassan, depois de olhar para Abdul, disse:

— Eu acho que vocês farão um trabalho magnífico. Para mim, está tudo muito lindo.

— Francamente – disse Abdul – eu me emocionei – e olhando para o irmão, disse – aprovado. Façam o projeto, vamos vê-lo atentamente e com muito carinho. Será, sem dúvida, um marco da espiritualidade.

Hassan nos olhou e vimos uma lágrima caindo de seus olhos.

— Léo e Gabriela, se Abdul não tivesse aprovado, eu pagaria com meu dinheiro esta praça. Não vejo a hora de me mostrarem os projetos, os desenhos e tudo que for necessário. O mundo precisa entender um pouco mais certos valores e o sentido espiritual e ecumênico desta praça vai tocar o coração de Alá, de Deus, de todas as crenças e de todos os seres humanos que acreditam no amor.

Saímos e parecíamos um casal de adolescentes felizes. Paramos num bar ali perto. Então, para nos sentirmos livres e mais jovens, comemos um lanche popular, tomamos refrigerante e discutimos como gostaríamos que fosse a praça.

Com o início do meu relacionamento com Gabriela, graças a Deus, entrei numa fase agradável. Eu andava triste, mas como temos que seguir adiante com nossa missão na vida, procurei sempre manter o bom humor com as pessoas. Foi muito bom. Quando este gás estava acabando, principalmente com Carolina, minha filha e amiga inseparável, estudando tão distante, me senti meio sozinho. Foi então que Gabriela despontou como uma luz. Ela vinha de uma vida difícil ao lado do marido doente. Para nós agora, era como se tivéssemos redescoberto o mundo. Tudo para nós era muito bom.

As semanas passaram e eu voltei à leitura da pesquisa de Helena. O final do ano logo chegaria, e já ouvíamos canções que preanunciavam as festividades natalinas. Helena iria se formar e depois seguir sua vida. Combinei com Gabriela que ela decidiria o momento em que poderíamos contar aos amigos que tínhamos projetos mais sérios. Quando encontrávamos alguém conhecido, dizíamos simplesmente que estávamos trabalhando juntos. Isso também era verdade.

Foi somente após ler a última pesquisa feita por Helena sobre a doação de órgãos de Ricardo que o caminho que eu procurava ficou menos difícil.

Os relatos dos órgãos doados por Ricardo foram absolutamente emocionantes, ainda mais que aqueles anteriores. Foi como se saíssem da cartola do mágico pessoas que nunca soubemos que existiam. E que estavam bem perto, ao lado de todo mundo num grande espetáculo ao vivo, cheio de música.

Uma dessas pessoas é, sem dúvida, Hassan que, após renascer, nos fez também renascer com seu humor e sua visão belíssima do mundo. Claro, principalmente, a bondade do seu coração. Ele nos deu o que precisávamos, afinal nossa história sem ele não teria chances de existir. Primeiro, ele descobriu todos os transplantados de Ricardo; segundo, ele agora era o novo presidente desta associação; terceiro, a sua paixão vai se transformar numa praça, cujo projeto eu e Gabriela vamos apresentar no início do ano. Ele, aprovando tudo o que projetamos, será genial. Tenho vontade de contar para todo mundo como será, mas prometemos que faremos isso somente depois que nosso projeto for aprovado.

Ricardo era um moço alto, forte e tinha saúde excelente. Mais que tudo, era jovem, muito jovem e tinha somente vinte e dois anos quando morreu. Seus órgãos foram todos aprovados para serem transplantados. Não apenas pela carência de doadores, mas sobretudo por suas condições tão saudáveis.

Suas córneas foram para duas pessoas. Marcela, uma jovem de apenas dezessete anos, que perdera totalmente a visão, depois de um terrível acidente de bicicleta. Mas o transplante a fez enxergar novamente. E para um rapaz rapaz chamado Mário, que foi ficando cego por uma doença congênita, que voltou a enxergar após três anos na escuridão. Os rins foram divididos para dois irmãos gêmeos (Marcos e Márcio) aproximadamente da idade de Ricardo, que nasceram com problemas e que foram se agravando dia a dia. Os dois foram incluídos na lista, um seguido do outro com a esperança de que fosse apenas um doador para ambos. E foi. O fígado foi para um médico (Adalberto) que havia pego hepatite e quando percebeu estava com cirrose hepática. Feitos os exames, constatou-se que não haveria problema nenhum se ele fizesse o transplante. Não vou colocar no relatório que até mesmo a pele de Ricardo serviu a transplantes. Isso pode impressionar Paola e não queremos que fique pensando no assunto, pois sei como ela é emotiva.

O depoimento de Hassan não será incluído, porque ele é a própria vida deste jogo do destino, daqueles que aguardam um transplante e daqueles que já fizeram. O depoimento que realmente me tocou foi o de Rodolfo, um bem-sucedido transplante de pâncreas, de um rapaz de apenas vinte e cinco anos.

"Desde pequeno foi descoberto que meu pâncreas tinha problemas e que na minha vida eu nunca poderia comer açúcar. Passei a vida inteira fazendo tratamento e minha insulina subia terrivelmente. Por duas vezes estive entre a vida e a morte. Vivia às portas de um novo coma. Os médicos insistiam no transplante como a última possibilidade de eu continuar vivendo. Entrei na fila do transplante de pâncreas e apareceu um órgão para mim. Dois dias antes tinha ido parar na unidade intensiva de terapia. O meu tipo não é tão comum, disseram os médicos. Depois que saí da cirurgia, verificaram que um nódulo era agora o causador deste novo problema. Quem me vê, nem tem ideia de que eu tenho alguma doença. Aparento ser forte, aparento sobretudo ser sadio, mas não sou. Nesta situação, nunca namorei. Os estudos foram difíceis para mim, até fui reprovado duas vezes por causa da doença. Fazia faculdade e tranquei a matrícula achando que nunca mais iria voltar. Estou de novo estudando. Desta vez tudo deu certo, pois fiz o transplante e estou com baixa taxa de açúcar como jamais tive igual. Tenho a possibilidade de daqui para a frente ver o mundo diferente. Posso comer um doce de vez em quando, sem ficar neurótico. Minha vida mudou, melhorou a qualidade. Ninguém pode imaginar como eu estava, eu era e o que sou hoje. Agradeço a Deus, imensamente a Deus, por estar bem, pelos médicos que me atenderam sempre com muita atenção. E agora que sei quem foi meu doador, quero rezar por sua família, que fez a doação e por sua alma, pois parte de seu corpo vive dentro de mim. Ninguém sabe o que quer dizer a palavra normal, até o dia em que a gente se torna assim normal".

No trabalho de Helena estão todos os depoimentos. É um verdadeiro compêndio que faz bem ao coração, pois somente damos valor à nossa saúde quando a perdemos. Vemos drogados que acabam com sua vida e, do outro lado da história, pessoas maravilhosas querendo viver. Mundo estranho, mas são essas estranhezas que fazem o mundo ser um reino de curiosidades.

Helena quer homenagear a todos que fizeram a doação. Ela propôs irmos todos juntos para entregar o seu trabalho de conclusão de curso na universidade.

Amanhã vamos encontrá-la, é domingo. Depois iremos almoçar na casa de meu pai. Tomei coragem e convidei Gabriela e ela irá também. Helena convidou alguns amigos de Ricardo para irem ao cemitério como parte de nossa jornada. Vamos ver como ela vai fazer esta cerimônia simbólica, que é o que todos queremos. Fiquei me interrogando qual deve ser nosso comportamento à beira do túmulo. Devemos expressar um rosto triste, permitindo a invasão da saudade ou devemos disfarçar a tristeza por meio de conversas banais?

XXIII

A homenagem de Helena

NO ÚLTIMO SÁBADO, antes do Natal, Carolina chegou de viagem. Eu e Helena fomos buscá-la no Aeroporto de Guarulhos logo de manhãzinha. Voltamos para o apartamento, Carolina descansou um pouco e depois conversou conosco.

— Então, minha filha, como você está?

— Sabe, pai, eu não fico pensando em outra coisa a não ser em fazer bem este doutorado. Posso dizer que tudo está muito bom. O apartamento do Richard é bem legal. Ele e a esposa, que é francesa, vão apenas uma vez por ano para os Estados Unidos e nem sempre passam no apartamento. Mesmo assim, eu deixei à disposição para ficarem lá, quando quiserem.

— Eu sei, lembra que fui eu que aluguei pra você. E Richard é meu amigo. Ele foi professor em Harvard e mantém o apartamento na cidade. Atualmente, está trabalhando na Sorbonne e pelo que sei não tem vontade de voltar para os Estados Unidos. Se acontecer, arrumamos outro lugar e seguimos.

-Verdade, pai! Não sei quanto você paga, mas não deve ser pouco. Não preciso de tudo isso para morar lá e quase desmaiei quando tocaram a campainha, dizendo que tinha uma encomenda para mim na garagem.

— Você merece, minha filha. É uma maneira de expressar mais forte meu amor por você.

— Pai, os americanos não entendem como uma brasileira como eu possa somente estudar e viver assim. É muito, é exagero.

— Carolina, acho muito bom poder fazer isso. Mais tarde, minha filha, você vai trabalhar tanto que estas coisas não serão tão relevantes na sua vida. Tenho certeza de que você terá um futuro brilhante, faça bom uso do que nós lutamos tanto para conquistar.

— Está bem! Mesmo assim, acho exagero.

— Vai abandonar meu pai? – disse Carolina olhando para Helena.

— Volto em definitivo para minha cidade. Estou contente, consegui um emprego numa televisão local. Vou fazer o que gosto e assim aproveito para ficar um pouco com meus pais. Todos meus irmãos estão casados, menos eu e assim posso me dedicar um pouco para eles também.

— Isso mesmo, Helena, eles também precisam de seu amor.

— Eu fico triste de ir para lá, mas agora, seu pai – dirigindo à Carolina – tem uma namorada, a Gabriela.

— Meu pai me falou. E eu fico feliz que ele tenha encontrado alguém.

— Faz pouco tempo que Gabriela ficou viúva. Vamos contar para as pessoas somente quando começarmos as aulas no próximo ano. No momento, estamos trabalhando juntos e tudo está bem para seu velho, minha filha.

— De velho você não tem nada, está em forma e anda bem elegante, pai. Vou tomar banho, me arrumar, daqui a pouco temos que sair.

— Tem uma camiseta em cima da cama. Se gostar, use-a, todos nós iremos com o mesmo modelo.

— Está bem, vou vesti-la.

—Ah... Filha, tenho uma novidade para contar referente ao Jorge.

— O que houve, agora?

— Quando eu disse que você não precisava vir porque o julgamento do Jorge foi adiado, eu preferi contar pessoalmente o que houve.

— O que houve, pai? Mais encrenca ainda?

—Acho que não. O Jorge estava junto com alguns prisioneiros que foram transferidos, entre eles o famoso Bola. Estavam num camburão da polícia e foram interceptados por dois caminhões de bandidos. Resumindo, fugiram após este acidente provocado. Eram doze, foram capturados seis algum tempo depois no Rio de Janeiro. Apurou-se, também que outros foram mortos, inclusive o tal de Bola por uma quadrilha do narcotráfico.

— E o Jorge estava no meio?

— Presume-se que tenha morrido também, acharam seis corpos carbonizados; segundo o delegado Armando é quase impossível que ele tivesse sobrevivido, fazia parte do grupo do Bola. Foi uma chacina dos chefões das drogas no Rio.

— Então podemos considerá-lo morto?

—Acho que sim, minha filha.

— É uma boa notícia, um passado muito ruim que nos envolveu, minha mãe está vingada do que ele lhe fez.

— Não deve pensar desta maneira.

— Se eu tivesse tido oportunidade naquele sequestro, eu o teria matado e sem remorso.

— Bem, filha, está tudo bem, vá tomar seu banho, nós esperamos.

Saímos, cada um com a camiseta, que tinha um coração com as imagens de minha mãe Leila, Sara e Ricardo. E abaixo uma inscrição: Doadores da vida.

Chegamos ao Cemitério Gethsêmani e meu pai, Paola e Eduardo já estavam lá. Helena tinha estado no dia anterior e colocado flores no jazigo da família. Estavam belas. Neste cemitério não há túmulos faraônicos, um maravilhoso jardim onde repousam meus avós paternos e mais os três entes queridos. Somente flores brancas nos vasos do jazigo e uma pequenina placa que seria descerrada. Na placa havia o coração que estava na camiseta e o rosto dos três. Em cima do jazigo, sobre a grama, o trabalho de conclusão do curso de Helena. Cerca de uns dez jovens, amigos de Ricardo e Helena, se fizeram presentes.

Tínhamos marcado nove e meia da manhã. Helena leu a primeira página de sua monografia e depois o resumo que eu fiz, que era a síntese. Descrevia ainda quem eram os beneficiados dos entes queridos.

Depois cada um deixou sua mensagem. Eduardo chorou lembrando do filho. Meu pai se emocionou e falou dos falecidos. Paola apenas disse que sentia saudades imensas. Helena era a que mais demonstrava sentimentos, falava de saudades, chorava e se emocionava. Amigos de Helena e Ricardo falaram algumas palavras, recordando a amizade.

Mas creio que quem melhor se expressou e emocionou a todos foi Hassan, que chegou atrasado, mas estava muito envolvido na história das doações.

— Peço desculpas de ter chegado atrasado, mas ouvi quase todas as mensagens. Vejo que somos poucos aqui, nem vinte pessoas, mas acho que é nosso preâmbulo para um projeto muito maior. Temos um sonho que estamos construindo. Léo, Gabriela e eu buscamos algo que virá nos trazer muita alegria. Parabéns para a Helena que reuniu um material tão bonito, que mostra claramente que cada ser humano que se doa faz novas vidas florescerem e acende novos sonhos para a humanidade. Vejam, olhem para mim. Aqui bate o coração de Ricardo, ele se foi, está no Paraíso, com Alá, com Deus, com Cristo, com os santos que lá habitam – Hassan tentava controlar as lágrimas e sua emoção era imensa – e seu coração batendo em meu peito. Venham, coloquem a mão no meu coração. Sintam que ele bate forte e feliz, mas não bate somente para mim, mas por todos nós. Nem é meu coração, sou apenas seu guardião. Esta família maravilhosa que aqui está assumiu sua dor e repartiu conosco seus corpos, para que dessem vida novamente para todos e que cada um pudesse louvar seu Deus, seus profetas e seus santos. Helena, acredito que Ricardo deve estar muito feliz com isso, pois este coração bateu mais forte agora".

A emoção invadia nossa alma, nossos lábios tremulavam e, tinha-se a impressão de que mesmo os pássaros silenciaram para ouvir o coração de Hassan pulsar.

Helena, em seguida, pediu que todos nós déssemos as mãos, e rezássemos a oração cristã, o *Pai Nosso*, pois queria unir todos os credos. Rezamos e depois Helena deu uma rosa para cada um, e todos nós as depositamos em cima do jazigo, na grama verde, ao lado da monografia. Sem nada dizer, para não profanar o silêncio, cada um foi saindo discretamente.

Gabriela veio com Hassan e foi a penúltima a colocar a rosa. Helena depositou a última. E todos foram pegando seu caminho de volta. Helena, então, procurou meus braços e chorou porque de certa forma estava indo embora para sua família.

Dores e lágrimas se misturam. Lágrimas também são emoções, também são alegria. São todas produzidas no campo do amor. Basta que nasçam do amor, todas as lágrimas são benditas. É o amor que unifica as lágrimas, que as separa da raiva, da revolta e do ódio. Lágrimas, se são frutos do amor, seja alegria ou tristeza, são sempre manifestação de Deus.

Por isso, foi bonito este ritual de comunhão entre os vivos e os mortos. Mesmo na morte, nossos entes queridos, familiares ou amigos nos unem, nos falam ao coração. Acredito que é por isso que sempre se canta a ladainha dos santos ou dos antepassados na Igreja. A memória nos fortalece, nos congrega. É um ritual sublime para unir os vivos e os mortos num só sentimento de saudade e amor.

Abracei Gabriela em seguida e fomos para a casa de meu pai. Apenas quatro amigos de Ricardo e Helena nos acompanharam.

Acabei indo no meu carro com Gabriela e Hassan levou Helena e Carolina. Conversamos.

— Foi uma belíssima homenagem de Helena.

— Sim – disse eu — ela precisava exorcizar todo este amor jovem pelo Ricardo. Esta maneira foi perfeita para valorizar tudo o que foi feito. Foi um longo trabalho.

— Você falou que eu não precisava vir, pois eu iria me lembrar do meu marido e sofrer. Saiba que errou, — disse sorrindo — foi bom para mim ver este tipo de amor que você e sua família têm. Esta homenagem foi belíssima.

— Acho que você entendeu o recado de Hassan. Quero discutir com você todos os detalhes para que o nosso desejo seja realizado da maneira mais maravilhosa possível.

— Ele disse que esta cerimônia era o preâmbulo. É mesmo um preâmbulo.

— Que bom, vamos conversar com Hassan durante a semana e melhorar ainda mais nosso projeto. Pretende divulgar alguma coisa antes?

— Não, se Hassan concordar, tudo será feito com tapumes e somente dois dias antes da inauguração serão retirados da praça.

— O que você sentiu?

— Eu gostei da cerimônia. Foi muito simples com o jeito de Helena, que é uma pessoa de alma pura, lutadora, amorosa e discreta. Foi muito bom ela ter ficado conosco depois da morte de Ricardo. Agora vai voltar para sua cidade. Ela já arrumou até emprego lá.

— E você vai ficar sozinho no seu apartamento?

— Não, eu vou te levar, Gabriela, — disse corajosa e rapidamente, como se as palavras escapassem da garganta — Eu quero me casar com você.

— Léo, não faz nem um ano que eu fiquei viúva. Confesso que também amo você, que você tem sido o meu sustentáculo, mas é cedo para novo compromisso. Vamos começar oficialmente a sair juntos depois que iniciarmos as aulas. São mais alguns dias, passarão logo.

— Tudo será feito como você quiser, mas quero dizer que você me completa. Vivi quatro anos como um monge e vendo muitas desgraças ao meu redor. Agora percebo a luz que eu não tinha, sonhos que nunca sonhei.

— Estou saindo de uma vida muito difícil, mas sei que poderei contar com você para um novo recomeço. Peço apenas, vamos devagar. Nosso momento vai chegar, pode ter certeza.

Chegamos à casa de meu pai, onde sempre algo paira de bom. O retorno a esta casa era como se eu encontrasse minhas forças no lar de sempre.

Meu sentimento de família vem das pequenas realizações, simples acontecimentos. Eram justamente nossas refeições ao redor da mesa, onde, além de nos alimentarmos, discutíamos, rezávamos e partilhávamos confidências. Como estava muito quente, almoçamos no nosso jardim de inverno onde o sol não invadia o espaço. Realmente meu pai fizera um local onde todos se sentiam bem. Mais ainda, tinha uma porta que ia direto para a cozinha, o que facilitava trazer os alimentos.

Hassan ficou pouco tempo, tinha compromisso familiar, assim como também os amigos de Helena que a levaram embora para uma despedida entre jovens.

Estávamos somente os da família e Gabriela que tinha seu jeito afável de lidar com as pessoas, de modo que ela se enturmava logo.

Meu pai falou algo no ouvido de Gabriela que a deixou vermelha e a fez dar uma estridente risada.

Chamei a atenção de meu pai:

— Pai, se comporte, o que ela vai pensar da nossa família?

Gabriela olhou para mim e disse:

— Deixe seu pai falar o que quiser, afinal ele é o dono da casa.

— Ah... — disse meu pai — eu não falei nada demais, apenas disse que você é meu filho muito amado e que ela não deve perdê-lo. Literalmente, falei para a Gabriela agarrá-lo, não deixar você escapar.

— Meu Deus! – exclamei sem saber o que falar.

Gabriela riu e, como sempre, procurou amenizar a situação. Veio até mim e me agarrou pelas costas com um abraço bem afetuoso.

— Pronto, foi literalmente agarrado – disse ela.

Eduardo, que era de pouca fala, confirmou com pouco pudor.

— Foi mesmo, só minha mulher que não me agarra mais.

Paola estava tirando a mesa e olhou para o marido.

— Depois de vinte e cinco anos juntos, fica dizendo bobagem. Não se deixou vencer pelo desafio, foi até a cadeira em que Eduardo estava sentado e fez o mesmo que Gabriela fizera comigo.

Depois virou para ele e o beijou:

— Ainda sou apaixonada por você – e Paola riu como há muito tempo eu não via.

Depois do cafezinho e quitutes de Paola, nada expressa melhor do que dizer que tudo foi sempre maravilhoso.

— E Carolina? — perguntou Gabriela – onde está?

— No quarto de Ricardo, provavelmente dormindo.

Subi as escadas, encontrei a porta aberta do quarto que era de Ricardo. Engraçado, ainda dizíamos "quarto do Ricardo", pois nada lá foi mudado. Parecia que ele tinha ido viajar e voltaria. Seu quarto certamente seria modificado um dia, mas por enquanto era assim que havia ficado.

Paola me disse mais tarde, com certo remorso, mas pedindo que apagasse este remorso que lhe afligia. 'Parece simples desfazer o quarto. As pessoas falam para doar as roupas, queimar os livros velhos, fazer caridade com seus objetos pessoais, pintar as paredes. Mas é um gesto que exige coragem, muita coragem. Refazer o quarto significa entregar os pontos e compreender que os fatos ficaram só na lembrança e que temos que seguir, com a ausência da pessoa. Sei que é assim. A memória permanece, mas a vida continua. Um dia, então, troquei os quadros e pintei as paredes. Foi um ritual de adeus.'

Acordei Carolina e ela me abraçou. Era seu costume e eu adorava.

— Pai, você é o melhor pai do mundo. Amo muito você. Meu melhor amigo.

— É bom saber, porque também amo você, minha filha, muito, muito. Vamos para casa.

Gabriela ficou no seu apartamento. Carolina e eu fomos para casa conversar como sempre fazíamos, afinal ela ficaria apenas alguns dias e depois voltaria, logo no início do ano, para sua universidade tão distante.

Naquela noite, quando fui deitar, pensei que se a nossa vida familiar fosse um filme, terminaria comigo casando com Gabriela. Sei porém que a vida da gente não é nenhum filme; é bem real e não acaba no momento que nós queremos, como acontece nos filmes. É Deus, o senhor da vida e da história, quem determina seu epílogo e nos avisa. De repente, aparece a palavra fim.

Divagações de quem quer casar de novo e se encontra num período feliz. Carolina ligou para César e ele resolveu vir visitá-la.

XXIV

A visita de César

CÉSAR, APARENTEMENTE, CONTINUAVA apaixonado por Carolina. Apesar de eu tê-lo convidado para vir jantar comigo, ele declinou do convite duas vezes e eu me senti sem condições de convidá-lo de novo. O mesmo aconteceu com Helena, que apesar de estar em contato com ele, que a ajudou na parte médica do trabalho, ele não foi ao cemitério. Uma pena, porque o trabalho tinha também as mãos dele e muito de seu espírito.

César combinou com Carolina que iria ir vê-la na segunda-feira à noite, quando de sua folga. Dirce fez o jantar, já que fui trabalhar e Carolina havia resolvido fazer compras no período da tarde, ir ao cabeleireiro. Coisas de jovem que adora viver sonhos.

Helena, nesta segunda-feira, tinha viajado para sua nova vida. Deixara algumas coisas quase que propositadamente, mas logo que desse saudades, como ela falou, viria nos ver e as levaria. Mas na realidade levou quase todos seus pertences. Dois de seus colegas vieram para acompanhá-la ao aeroporto e ajudar com as malas e os pacotes.

Quando cheguei, vi a mesa de jantar com quatro lugares. Olhei para Carolina, com olhar de indagação. Ela sorriu maliciosamente.

— Como fazer um jantar sem a Gabriela? Eu liguei e ela disse sim. Disse mais, disse que traria a sobremesa, especialidade sua, para mostrar seus dotes.

— Não sei onde ela encontra tempo para tudo – disse eu, orgulhoso de ter convidado Gabriela para o jantar.

— Quando é que você vai casar, pai?

— Vai depender de Gabriela. É simples, quando ela quiser, eu fico noivo e quando ela quiser, eu caso – disse ressaltando duas vezes o pronome "ela" – Só preciso dar um tempo. Foi bem triste como ela perdeu o marido. Mesmo considerando que a longa enfermidade serve para preparar a família, ainda que ao preço do sofrimento do enfermo. Casos longos assim de sofrimento, fazem com que os envolvidos – amigos, cuidadores e familiares supliquem intimamente por um desfecho do longo calvário.

— Mas pelo que eu sei, ficou anos e anos doente, é diferente de quando *se morre sem avisar*.

— Eu sei, minha filha, mas precisamos respeitar o luto. Mesmo que no fundo ela soubesse que ele estava condenado há muitos anos e que, às vezes, a morte é benéfica. Assim, vai a pessoa e todo o sofrimento desaparece. Dizem os antigos que a pessoa volta direto para Deus, pois cumpriu sua sina. A dor purifica. São tantas crenças – completei.

— Como é que você sabe disso?

— Eu penso assim. Sei que a bondade tem que chegar a algum lugar.

Carolina olhou para mim e eu entendi a interrogação em seu olhar.

— Está pronta para novamente dizer não para o César?

— Ele me escreve com frequência. Sempre repete que tem saudades de mim, que gostaria que eu voltasse e ficasse com ele. Eu preciso dizer para ele que estou apaixonada pelo meu curso, que é tudo o que sonhei. Sei que ele me ama, pois diz que devo seguir meu sonho. Que vai saber esperar.

— Vai sofrer de novo.

— Ele me disse que precisa me ver. Precisa ter certeza de que sou feliz. Sei que ele me ama mesmo, pois coloca sempre minha felicidade em primeiro lugar.

— Em resumo, seu partido é Harvard.

— Pai, estou realizando meu sonho, estou feliz estudando, profundamente feliz. Eu vim para o Natal e o Ano Novo com você, ver o vovô e os tios. Aliás, falando no vovô eu tenho impressão de que ele nunca esteve tão bem na vida. O que aconteceu com ele? Está tomando algum tipo de vitamina?

— Não reparei nada nele. Ele está apenas mais feliz porque ajuda os rapazes de engenharia lá no escritório deles. Quando a gente está perto o tempo todo nem percebe as mudanças que vão acontecendo.

— Você já foi visitar este tal escritório?

— Para dizer a verdade não. Nem sei onde fica o escritório. Você acha que o vovô está indo para outro lugar?

— Não sei, vovô está com quantos anos?

— Setenta e dois. Ele ainda é jovem. Eu vou fazer quarenta e oito.

— Ele que cuida do próprio dinheiro?

— Sim, ele tem conta no banco. Você sabe que ele sempre gostou de aplicações, tira seu extrato, vive fazendo contas, juros, essas coisas. Vai fazer compras para a Paola no supermercado, farmácia e sei lá mais o quê. Tem quatro apartamentos e todo mês recebe os aluguéis da imobiliária.

— É bom ver melhor isso, pai. – e completou – É bom conferir isso

— Acha que seu avô está indo jogar? Bingo? Cartas? Que eu saiba nunca gostou disso.

— Não sei, sei não. Ele voltou diferente da viagem, se bem que ficou muito emocionado no cemitério. Mas lá era diferente, pois todos nós estávamos muito emocionados.

— Vou conversar com o vovô, bem discretamente.

— Eu sei que você já tem muita coisa, faculdade, trabalho e agora a Gabriela. Apesar disso, é bom olhar um pouco mais para o vovô, ele não tem pedido mais para você levá-lo almoçar?

— Não, é verdade, toda hora queria ir almoçar comigo. O interfone tocou, atende filha, por favor, para se sentir sempre mais em sua própria casa.

Gabriela chegou e não demorou muito César também veio para o jantar.

Dirce fez uma comida simples, mas gostosa. Carolina nos serviu e depois sentou-se. Olhei minha filha e vi uma mulher linda, muito bem arrumada, com um vestido simples, que realçava sua beleza, como se tivesse colocado um vestido de desfiles. A simplicidade de Carolina fazia-lhe parecer uma princesa, pouca maquiagem, cabelos compridos e sedosos como os das modelos que aparecem na TV.

Não me passou despercebida esta mudança, não era mais a minha garotinha. Agora seu porte e seu olhar eram de uma mulher sabendo o que queria da vida. Gabriela a elogiou:

— Você é linda, Carolina. Seu pai sempre falava, mas eu não fazia ideia de como é bonita.

César corrigiu delicadamente Gabriela:

— Ela não é bonita, nem linda. Posso garantir que ela é a criatura mais maravilhosa que encontrei na vida.

Carolina cortou o "óbvio" dos elogios. Elogios diretos, à queima-roupa, desconcertam a gente; parecem até falsos e interesseiros.

— Parem com isso, pois eu fico sem graça. Outro dia um professor, brincando comigo, disse que eu preciso colocar óculos, fazer um coque na cabeça e andar desarrumada para parecer que sou inteligente. Que tolo, como se estas qualidades se excluíssem.

— Vai ver que estava "cantando" você, Carolina – disse César.

— Ele deve ter a idade do vovô, mas é um gênio. Sei que foi um elogio e eu fiquei encantada; um elogio desajeitado.

Carolina saiu para pegar outra garrafa de vinho. Estávamos com vontade de beber nosso vinho de família naquela noite. Fazia tempo que não nos permitíamos extravagâncias.

O jantar transcorreu muito agradável. Carolina e Gabriela levaram os pratos, talheres, travessas e voltaram depois com a sobremesa de Gabriela. Ela tinha feito um creme de nozes com vinho e algo mais. Ficou divino.

Falamos muito bem da sobremesa, por verdade e por galanteio, e depois de tomar nosso café fomos para a sala de estar. César falou algo no ouvido de Carolina e os dois foram conversar no terraço.

Eu e Gabriela nos abraçamos e ali ficamos conversando amenidades, esperando os dois voltarem. Acabamos pegando no sono. Acordamos com a televisão ligada num filme estranho. Voltei à realidade, com Carolina chamando para nos despedir de César.

Carolina acompanhou César até a porta, demorou um pouco e voltou:

— Boa noite. Vou dormir e amanhã cedo a gente se vê. Mais uma vez não aceitei o pedido de casamento. Como diz você, meu namorado se chama Harvard.

Carolina deu um beijo em mim e na Gabriela.

Olhei para Gabriela. Fomos deitar, as coisas estavam começando a ficar do jeito que eu mais queria, juntos, juntinhos.

Gabriela levantou cedo, me deu um beijo e saiu:

— Preciso passar em casa, se isto vai acontecer sempre, preciso me organizar.

Olhei para ela e brincando disse:

— Diga o que precisa e eu compro tudo.

— Já tenho tudo — referindo-se a mim.

Sorri. Fiquei apenas com pena do César. Deve ser bem triste amar e não ser correspondido, ou pior ainda, ser trocado por uma universidade. Levantei e fiquei pensando no meu pai. Era tempo ainda de convidá-lo para almoçar e conversar com ele. Talvez fosse impressão de Carolina, mas uma coisa era certa, papai andava bem feliz, mais feliz que seu natural.

Fui almoçar com ele e conversamos como sempre fizemos. Não notei nada de estranho, apenas que estava feliz.

Perguntei sobre suas finanças e ele me ofereceu "empréstimo". Pensou que eu estivesse com dificuldades.

Mas era verdade, estava diferente, era a felicidade em pessoa. Me parecia muito estranho, mas bom para ele se fosse felicidade pura e simples.

XV

Três meses depois

GABRIELA, HASSAN E eu estávamos muito envolvidos com o projeto da praça, enquanto o prédio ia ficando pronto na sua forma externa. A última parte do projeto referente ao marco que queríamos ainda não estava bem formatada. Decidimos que mais quinze dias e mostraríamos para os responsáveis o projeto. Hassan nos assegurava e nos protegia na empreitada.

Eu e Gabriela estávamos felizes, creio que nossos corações haviam-se encontrado. Um mês antes, Gabriela surpreendera-me. O que eu vinha pedindo há tempos, ela fez. Trouxe suas roupas e coisas pessoais para casa. Com exceção de seus pais que sabiam sobre nós, ela ainda queria deixar passar mais um pouco para completar o luto de um ano da morte do marido.

A data estava próxima e isso já nos facilitava. Tivemos uma conversa muito séria:

— Eu me sinto mal de ter encontrado alguém para amar tão pouco tempo depois da morte do Hélio. Você sabe, é como se eu não tivesse respeitado o luto. Num cantinho da minha alma é como se eu pensasse que foi bom ele ter morrido. Deus sabe que ele sofria muito e eu sofria junto dele. A morte do Hélio foi uma libertação para ele. Tenho vergonha de dizer que foi para mim também. Mas é estranho, isso ainda faz me sentir muito culpada.

— Aconteceu, Gabriela. Foi assim e não podemos nos culpar pelas fatalidades da vida.

— Eu tenho um padre que é muito meu amigo. Chama-se Miguel, foi na paróquia dele que eu fiz uma capela. Ficamos muito amigos desde que trabalhamos no projeto. Tivemos muitas conversas sobre os trabalhos, mas ao mesmo tempo entrávamos em outros assuntos. Qualquer dia quero que vá conhecer a capela. Até agora você apenas viu as fotos.

— Vamos sim, sou o maior fã de seus trabalhos. Sou, sendo mais exato, sou seu fã.

— Ora essa... Bem, como eu estava dizendo, Léo, falei com Padre Miguel e ele me perguntou quais eram as suas intenções. Eu disse que achava que eram as melhores possíveis e ele me orientou a seguir meu coração, como você sempre fala para a gente. Pensei que até se conhecessem. Com isso, eu me senti mais segura de contar para meus pais, que ficaram felizes. Eles gostaram de você. Agora estou aqui no seu apartamento e isso é maravilhoso. Ainda mais, damos aulas juntos, trabalhos juntos...

— Você está refazendo sua vida, estou feliz. Quando quiser, marcamos o casamento. Veja, este apartamento é muito grande. Tome um dos cômodos e transforme-o em seu escritório, a seu gosto, que é bom gosto – e sorri — Traga tudo o que quiser, mude os quadros, traga os seus.

— Eu nunca te perguntei uma coisa que para mim é muito importante. Eu tenho o sonho da maternidade. O sonho da minha vida é ter uma família. Sei que não posso esperar muito tempo.

Olhei para ela, abracei-a fortemente.

— Se você me der um filho, serei ainda muito mais feliz.

Ela se emocionou. Ficamos assim abraçados, como se mil anjos entoassem uma sinfonia celestial. Que sensação de felicidade.

— Eu quero fazer os exames necessários e pensar ainda melhor. Se tudo estiver bem, será a mão de Deus.

— Claro que sim. Será um bálsamo nas nossas vidas. Não sou mais tão jovem, mas não me julgo velho. Mês que vem farei quarenta e oito anos, será maravilhoso ser pai outra vez. Hei de ser um pai protetor e amável, não um vovô – e sorri.

Decidimos que, se o filho viesse, seria muito bem-vindo. No final de nossa conversa, Gabriela começou a planejar sua vinda definitiva para o apartamento. Ficou de trazer uma equipe para transformar um dos quartos, que inclusive tem uma varanda, para ser seu escritório. Um quarto para um filho, outro para Carolina, além de nossos aposentos. Estava bom demais e, claro, alguns quadros que Gabriela gostava, inclusive também um quadro muito bonito que ela pintou num momento de inspiração.

O que estava em excesso iria pedir para deixar na casa de meu pai. Poderia ficar num dos quartos no fundo do quintal, que estava vazio.

Tudo andava tão certinho que, às vezes, eu me preocupava, pensando que a vida não era isso, tudo dando certinho, nós dois apaixonados, Carolina estudando em Harvard, meu pai trabalhando, Paola e Eduardo se recompondo da morte de Ricardo e nosso trabalho, nossa paixão, caminhando para o que sonhávamos.

Uma noite, na hora do jantar, Gabriela me perguntou se falei com Paola.

— Não, fui até o escultor que você me indicou. Estou voltando desta visita.

— Ligue para ela. Ela ligou várias vezes, sempre perguntando se você tinha chegado.

Vi no meu celular pelo menos umas dez chamadas de Paola. Fiquei com certo remorso, mas como estava envolvido na conversa com o escultor que nos ajudaria no projeto da praça, não atendi as ligações.

Fiquei preocupado, mas Paola disse que meu pai estava bem e o Eduardo também.

Conhecendo Paola, pensei comigo, era muita festa para tão pouco tempo.

Liguei e ela simplesmente disse:

— Venha para cá, precisamos conversar urgentemente. Acredita que hoje recebi a visita do filho do pai.

— Filho do pai?

— É, nosso pai tem um filho, você entendeu – muito irritada. Nós temos um irmão.

— Paola, pare com isso, que brincadeira de mau gosto. Temos um irmão? Tem certeza? Não sei o que dizer, sei lá, é coisa séria. Papai está com você? – atropelava as perguntas, não conseguia expressar bem as palavras.

— Sim, está e você não vai falar senão pessoalmente, é claro. É assunto delicado. Venha para cá e urgente. Se não falarmos, acho que vou ter um infarto — essa Paola é dramática, pensei — o Eduardo me deu até remédios. Minha pressão subiu com esta história; é claro que estou muito nervosa.

— Calma, calma. Não piore as coisas — e tentava me acalmar também.

Gabriela me olhou e como não estava em viva voz, me questionou:

— Filho do seu pai? Você tem um irmão?

— Gabriela, eu não sei o que está acontecendo, mas foi isso que Paola disse. Vamos para lá.

— Não é melhor você ir sozinho?

— De jeito nenhum. Pode até mesmo ser algum golpe, sei lá. Vamos, eu não escondo nada de você. Vem, vem comigo, que eu estou precisando. Pode ser verdade e mesmo não ser. Sei lá...

Fiquei confuso. Um outro filho de meu pai? Meu Deus, que confusão que aqueles três estavam fazendo. Pode ser que apareceu alguém dizendo que era filho do meu pai e tudo se embaralhou em nosso sentimento familiar. Não pode ser, eu pensava já na avenida e dirigindo cada vez mais e mais veloz quando me lembrei da velocidade da Av. Paulista e de seus radares. Que loucura, o que será que aconteceu?

Cheguei e Eduardo vem nos encontrar na porta.

Cumprimentou-nos. Falou-me sem rodeios, como que desabafando.

— Não fique nervoso. Mas a coisa é séria. Paola está possessa.

Entrei no jardim de inverno. Sentados estavam meu pai e o "meu irmão". Paola caminhava de um lado para outro, como um urso numa cela de zoológico. Eduardo falou para sentarmos, depois de termos cumprimentado todos. O último que cumprimentei foi meu "irmão", um adulto de uns vinte e cinco anos.

— Bem, estamos aqui, eu e Gabriela. O que está acontecendo?

— Acho melhor que o papai nos conte a verdade. Este é Guilherme, filho de nosso pai, nosso irmão. Ele veio procurar o papai. Ficou preocupado porque ele não foi ao escritório. Ele não sabia que o papai tinha ido ao médico por causa da pressão alta. Olhe pro papai pai e olhe pro Guilherme, veja como são parecidos.

Paola nem respirava, falou tudo de uma golfada só. Estava muito alterada. Olhei para meu pai e tentei aliviar a conversa.

— Foi ao médico?

— Sim – disse ele – estou bem, é que eu fiquei nervoso. Eu preciso contar algumas coisas para vocês. Como não tinha coragem, acabei ficando nervoso.

— Bem, pai, explique-nos, por favor. Estou sem entender nada.

— Claro que vocês não vão gostar da história, mas é a minha história e eu precisava falar para vocês. De repente, eu morro, ficariam mais tristes por não lhes ter contado, por mim mesmo, de minha própria boca.

— Bem, pai, estou aqui. Aliás, estamos todos aqui para ouvir sua história.

— Eu e sua mãe sempre vivemos bem, uma vida normal. Uma vez peguei uma obra para fazer no sul do país, nas serras gaúchas, em Gramado. Fiquei lá três meses, depois voltei e fiquei mais dois meses. Durante o período em que fiquei lá, acabei me hospedando numa pousada, cuja dona era uma pessoa muito especial. Simplesmente aconteceu, eu e Glória tivemos uma paixão momentânea, algo circunstancial. Nenhum dos dois queria que acontecesse, mas aconteceu. Foi algo bonito, devo dizer, lindo, mesmo sabendo que era uma aventura, uma atração, uma história envolvente. Glória ficou grávida. O sonho dela sempre foi ter um filho. Eu disse que amava a mãe de vocês e nunca iria me separar dela. Glória disse que o que mais queria era um filho. Combinamos que eu mandaria um auxílio mensal para o menino e que no futuro nós veríamos o que fazer.

A vida foi tramando seus caminhos, mesmo no meio de seus atalhos. Por uma coincidência do destino, viajei para a Europa com um casal que tinha um filho engenheiro e acabei combinando com o pai dele de ajudá-lo a montar um escritório de engenharia. A coincidência fez com que o Wanderlei tivesse feito engenharia com o Guilherme. Quando falei o meu sobrenome, ele disse que tinha um amigo com o mesmo sobrenome. Eu perguntei o nome e ele disse Guilherme Luís Bernstein. Disse que eu era seu pai, com muito orgulho. Hoje estamos os três trabalhando juntos, imaginem. Glória está aqui na cidade morando com o Guilherme e temos saído juntos nestes últimos meses. Vejam minha idade e meus cabelos. Percebam que não estou mais na idade de esperar nada. – e disse, para não ser contrariado, não perguntou, apenas disse — Vou me casar com a mãe do Guilherme.

— Casar? Pai, ainda bem que a mãe não conheceu esta história desagradável. Teria sofrido muito – disse Paola.

— Quem falou que a mãe de vocês não sabia? – disse meu pai zangado.

— Como é que é, pai? A mãe sabia da história, do filho, sabia de tudo? – perguntei incrédulo.

O filho de meu pai, o Guilherme apenas via a cena se desenrolar esperando para a hora dizer alguma coisa.

Meu pai, neste momento, já estava em pé e como num tribunal se defendia por ter traído nossa mãe. Eu estava sem acreditar. A imagem de meu pai era, agora, de um malfeitor.

— Posso contar? – disse meu pai, como se quisesse nos mandar para o inferno.

Concordamos. Acho que todos queriam que ele continuasse a história e ele foi falando e se aliviando, liberando sua tensão.

— Quando Glória me disse que estava grávida, eu entendi que havíamos ultrapassado os limites da aventura e agora teríamos que assumir as consequências. Naquele instante, eu e Glória conversamos. Ela nunca pensou em outra coisa além de ter um filho. Eu voltaria para casa e contaria a verdade para Leila e, se ela me perdoasse, seguiríamos juntos. Não como se nada tivesse acontecido, pois aconteceu e foi grandioso. Nunca deixei faltar nada para o Guilherme, não é verdade, filho?

Meu meio-irmão apenas confirmou que sim com a cabeça. Me doeu o coração, pois o pai presente que tive, que me protegeu, ele não teve.

Meu pai estava excitado, precisava desabafar.

— Falei com a Leila, a mãe de vocês. Ela chorou, ficou muito triste, disse que esperava tudo de mim, menos que a traísse. Eu falei que a amava e que queria ficar sempre com ela. Ela não me perdoou na hora, disse que eu deveria cuidar do filho, que ele não teve culpa nenhuma do que fizemos. Eu concordei com tudo. Ela pediu um tempo para pensar e eu disse que faria o que ela decidisse. Se quisesse, iria embora para sempre da sua vida, daria o divórcio, a casa, a pensão, tudo que ela tinha direito. Vocês estavam grandes, quase casados. Bem, ela me mandou dormir no escritório. Fiquei semanas. Eu tinha que dormir mais tarde e levantar mais cedo para vocês nada perceberem.

— Quanto tempo durou isso? — perguntou Paola.

— Não me lembro, uns dois meses ou mais. Ela falava comigo e eu com ela, mas era formal. Vocês estavam envolvidos em seus afazeres e namoros e nem reparavam que as coisas não estavam bem entre nós. Ela resolveu, finalmente, que não iríamos nos separar. Eu registraria o filho, pagaria pensão. A mãe de vocês pediu duas coisas, primeiro que vocês não soubessem, pois ela queria que sempre tivessem orgulho de mim e a segunda é que eu nunca mais voltasse a ver a mãe de Guilherme – ele, por enquanto, evitava falar o nome de Glória.

— Você nunca foi ver o Guilherme? – perguntou Eduardo, saindo do foco das investidas de Paola. Gabriela não falava nada, apenas ouvia, como o filho do meu pai.

— Sim, o Guilherme tem um tio que mora aqui. Como todo ano ele vinha para cá e ficava na casa do tio, eu ia vê-lo e saíamos para passear e conversar. Queria que ele soubesse que tinha um pai. Fiquei feliz mesmo quando ele disse que queria vir fazer engenharia nesta cidade. Havia desocupado um dos apartamentos que eu tenho para alugar e me dar alguma renda. Foi simples. Ele ficou aqui, de vez em quando nos víamos e mesmo saíamos. Recentemente Glória se mudou para cá, depois que o marido dela, padrasto do Guilherme, que era policial, morreu numa ação. Eu comecei a sair de novo com ela e decidimos nos casar.

Naquela hora, eu pensei que estava tendo um pesadelo e que iria acordar. Meu pai, aparentemente inocente com esta história, contando que iria se casar. E mais ainda, ele já tinha um filho mais ou menos da idade da minha filha. Era algo para mim inacreditável.

Olhei para Guilherme, tentando ser suave e amável.

— O que você nos diz disto tudo, Guilherme?

— Bem, acho que papai contou o lado dele, afinal ele viveu esta história ao lado de vocês. Eu me lembro de tê-lo visto apenas algumas vezes ainda criança pequena. Depois com mais idade nos víamos uma vez por ano.

— Como assim? Perguntei.

— Ele mandava dinheiro para o meu tio ir me buscar e me levar. Quando aprendi a lidar com o mundo virtual, a gente passou a se falar mais. Minha mãe o ama muito, sempre gostou dele. Fiquei alegre quando minha mãe casou com meu padrasto, assim ela parava de dizer coisas como vou contar para seu pai, ele vai se zangar, coisas que mãe sempre fala. Meu padrasto era boa gente, gostava de mim, era carinhoso e estava sempre trabalhando, com horários variados, por ser policial. Duas vezes foi baleado e depois ficou muito tempo em licença até se recuperar.

Fiquei pensando na tragicidade dos fatos, mas nada disse. Ele tinha necessidade de falar.

— Nas horas de folga ajudava minha mãe na pousada. Meu padrasto gostava dela muito mais do que ela gostava dele. O certo é que ele lhe dava segurança. Sentia que essa situação era boa para ela, ele foi casado e a família dele morreu. Eu decidi ser engenheiro e vim para cá, com meu pai, digo, nosso pai, desculpe. Bem, ele me colocou num dos apartamentos que estava vazio. Como ele falou é verdade. Recentemente minha mãe veio para cá também, para ficar mais comigo e os dois acabaram se reencontrando. Os dois são agora viúvos. Ela me disse que ele a pediu em casamento e ele também me contou. O problema era contar para vocês esta história. Pronto, ele contou e agora estamos todos aqui...

Olhamos um para o outro. Ninguém falou nada.

Paola se dirigiu para nosso pai e fez uma pergunta direta:

— Você vai casar com a...

— Minha mãe se chama Glória – disse Guilherme.

— Com a... Glória? Está decidido? – olhando fixamente para meu pai.

— Bem, está decidido. Vamos casar sim. É isso que vai acontecer.

Eu estava apenas esperando Paola perguntar o inevitável e foi o que aconteceu:

— Você pretende vir morar aqui com sua nova esposa, pai?

— Sim – disse ele – vou trazê-la para cá e o Guilherme será convidado a morar conosco. Esta casa é grande, o Guilherme fica no quarto do Ricardo e Glória fica comigo. Será minha esposa, temos apenas que fazer um armário maior em algum lugar.

— Entendo — disse Guilherme, que parecia ter ouvido longas histórias de mortos em sua vida ainda jovem. — Perdi meu padrasto, que foi um pai para mim. Verdadeiro pai, pois cuidou de mim e me protegeu. Mas morreu muito cedo. Minha mãe não queria mais ninguém, e nem eu. Tinha medo de perder novamente um pai. Já tinha perdido dois, que me davam a sensação de proteção. Não é mesmo fácil tomar o lugar dos mortos. Parece que seus fantasmas ficam perambulando pela casa. Minha mãe falava com meu padrasto horas inteiras. Contava as coisas. Minha mãe sempre falou que era difícil tomar o lugar dos mortos.

— Bem, está decidido, não é, meu pai?

— Paola, tente entender. Eu preciso refazer minha vida, ter alguém para me ajudar na velhice. Sua mãe morreu e eu me sinto com o direito de casar com Glória, reparar minha ausência junto com meu filho Guilherme, acho que é uma segunda chance na minha vida, as coisas aconteceram. Me sinto até feliz; cada um seguiu seu caminho. Fiquei à beira da estrada.

— Entendi – disse Paola. Sabe, pai, eu estou desapontada com você — disse duramente. Você ultrapassou toda decência que eu via em você. Agora é um homem que parece que eu não conheço mais. Perdi minha mãe, meu filho e perdi também você. Você não morreu, mas matou o pai que sempre pensei existir.

Sepultar os vivos é uma coisa muito triste. A gente vai deixando de amar e quando percebe, a pessoa não existe mais para nós, ficou no passado, no reino dos mortos. A gente ama e vai aos poucos apagando a chama do amor. É a pior morte, é a morte dos vivos dentro de nosso coração.

— É assim, meu pai – e falou com desdém – é assim que a gente morre. O Ricardo está mais vivo para mim, em meu coração, do que você.

Percebia a frieza e a crueldade em suas palavras. Sabia que nosso pai sofria, mas ele controlou sua serenidade.

— Você tem o direito de pensar o que quiser, minha filha. Cada um reconhece na própria vida o caminho da felicidade e deve trilhar, sem perguntar muitas opiniões alheias. O fato é que eu tomei esta decisão e você haverá de compreender, se não hoje, na tua velhice, que há de chegar. A gente valoriza a vida quando está na soleira da morte. Você vai ver que todos juntos seremos uma família alegre e feliz.

— Não, pai, nossa família morreu hoje – e olhando para os demais – pelo menos para mim. Você pode casar e trazer sua nova esposa e seu filho também. Eu e o Eduardo amanhã a gente começa a procurar um apartamento. Havemos de encontrar o mais rápido possível. Logo que encontrarmos, vamos embora.

— Você está exagerando, Paola. Esta casa tem muito espaço. Você e seu irmão são donos da metade da casa.

— Não importa se sou dona de um quarto da casa. Isso é ridículo — disse tentando revelar raiva e descontentamento. Você tem mais um filho, ele é herdeiro também. Caro pai – disse com certa ironia — nada do que você falar vai mudar meu modo de pensar. Eu preciso chorar longe de todos.

Saiu, e desta vez saiu mesmo muito enraivecida.

Eduardo viu a mulher subir os degraus. Delicadamente pediu licença e a seguiu.

— Nós também vamos embora – disse para meu pai e para Guilherme. Depois olhei para Gabriela que nada havia dito; silenciara o tempo todo e só agora falou com delicadeza, quase como que tentando não invadir campos alheios.

— Você quer conversar a sós com seu pai?

— Não, meu bem – disse carinhosamente. Aqui sempre se falou tudo com todos, sem nunca imaginarmos que estas estranhezas aconteciam nesta casa. Guilherme, certamente vamos nos ver mais vezes e será muito bom ter um irmão. Desculpe, é que tudo me pegou de surpresa. Levantamos. Meu pai me olhou e fez o mesmo para ir abrir a porta.

— Não fique chateado comigo, Léo, mas eu precisava contar toda a verdade para vocês.

— E não foi fácil – continuou meu pai. Um amigo meu não teve coragem de falar com sua família que tinha uma filhinha fora do casamento. Ariscou não contar. Se nunca tivessem descoberto, teria sido melhor. Mas é um risco, pois a vida dá muitas voltas e o mundo é pequeno. No seu velório apareceu a filha, já mocinha, com a mãe. Foi um desapontamento. Se ele tivesse contado poderia ter explicado a razão desta aventura. Poderia reconquistar o coração da esposa, como aconteceu comigo. Mas ele preferiu arriscar, como eu disse. A imagem dele, *post-mortem*, ficou manchada para sempre. Queriam perdoá-lo, mas ele não estava vivo para pedir perdão. Eu preferi ariscar. Tive sorte e ainda vivi anos felizes com sua mãe. E ainda tenho mais sorte – apontou para o Guilherme.

Gabriela, educada como sempre, despediu-se de meu pai dando-lhe um beijo no rosto.

— Depois vocês vão se entender melhor. Tenha paciência e compreenda o tempo dos outros. É sempre difícil desembarcar de nossos estágios espirituais. Mas é preciso crescer. Vai ver que no fim dará tudo certo.

— Obrigado, minha filha, espero que tenha razão.

Guilherme levantou e ficou ao lado de meu pai.

Eu olhei para ele e não consegui dizer nada que fosse bom e assim falei qualquer formalidade.

— Boa noite, pai. Boa noite, Guilherme.

Eles responderam. Saímos e fomos embora. Gabriela não falou nada até chegarmos em casa. Ao entrarmos, perguntou se eu queria alguma coisa, ao menos um chá.

— Não, nada, obrigado.

Sentei na poltrona e fiquei realmente pensando em tudo o que aconteceu. Gabriela foi tomar banho e depois retornou com dois copos de vinho.

— O que vamos brindar? Ao casamento do meu pai? Ao meu novo irmão? Ou vamos esquecer tudo isso e brindar a nossa felicidade?

— Brindemos, simplesmente, depois conversamos.

Apenas batemos uma taça na outra e tomamos um pouco de vinho, que era um hábito que nos unia no sentimento de proximidade. Se tornara, aos poucos, um símbolo, reconhecido até no tilintar das taças.

— Fala, Léo, o que você está pensando. Eu fico agoniada, nunca o vejo assim.

— É tudo tão repentino, foi uma noite surreal para mim. Meu pai, meu herói de sempre, traiu minha mãe, que o perdoou, teve um filho com outra mulher. Ainda mais, cuidou sigilosamente do menino que hoje é também engenheiro, a mulher ficou viúva, reataram e vão se casar. É real esta história?

— Parece que sim, parece plausível. Erros são erros e todos cometemos. A questão não são os erros, mas o que fazer depois de cometê-los, uma vez que não podemos voltar atrás. Sim, eu vejo tudo muito real, com lances dramáticos de Paola e de você. Seu pai vai deixar de ser seu pai?

— Não.

— Faz diferença ter que dividir a herança? Vai mudar sua vida?

— Não, sinceramente não preciso de nada. Tenho parte no escritório, minhas economias, minhas aplicações, vivo muito simples como você sabe. Aliás, a gente vive melhor do que aqueles que acumulam tanta riqueza e nem têm tempo de gastar. Pensam que caixão tem gaveta, como diz o provérbio.

— Ele é um ser humano e cometeu erros na vida. Grandiosa é sua mãe, que o perdoou. Quer perdão maior do que ela que foi traída? Certamente fez isso por você e Paola. Ou você acha que ela o perdoou só por gostar muito dele?

— Não sei.

— Acho que para ele foi ruim demais falar sobre o que fez e seus projetos. Pensando na idade dele, acho que se redimiu muito ao falar conosco.

— Minha querida, você é boa demais. Vamos pôr uma pedra em cima e esquecer o problema. Será possível?

— Quem deve saber, certamente, são você e a Paola.

— Vamos dormir? Dá para entender que de repente descubro que tenho um irmão e um pai que...?

— Exagerado, durma hoje e pense amanhã. Amar é romper as próprias fronteiras.

— Que bom que você está aqui do meu lado.

XVI

O projeto da praça

MEIO A TANTAS ATRIBULAÇÕES, eu e Gabriela nos debruçamos durante dias à mesa de trabalho e finalizamos o projeto da praça.

No dia da apresentação do projeto chegamos bem antes do horário marcado para conversar com Hassan e falarmos mais uma vez da praça. Queríamos trocar ideias com ele antes da reunião com toda a equipe da diretoria.

Era o projeto mais ambicioso e original em termos de arquitetura e arte que eu e Gabriela tivemos em mãos. Depois de aprovado por Hassan, fomos visitar Rommel Rovani, o famoso RR da escultura. Era um artista de renome internacional, com muitas peças de arte expostas em museus do mundo inteiro.

Rommel Rovani tinha uma filha única e ela tinha problemas no fígado. Depois de um transplante e de uma longa recuperação, estudava e vivia uma vida normal, evidentemente tomando medicamentos.

Como nosso projeto era sobre vida e morte, sobre doadores e receptores, nenhum artista seria mais apto a trabalhar nosso projeto do que Rommel Rovani. Por seu talento e por sua história.

Nosso primeiro contato com ele foi formal demais, até decepcionante. Quase que desistimos de sua arte. Dois dias depois ele nos ligou e pediu que voltássemos ao seu estúdio.

Rommel Rovani tinha conversado com a esposa e a filha, à época com dezessete anos. Segundo nos disse, sua filha simpatizou com nossa ideia. Depois que mostrou nosso projeto ainda no início para elas, a filha ficou encantada. A menina disse que o pai deveria fazer a escultura que queríamos. Segundo ela, ficaria muito linda, seria uma obra de arte marcante.

Na nossa segunda visita, conhecemos a esposa e a filha de Rommel. Elas queriam mais detalhes do projeto.

Desde o dia que nos chamou, RR ficou se dedicando exclusivamente à projeção da estátua que ficaria no centro da praça. Passaram-se alguns meses. No dia anterior da nossa reunião em que nos apresentaria sua obra, como ele havia prometido, mandou-nos as fotos para que colocássemos em apresentação de imagens, para compreender sua realização final, quando a praça estivesse pronta.

Estávamos eufóricos com a ideia de presenciar a obra de arte de RR. Com seus cabelos compridos e um estilo que aparentava viver em séculos anteriores, RR nos recebeu para mostrar o resultado de seu talento. Estava empenhado em dar vida ao que mais queríamos, o nosso marco.

— Venham comigo. A grande obra – ria de si mesmo, mas falava sério — está guardada a sete chaves.

Passamos por várias salas até que chegamos finalmente na penúltima. Ele abriu-a e vimos ali no meio da sala branca, a obra que estava debaixo de um lençol, que a cobria inteiramente.

Gabriela, Hassan e eu ficamos onde ele nos posicionou e olhamos curiosos.

Gabriela não deixou de exclamar e o fez entre simpatia e espanto.

— Não suporto mais a curiosidade, assim você vai nos matar, RR!

— Vou posicionar vocês para entender como a obra será esculpida observada. Há um ângulo de convergência; de todos os lugares será possível contemplar o marco da praça. Confesso que quando terminei, eu chorei muito. Lembrei-me da minha filha e dediquei a ela esta obra. Este será nosso presente para vocês. É bom saber que faltam detalhes, mas isso será finalizado até a data da inauguração da praça. Na realidade, eu diria que falta o acabamento final, mas já dá uma ideia bem clara do trabalho.

— Como assim? – perguntei.

— Vocês me explicaram e eu entendi. A obra será doada. Não será minha doação, mas a doação de minha filha. É a gratidão porque a morte a poupou. Ela deu-lhe a vida.

— Entendi seu sentido de doação – disse Hassan – é o seu trabalho.

— Não é o meu trabalho, é o trabalho da minha vida, Hassan. Fui inspirado para fazer este objeto de arte. As criaturas que surgirão na praça revelam a alma da obra. Elas somente faltam falar, mas não precisam porque a simbologia que vocês pediram é sua eloquência.

— Meu Deus, eu estou em estado de choque – disse Gabriela. Do jeito que você está falando, será sua peça mais importante, a obra de sua vida. Você diz que sentiu estas coisas lindas quando esculpiu. Percebe-se na obra a sua alma.

RR puxou o lençol que cobria sua obra-prima. Era a obra que queríamos. Uma arte que ficaria *ad eternum* na praça, revelando nossas mais significativas convicções, onde a vida emana da morte, a ressurreição transcende a tragédia, a luz vence as trevas. É assim.

Nenhum de nós respirou quando o lençol foi desfraldado. Emudecemos.

— Meu Deus, é perfeito demais – não aguentei e disse o que me veio do coração.

Gabriela derrubou algumas lágrimas. Não conseguiu dizer nada. Segurou meu braço com força.

— Lindo demais. Está acima do que eu imaginei. É um legado para a humanidade – disse Hassan, como se tivesse vendo além do que víamos e certamente sentiu no coração a sensação da beleza.

RR nos perguntou:

— Para quem vocês vão mostrar as fotos?

— Não mais do que dez pessoas na reunião da presidência. Por quê?

— Vou divulgar somente na semana da inauguração da praça. As fotos sairão na capa de algumas revistas importantes e os principais jornais publicarão toda a história. Portanto, nesta reunião mande a pessoa que cuida do marketing falar comigo. Vamos guardar sigilo até a semana da inauguração. Quando inaugurar a praça todos estarão curiosos, inclusive duas reportagens sobre a primeira visão da estátua no começo, coberta.

— Mas queremos que todos vejam esta magnífica obra, RR – disse Hassan.

— Sim, todos verão – disse RR – mas as pessoas que eu chamei foi com esta intenção. Haverão de aguçar a curiosidade e vão chamar muitos outros para a inauguração. Como vocês quiseram um marco, aqui está.

— RR, você é um gênio, concretizou nossos pensamentos.

— Na realidade, foi minha filha que me fez fazer este trabalho e, por certo, está lindo. Tenho certeza de que este é meu melhor trabalho na vida. Fico imaginando quando Michelangelo terminou David. Como ele pôde fazer aquela obra? Dizem que ficou três anos se dedicando a ela. O mundo de hoje não nos permite nem sonhar fazer coisas assim. Quando terminei, eu me senti um escultor que não sabe como conseguiu tal façanha. Parece milagre.

— Acredito – disse para lisonjear – que mãos divinas lhe guiaram neste trabalho.

— Eu não sou bom assim – retrucou ele – por isso no primeiro dia fiquei com receio de assumir a tarefa. Mas as mulheres de casa, inclusive minha mãe, além de filha e mulher, todas insistiram.

— Bem, estamos apaixonados e vamos ficar em silêncio até a inauguração – disse para ele.

Fiz menção de ir embora.

— Esqueceram-se da segunda parte?

— A emoção foi tanta – disse Gabriela – que esquecemos completamente da segunda parte.

Entramos na porta ao lado e vimos, na imensa sala, a continuação do que veremos na praça. Gostamos muito, mas sabíamos que era uma continuação, uma linda continuação da nossa praça. Será algo nunca pensado, será fantástico.

Em seguida, fomos para o almoço. Estávamos felizes. RR ainda nos disse que se tivesse anos pela frente se dedicaria a esta obra. Realmente ele foi modesto, porque fez em meses o que para muitos outros escultores seriam necessários muitos anos. O futuro dirá, somente o futuro, mas creio que esta obra ficará para sempre.

Almoçamos e ríamos. Estávamos contentes e tínhamos vontade de contar para todos, mas prometemos sigilo. Ao final do almoço Carolina me liga e diz que queria saber o que aconteceu com o vovô.

Paola não escondeu nada de Carolina e contou-lhe toda história. Mas claro que a seu modo.

— Minha filha, está tudo tranquilo. Paola é sempre dramática. O fato é que mais dia menos dia você iria saber, o vovô deu um pulão fora do casamento e teve um filho. Disse que minha mãe sabia, e que perdoou. Agora o desfecho da festa é que ele vai se casar com a Glória. Em outras palavras, a namorada secreta vai ser sua esposa. O velhinho está novamente na ativa, é isso, minha filha. Vamos fazer o seguinte, como estou num almoço de negócios, porque hoje vamos apresentar nosso projeto da praça para o grupo Abdul-Malik, me ligue à noite e conversaremos.

Hassan pediu sobremesa, dizendo que era para comemorar. Depois fomos até o escritório terminar a papelada e preparar a apresentação. Vi que Hassan estava transpirando muito. Perguntei se ele estava bem.

— Estou muito feliz, mas nervoso também. Fique tranquilo, estou bem. Se minha pressão arterial subir muito, vou até o ambulatório da empresa.

— A praça é sua. Queremos você cuidando dela no futuro, promovendo eventos e se orgulhando dela.

— Todos nós, meu caro Léo, estaremos cuidando da praça cheia de crianças. Eu ainda estou solteiro. Mas agora vou arrumar uma namorada e depois casar, ter filhos, mas sem pressa. A propósito, como vai o César?

— Chateado...

— Vamos ver o futuro, quem vai procurar o outro primeiro, César ou Carolina?

— Conheço minha filha, será ele.

— Tem certeza?

— Depois do meu pai ter tido um filho, como ele teve, não tenho mais tantas certezas.

Quando estávamos somente eu e Gabriela, na imensa sala de reunião, percebi que também tinha a emoção de Hassan. Estava nervoso e feliz.

Gabriela me deu um abraço carinhoso.

— Não era isso que queríamos? Tem medo que rejeitem o projeto? Eu até tinha receio antes de saber que seria uma doação do RR. Agora que eles não vão gastar nada com o escultor, além da finalidade da obra, por certo já está aprovado, não é?

— Espero que sim. Você fala o nome da praça e explica para que eles entendam. Pode ser?

— Claro que sim, se você prefere que eu fale, será um prazer dizer a motivação deste nome.

Pontualmente as pessoas foram chegando. No exato minuto das horas, Hassan deu início à apresentação do projeto.

Mostramos primeiramente fotos da praça como estava quando a encontramos e agora com os tapumes.

Hassan então disse para todos:

— Nosso projeto se chama "A Dádiva". Vou pedir para a Gabriela explicar a mística da palavra Dádiva.

Gabriela, sempre bonita e com uma cultura e inteligência raras, não tinha muito problema para apresentar as coisas.

— Antes de começar, queria dizer que uma amiga da universidade, a Doutora Lilith me ensinou um pouquinho sobre dádivas. Gostaria que me fizessem perguntas, caso haja necessidade, para que eu possa responder melhor.

Todos olhavam admirados para Gabriela. Ela sorria sutilmente, igual à Monalisa de Da Vinci.

— Dizem que todo homem é egoísta por natureza. No entanto, houve um movimento cultural e intelectual batizado de *paradigma da dádiva* que surgiu na década de oitenta no século XX na França, e que pregava que dádiva é doação, uma atitude original e própria do ser humano, básica para a criação do vínculo social. A dádiva promove vínculos afetivos entre as pessoas.

Hassan olhava para mim como se dissesse que ela estava incrível. Percebia seu olhar fascinado.

— Os inspiradores da graça da dádiva acreditam que os vínculos surgem de condições particulares de doação, afeição e solidariedade, que não são explicáveis nem pelo interesse individual, nem pela burocracia estatal, mas somente pelo paradoxo do dom. O exemplo da dádiva, dentro de nossa sociedade, pode ser identificado através de um abraço, um trabalho voluntário, troca de presentes, troca de pratos entre vizinhos e parentes das regiões rurais, que promovem a retribuição. Essas ações extrapolam as regras da etiqueta e nos remetem a sentimentos universais. Estas situações simples e simbólicas se tornam a expressão de cada cultura.

Abdul-Malik não suportou a curiosidade.

— O que é a dádiva, então, Gabriela?

Ela jogou a cabeça esvoaçando seus belos cabelos longos.

— Ela é gerada e cultivada por movimentos de oferenda e retribuição. Assim é que brota a condição primeira do vínculo afetivo e social. A dádiva privilegia interesses de amizade, de aliança, de sentimento de amor, de solidariedade e de prazer entre tantas coisas da vida. A praça teria este sentido, seria a Praça da Dádiva, reunindo todos os povos que formam o nosso planeta.

Hassan completou, um tanto emocionado.

— A Praça da Dádiva simboliza a vida e a morte. Acreditamos que devemos falar da vida, mas também devemos falar da morte, onde seus sinais de vida, como solidariedade, saudade, afeição e honra são desvelados. Vejam que no meu caso especial, que saí da morte para a vida, esta praça representa todos os que doaram seus órgãos e todos os que receberam um marco da doação. Esta é a dádiva, o presente, a oferenda. Da dádiva nasce a gratidão e da gratidão surgem novas dádivas.

Todos olharam para Hassan e se emocionaram. Lágrimas saltavam dos olhos e cada um disfarçava como podia. Tentando diminuir um pouco o lado sentimental, falei como a praça seria. Com Gabriela, mostramos os desenhos e por fim as fotos da parte artística de RR. Sua obra de arte e as partes que compunham os nomes.

— Que nomes? — perguntou Anwar, um dos irmãos de Hassan.

— Bem, no centro da praça ficará a escultura de RR e os dois painéis em mármore, da cor branca e da cor preta, projetando o desenho que termina numa plataforma para cultos ecumênicos, homenagens e apresentações. A plataforma é formada por diversos tipos de mármore que significam os vários povos. Esta arte compõe o mapa do mundo, onde cada país é representado por uma cor. No centro do local, a terra de mármore azul. Em vez de telhado comum, um vitral, permitindo que os visitantes contemplem as estrelas durante a noite e o sol durante o dia.

Explicamos como a iluminação seria. Ficou evidente que o grande centro da praça é a obra de RR, adornado pelas maravilhas ao redor da praça. Haverá também cabanas para exposições e *souvenirs*, administração e camarins, em vista das atividades culturais e religiosas. Compunha ainda a obra uma concha acústica. Como a praça é muito grande, poderá ter visitas noturnas, com espetáculos, ações humanitárias e apresentações folclóricas.

Terminamos nossa apresentação e olhamos discretamente para todos, tentando colher suas reações.

Hassan explicou, com forte expressão de contentamento, que a obra de RR foi doada para a praça e que não teríamos nenhum gasto com este artista. Hassan recebeu de dois empresários uma grande doação para exaltar o tema do monumento.

Ficamos todos quietos esperando a palavra definitiva de Abdul-Malik. Buscávamos ansiosos no seu olhar uma resposta. Pareceu um tempo sem fim. Na verdade, ficou pensando um pouco antes de iniciar um pequeno discurso:

— Estou fascinado pelo projeto. São ideias como essas que promovem a paz para os povos. Todos somos da mesma nacionalidade, vivemos no mesmo país e lutamos lutas comuns. No entanto, muitos nos olham como se fôssemos estrangeiros. Não somos, somos concidadãos. Acreditamos em Deus como vocês, essencialmente o mesmo Deus.

Abdul-Malik continuava sempre mais emocionado e, ao mesmo tempo, mais sereno. Era essa sua qualidade, sentimentos fortes, mas contidos e equilibrados.

— Meu pensamento é povoado de ideias. Esta praça, aliás Praça da Dádiva é um monumento universal. Hassan se envolveu profundamente com a ideia do Léo e da Gabriela e eu nem imaginava sua grandiosidade. De fato é uma Dádiva termos esta obra inspirando nossa fundação. Nem preciso dizer que o projeto está aprovado. – ele nos olhou e eu segurei a mão de Gabriela – Queremos ter a praça pronta para inaugurar junto com a mudança de nossa sede. Considero este um momento grandioso em nossa empresa. Parabéns a todos que participam de um sonho que se torna realidade. Um sonho, sim. – e sorria como um menino, liberando sua emoção com confiança – Eis a nova maravilha do mundo.

Aplaudimos seu discurso espontâneo, nascido do coração. Fomos para casa. Agora era correr para que a Praça da Dádiva saltasse do papel para a realidade.

Pelo caminho, pensava e pensava, pois sabia que a conversa não seria tão fácil com minha família.

XXVII

Mais uma conversa de família

CERTAMENTE VOU ME lembrar para sempre desta conversa especial com minha família. O mundo mudou muito ou nós mudamos. Até a morte ficou mais amiga. A família continua sendo nosso lugar de convivência, mesmo que com seus velhos problemas. Todos se amam e todos se entendem e, ironicamente, também se desentendem.

    Estamos revivendo a era do rádio, agora com imagem e voz, em qualquer lugar do mundo. Falamos com as pessoas e elas respondem, interagimos desesperadamente para resolver problemas à distância. Outras vezes, nem conversamos com os vizinhos ou com os filhos. Mas naquele dia estávamos todos nas estrelas; a esperança do alvorecer ou a melancolia do crepúsculo. Sim, creio que assim estávamos naquele dia.

    De um lado felizes pela aprovação do projeto. Muito trabalho, muita coisa boa e realização. Por outro lado a família desfacelada.

Chegamos a casa e recebemos uma ligação de Paola e Eduardo que queriam vir conversar conosco. Gabriela, apesar de cansada, concordou em acolhê-los. Conversar era preciso. Depois contariam tudo para Carolina.

Mal acabamos de tomar banho, eles chegaram. Comemos, nos acomodamos e então pudemos conversar com calma. Paola é bem extrovertida e fala bastante, até demais. Estava mais tranquila nesta noite, apesar de muito triste. Mas desde que Ricardo faleceu nunca mais a vi sorrir. Desapareceram suas sonoras gargalhadas, mudou sua forma de ver o mundo.

— Eu e Eduardo estamos procurando um apartamento para mudar. Papai vai se casar no próximo mês e eu não quero estar em casa quando aquela mulher chegar – disse Paola.

— É definitiva sua posição? Não quer mais ficar lá em hipótese alguma?

— Eduardo e eu decidimos – tornou sua palavra mais fria e agressiva — que vamos embora. Apesar da casa ser nossa também, creio ser um direito dele. Foi ele quem a construiu junto com nossa mãe. Para mim é bem difícil. Os poucos anos que fiquei longe de casa, quando casei com o Eduardo, me deixavam sempre com vontade de voltar. O fato é que não há condições de convivermos. Duas mulheres querendo mandar na casa, cada uma com seu jeito, provocarão um cisma catastrófico. O pai vai ficar dividido. E se tomar partido, será ainda pior. Nem é preciso dizer que eu não quero isso, ele escolheu se casar novamente. Que seja assim.

— O fato – disse Eduardo – é que a hora de mudar chegou. Será bom para Paola e eu ficarmos sozinhos, irmos para o campo. Até colocamos à venda o sítio. Podemos comprar um apartamento confortável e seguimos a vida.

— Vamos alugar um apartamento, por enquanto. Depois resolvemos, pois não temos pressa de nada – disse Paola com objetividade.

Gabriela escutou Paola com atenção e em seguida teve uma ideia:

— Ouvindo vocês, acho que algumas resoluções na vida acontecem quando menos esperamos. Eu ainda tenho coisas para trazer para este apartamento, mas acho que poderia antecipar. Transfiram-se provisoriamente para meu apartamento. Ficarão lá até resolverem comprar um ou alugar um outro lugar. O apartamento fica no bairro de Pinheiros, é mais próximo da sua universidade e mais próximo do seu irmão.

Sei que falou provisoriamente, para facilitar a concordância de Paola. Olhei para Gabriela e sorri um tanto quanto deslumbrado. Imaginem, na minha idade. Ela estava decidindo de uma vez por todas, estava me dizendo sim. Aceitava definitivamente morar comigo e nos casarmos. Ela queria casar comigo!

Paola e Eduardo se entreolharam. Depois olharam para mim, buscando meu gesto afirmativo.

— Para nós seria maravilhoso. Pagamos um aluguel e ficamos provisoriamente no seu apartamento.

— Que bom que aceitaram. Não vão precisar quase nada, pois lá tem tudo. Vou tirar somente minhas coisas pessoais e alguns quadros, que eu vou trazer para cá – olhando para mim.

— Muito bom, genial – eu disse para eles. Resolvemos um grande problema. Mais que um, creio – disse sorrindo e mostrando contentamento.

Paola se voltou para mim; seus olhos esbugalhavam curiosidade.

— Quando vão casar?

Eu olhei para Gabriela e sorri.

— Diga quando será. Só você o sabe.

Ela sorriu gostosamente e, como sempre, quando ficava nervosa balançou seus cabelos longos. Sorriu contente com a conversa.

— Brevemente. Depois da inauguração da praça. No término de um de nossos trabalhos e sei que vocês vão gostar muito. Disso tenho certeza.

Eduardo perguntou:
— Sobre a praça? Não vejo a hora de apreciar a grande obra de vocês.
— Logo, logo. Somos os mais ansiosos.
Paola olhou para mim. Falou em tom mais amável desta vez sobre o assunto família.
— Nosso irmão está morando em casa. Foi uma surpresa inesperada saber que temos um irmão, e mais ainda, que ele aparenta ser muito boa pessoa.
— Como assim? De onde saiu esta sua anotação? Um passarinho te contou? – perguntei fazendo graças.
— Ele cuida do quarto. Está sempre limpo, em ordem, assim como suas roupas. A empregada lava e passa, mas ele deixa tudo organizado.
— Percebe-se a personalidade de uma pessoa observando seus pequenos gestos – interferi — e Paola seguiu com suas observações.
— Nenhuma louça fica na pia suja. Trata nosso pai como o Ricardo tratava o avô. Leva o pai para trabalhar com ele e vão almoçar juntos. Outro dia, saíram somente os dois para ir ao cinema.
— Fico contente que ele trate bem nosso pai. Afinal, é pai dele também. E quando a gente gosta de alguém de verdade, a gente gosta de todos os que o tratam com carinho. O bem-estar de nosso pai deve nos dar alegria e não ciúmes.
— No começo eu fiquei incomodada com a presença dele. Aos poucos, ele foi fazendo as coisas mudarem. O incrível é que é mais parecido com nosso pai do que você mesmo.
Esta observação de Paola, entre inocente e maliciosa, confesso, me deixou enciumado. Passei por cima, era preciso.
— Fico contente que vocês estão se dando bem.
— Você somente pode não gostar de alguém se a pessoa fizer algo de mal para você. Ele é uma pessoa gentil e nossa convivência tem sido pacífica, mesmo nas circunstâncias em que aconteceram.
— E o pai? – perguntei para minha irmã.

— Ele não tem ficado muito em casa. Deve estar atrapalhado com o casamento. Por esta razão, nosso irmão dorme lá, entendeu?

— Sim, entendi, ele está na casa da noiva. Falei para provocar e Eduardo percebeu e riu.

— Léo, não precisa ser tão explícito assim – brincou Gabriela.

— É um pouco *sui generis* esta história do nosso pai. Tenho dificuldades, juro que tenho, de entender. Aos poucos vou compreender melhor.

— Você vai ao casamento do nosso pai? – perguntou Paola como se tivesse dito uma blasfêmia.

— Se eu e Gabriela formos convidados, nós iremos. Não quero ter este remorso na minha vida – disse meio galhofando com a ideia de irmos ao casamento do meu pai.

— Acho que devemos ir – disse Gabriela – Pode parecer meio confuso, mas amanhã podemos entender que foi bom. Ele é pai de vocês. E não tem nada de errado nisso.

— Sabe, Gabriela, – disse Paola – meu pai era tão certinho nas coisas que fazia. Pode imaginar, almoço todos os domingos com hora certa pra chegar. Meu namoro com o Eduardo foi todo cheio de cuidados comigo e, no entanto, ele não se comportou corretamente. É difícil de entender. A imagem do nosso pai ficou maculada em nossas mentes.

Eduardo nos disse:

— Nós não iremos, a Paola não quer.

Ouvimos um sinal que vinha do computador. Alguém queria falar conosco. Carolina nos chamava e todos a cumprimentamos.

Os minutos seguintes foram para repetir tudo o que dissemos. E como minha filha sempre foi objetiva colocou também sua opinião.

— Não tem jeito, tem?

— Não – disse Paola – O casamento está marcado.

— Deixa casar e pronto, a vida é dele – respondeu Carolina, bem secamente.

— É isso que eu acho, minha filha – completei o pensamento dela – É isso que ele deseja na vida, afinal o noivo tem mais de setenta anos, deve saber o que faz.

— Preciso estudar, beijos em todos. Olhem para mim, estou mandando beijos para todos.

Despedimo-nos de Carolina sem termos chegado à conclusão alguma. Ela também estava um pouco chateada com o avô, mas tinha maturidade para entender a sua decisão.

— Agora me explica. Você falou para a Carolina que o avô foi viajar com o nosso irmão e nós não ficamos sabendo. Lembro que eu mesmo comprei a passagem.

— Léo – disse Paola – ele pegou os documentos e tudo o mais. Era para o Ricardo ir, mas... — respirando fundo e mantendo a tranquilidade — ele levou o filho mais novo dele. Quem me contou foi o próprio Guilherme, nosso irmão. Por isso papai estava todo feliz, tinha companhia não do neto, mas do filho. Certamente, aliviou a sua dor. Na morte, cada um tenta reparar a perda, procurando outro foco para afeição. Ele transferiu para o filho o amor de Ricardo, mas o Ricardo continua sendo o neto querido para ele. Lá no céu.

— Esperto, saiu, comprou a passagem e estada. Ficaram juntos e nós preocupados com ele. Sinceramente, nosso pai sofreu uma reviravolta – afirmei, espantado com esta revelação que eu não conhecia. Mas me recompus e disse ainda em tempo – Mas qual, Paola, você preferiria que ele ficasse pelos cantos da casa, ruminando uma depressão?

Raramente Eduardo falava alguma coisa engraçada ou com segundas intenções. Mas desta vez não perdemos esta oportunidade.

— Realmente, esta senhora deve estar fazendo uma grande reviravolta na cabeça do pai de vocês. O fato é que o vosso "velho" parece mais feliz a cada manhã.

No dia seguinte liguei para saber como ele estava e quem atendeu o telefone foi Guilherme, o meu irmão caçula.

— Bom dia, Léo – disse Guilherme – seu pai saiu com minha mãe. Foram ver coisas para o casamento.

— E você está sozinho, Guilherme?

— Sim, estou.

— Gostaria de convidar meu pai para almoçar. Também acho que precisamos nos conhecer melhor, você não acha?

— Sem dúvida, Léo. Podemos almoçar uma hora dessas.

— Eu estava pensando o mesmo. Posso passar no escritório e irmos hoje? Gostaria, se você topar.

— Ora, vamos sim. Em quanto tempo estará aqui?

— Quinze minutos, vinte no máximo. Pode ser?

— Espero você na porta do prédio.

Logo em seguida, eu estava parando o carro na frente do prédio onde tinham o escritório, para almoçar com meu irmão.

Na ida para o restaurante ele me contou sobre seu escritório de engenharia. Falava com entusiasmo de nosso pai e de um amigo da faculdade, com o qual trabalham.

Perguntou como estava Gabriela e eu disse que tivemos um dia com muitos problemas e que tiramos algumas horas para espairecer. Ela tinha ido almoçar com uma prima. São grandes amigas.

Chegamos ao restaurante que ele havia escolhido, perto do escritório deles, no Bairro do Paraíso. Era um lugar onde fui muitas vezes almoçar com meu pai. Até este detalhe me fez ciúmes, mas silenciei. Não podia reclamar nem comentar nada.

Guilherme me indicou o mesmo prato que meu pai havia me indicado em um das vezes que fomos lá. Aceitei a sugestão, mas não disse que conhecia o local e que já havia experimentado o mesmo prato. Nada de constrangimentos.

Era meio difícil vê-lo como meu irmão. Na verdade, era mais fácil pensar nele como um filho, pois tinha quase a mesma idade de Carolina. Mas era meu irmão.

— Estive com o Eduardo e a Paola. Eles falaram maravilhas a seu respeito, que inclusive cozinha bem. Paola elogiar alguém é porque a pessoa é mesmo genial.

— Nunca contei para a Paola que minha mãe é dona de uma pousada no sul. Por esta razão aprendi a cozinhar. Sempre faltava alguém na cozinha e minha mãe me ensinou a fazer alguns pratos. Tínhamos, de vez em quando, cozinheiros famosos e eu aprendi alguma coisa com cada um. Acabei fazendo meu próprio cardápio.

— E você gosta de fazer isso?

— Adoro cozinhar, mas não como profissão. Quando passei no vestibular, fiquei muito feliz. Quis arrumar um emprego de cozinheiro para ajudar nos estudos, mas meu pai, digo, nosso pai não deixou. Ele me orientou a fazer uma faculdade.

— Vejo que deu certo. Então, como vai o escritório?

— Muito bem. Nosso pai é bom mesmo, muito bom. Estamos com uns vinte clientes entre reforma, construção de casa, dois galpões e uma loja. Vai indo bem.

— Fico contente em saber.

— Vi alguns de seus trabalhos de arquitetura e os achei muito interessantes. Está fazendo algo novo?

— Sim, eu e Gabriela estamos envolvidos num projeto muito bonito e significativo. É um memorial. Quando ficar pronto vou convidá-lo para a inauguração. Com certeza, é algo inovador e será inaugurado em alguns meses.

— Sua filha estuda em Harvard, me disse nosso pai. Deve ter muito orgulho dela.

— Sua sobrinha – disse rindo – se chama Carolina. É muito inteligente e geniosa e tem mais ou menos sua idade.

— Eu tinha muita vontade de conhecê-lo. Meu pai, digo nosso pai, sempre me falava de você com grande orgulho.

— Como diz a propaganda, eu sou você amanhã. Você é elegante, eu tenho um peso um pouco acima do ideal.

— Não pratica exercícios?

— Não, sou muito preguiçoso.

— Que pena. Eu vou para a academia três vezes por semana. Convido você, Léo, para começar.

— Vou pensar.

Comemos, bebemos e trocamos um pouco de nossas experiências de vida. No entanto, ele me falou algo que mexeu com meus sentimentos e eu fiquei triste por ele.

— Léo, obrigado por você ter-me convidado. No fundo do meu coração, gostaria muito que pudéssemos ser irmãos de verdade, apesar de termos mães diferentes. Você teve seu pai do seu lado a vida inteira, eu o tive de vez em quando. Eu sabia desde pequeno que ele tinha outra família que eu não deveria conhecer. Passei a vida inteira me escondendo do mundo, envergonhado pela situação de minha mãe. Me sentia culpado. Eu gosto imensamente do nosso pai e estou feliz que ele vai se casar com minha mãe. Posso dizer que tudo deu certo para nós, mas por outro lado, ele impôs nossa presença para vocês. Gostaria que o perdoasse, especialmente porque ele ama muito você e Paola. Acho que ele não sabe expressar seus sentimentos. É assim mesmo, eu ouvi dele que me amava faz pouco tempo. Dê-lhe uma chance.

Quis abraçá-lo, pois percebi que ele é uma pessoa do bem. Não o fiz, apenas fui falando, sem olhar para ele, encabulado.

— Peço desculpas pelo nosso pai. Mesmo que tenha errado, ele está corrigindo o erro dele, eu acho. Espero que tudo dê certo, Guilherme.

Abraçamo-nos, finalmente, como bons amigos ou bons irmãos. Era um pouco conflitante e tenso, apesar de querermos que fosse simples.

Deixei-o no escritório e fui trabalhar. Havia muitas coisas para fazer.

Surpresa!

No dia seguinte, recebemos o convite de casamento do meu pai.

XXVIII

Glória

ALGUNS DIAS DEPOIS de ter recebido o convite do casamento, meu pai nos chamou para jantar com ele e conhecer sua futura esposa. Esquisito, futura esposa soava meio atrevido levando-se em consideração o passado dos dois e o caminho que fizeram secretamente. Afinal, ela seria minha madrasta. Que engraçado, tinha horas que eu achava essa história meio surrealista. Era estranho pensar num irmão caçula, um pai infiel, o reencontro com um antigo amor e finalmente o casamento. Não sei se era dramalhão ou uma comédia. Sei que era algo que nunca esperei na minha vida, principalmente em nossa família.

Mas, afinal, por que imaginar que a história é surrealista? É, simplesmente, a vida de cada ser humano em busca da felicidade.

Naquele dia de manhã recebi um telefonema de um senhor chamado Isaac Jacob Sanvosniky, que se identificava como um transplantado. Me contou que haviam lhe dado este telefone para que ele pudesse participar do quadro de receptores no memorial que estamos construindo. Passei para a secretária de Hassan que cuida dos nomes que ficarão no memorial. Pouco tempo depois, Isaac Jacob me liga novamente e diz que é diretor de uma revista e que gostaria que eu fosse entrevistado para falar do memorial. Aceitei falar e combinamos que um jornalista viria ao meu encontro no final de semana. Manifestei que gostaria de estar ao lado de Gabriela, para que fizéssemos a entrevista juntos. Ele disse que preferia que a entrevista fosse individual. E que, por ocasião da inauguração da praça, entrevistaria Gabriela.

Não sei exatamente como as notícias se espalham, mas este foi o primeiro fato concreto. O pessoal da divulgação da Abdul-Malik também começou a receber mensagens querendo descobrir o que a empresa estava planejando fazer.

Os médicos envolvidos em transplantes também estavam nas nossas listas. Este era um capítulo à parte de todo o projeto. Neste dia, Hassan me chamou e pediu que eu aumentasse o tamanho do painel de mármore, pois não parava mais de chegar pedidos de pessoas que receberam órgãos e famílias que haviam doado órgãos de seus entes queridos. Todos queriam ter seus nomes no imenso painel de mármore. Concordamos que escreveríamos os nomes dos dois lados do painel. Fizemos, então, algumas modificações no projeto para que houvesse mais lugares para colocar no memorial nomes de futuros transplantados e doadores.

Ante a repercussão toda, a equipe de divulgação resolveu, então, que colocaria nos jornais um aviso para que pessoas transplantadas e ainda não inscritas, também pudessem colocar seus nomes.

Atrasei-me e pedi para que Gabriela fosse na frente. Nos encontraríamos com meu pai e a noiva para um jantar de família.

Quando cheguei, os três já estavam sentados, bebiam e conversavam. Esperavam-me.

Cumprimentei meu pai, fui apresentado para Glória e abracei Gabriela. Tudo muito rápido. Sentei-me em local indicado por meu pai

— Finalmente nos conhecemos, como devo chamá-la? – perguntei logo de início.

— Por favor, me chame de Glória. Eu sempre ouvi maravilhas a seu respeito, Léo.

— Não ligue para isso, Glória, todo pai fala isso dos filhos. A propósito, o Guilherme não veio?

— Não – disse meu pai – ele tem um compromisso de trabalho. Talvez passe aqui mais tarde, quando terminar.

Começamos a conversar coisas triviais e perguntei sobre a celebração do casamento. Gabriela ajudava-me a descontrair o ambiente.

Tinha horas que eu me via flutuando, meio que tentando fingir que estava tudo maravilhoso. Gabriela me socorria a cada instante.

Confesso e depois disse para Gabriela que, na minha rica imaginação, eu pensava que Glória fosse do tipo mulher extrovertida, dessas que se vestem de vermelho ou cores berrantes, salto bem alto, pescoço e braços com colares, correntes e sabe lá Deus o que mais pendurado. Grande engano, Glória era uma mulher muito gentil, com seus sessenta anos, cabelos grisalhos assumidos e bonitos. Era delicada e simpática. Vestia roupa discreta, na cor azul-marinho e combinada com cinza bem claro. Tudo era leve, como seu próprio estilo. Realmente minha primeira impressão sobre Glória foi muito boa.

E achei a sinceridade de Glória maravilhosa quando ela disse que iria contar a sua história. Disse que não tentaria justificar ou falar sobre as razões de meu pai.

Fiquei muito atento ao que ela falou:

— Eu estava com trinta e cinco anos, na ocasião. Tinha cursado a faculdade e acabei herdando de meus pais uma pousada no sul. Fazia alguns anos que eu trabalhava. Vivia correndo atrás de hóspedes e vendo o tempo passar. Um dia apareceu na pousada este senhor simpático – olhando para meu pai – e me apaixonei por ele. Era tudo o que eu queria na vida, um homem encantador. No começo reparei que ele também me olhava de forma diferente. Não há como explicar o que houve. Sei apenas que foi uma dessas paixões que acontecem na vida. Foi minha primeira paixão. Quando nos demos conta, já havia acontecido. Conversamos e sabíamos que não poderíamos continuar com o relacionamento. Este senhor bonito era casado e muito bem casado, e já com filhos adultos.

— Glória era muito bonita. Não consegui impedir a tentação e me envolvi com ela. – disse meu pai, que foi cortado delicadamente por Glória, deixando entender que queria contar sua versão dos fatos.

— Engravidei e fiquei contente. Ele me deu o que mais queria na vida, que era um filho. De mais nada eu precisava. Esse homem realizou meu sonho. Conversamos sobre nossas vidas e optamos que cada um seguiria seu destino. Não foi fácil, mas seu pai tinha a vida dele e eu a minha, longe, lá no sul, cuidando da pousada e do filho pequeno. Os anos passaram e eu casei com um policial, que teve uma vida difícil. Não sei se o Guilherme já lhes contou. Primeiramente, a família dele foi dizimada por bandidos. Ele foi baleado três vezes, nas duas primeiras ficou de licença muito tempo e me ajudou na pousada. De certa forma, como tinha perdido seus filhos, ajudou na criação do Guilherme. No último tiroteio, morreu e foi difícil também superar aquela dor. Ele era uma pessoa maravilhosa, sofrida e teve seu fim de forma muito trágica.

— Devem ter havido muitas tragédias na vida deste policial, seu marido. Eu sinto muito pelo que aconteceu com ele.

— Nunca entendi as questões de vinganças, de justiça. Ficava fora das confusões para proteger o Guilherme. Tinha muito sangue e muita coisa ruim. Era horrível.

— Continue, continue — disse eu — me desculpe por ter invadido sua história. Continue.

— Um tempo depois, Guilherme prestou vestibular por aqui e passou. Começou a fazer engenharia, seguindo os passos do pai de vocês. Alguns anos mais tarde, Guilherme me contou que ele tinha ficado viúvo e que estava sofrendo muito. Numa das ocasiões que

Glória

vim ver meu filho acabamos por nos encontrar. Cada um com sua dor, mas aos poucos unimos nossas dores numa só e começamos a nos ver. Renascia não mais a paixão jovem, mas o amor adulto, o amor de outono. Seu pai pediu minha mão e eu aceitei. Somente queria dizer, Léo, que eu errei e seu pai também, que pecamos contra sua mãe. Sei que depois ela perdoou seu pai e não sei se me perdoou. Se não me perdoou, teve toda a razão. Mas hoje, vendo seu pai ao meu lado, nosso filho Guilherme trabalhando com ele e nós dois nos entendendo de uma maneira tão suave e bonita, eu acho que merecemos, neste final de vida, ficarmos juntos. Podemos nos cuidar mutuamente. Este caminho nós o faremos, pedindo perdão a você e Paola pelo que fizemos no passado, mas querendo nos redimir no presente e no pouco futuro que nos espera. Eu precisava dizer tudo, contar tudo e peço que nos perdoem. Não precisa ser agora, mas que seja um dia. Talvez quando entenderem o quanto nos amamos e nos protegemos.

Pensei comigo que Glória é uma mulher decidida na vida. Com coragem, teve o filho sozinha, batalhou na sua pousada a vida toda, casou com um policial, passou a vida vendo-o ser baleado três vezes e cuidou ainda com tanto amor do filho. Se minha mãe perdoou, como diz Gabriela, quem sou eu para não perdoar. Fiquei com muitas dúvidas e pedi a Deus que me iluminasse o coração. Estes dois que se encontraram e depois se desencontraram. Isso foi um ato de coragem e podemos *hipotizar* que nosso pai poderia ter-se separado da mãe, mas não o fez. Glória sonhava com um filho e o teve. Não podemos nunca ver somente um lado da vida, é necessário vermos os dois lados. Como os órgãos doados, quando sabemos que fazem um bem a outra pessoa, por que ter dúvidas se devemos doar?

Se as decisões geram felicidade – pensava eu, mas nunca comentei com Gabriela – temos que ter coragem e arriscar. Também pensei no contrário, no caso em que minha mãe foi vítima. Não se pode buscar a própria felicidade com a dor alheia. Não podemos regar nossa felicidade com as lágrimas do outro.

Como podemos jogar pedra nos outros pois se ela poderá cair em nossas cabeças? Eu ansiava casar com Gabriela e meu pai, na mesma situação, também querendo casar com a pessoa que ama. Mas aflorava meu sentimento de filho, que teve a mãe ultrajada pelo adultério de um homem que errou e que agora clama por perdão.

Para todos nós seria mais fácil fazer as coisas certas, nunca errar. Mas isso não existe. Seria tão simples se fosse possível apagar o que o coração não quer guardar.

Eu precisava remover este ressentimento que ficou do meu pai e da Glória. Vendo meu irmão tão digno e a Glória tão sofrida, para quem talvez meu pai foi a grande alegria na vida, tento superar minhas mágoas.

Não, eu precisava pedir a Deus para purificar meu coração e deixá-lo limpo em relação aos três. Eu queria que este mal-estar que senti quando soube da história do meu pai se transformasse em amor pelos três, que se construísse em mim um desejo da felicidade. A felicidade deles três.

Quantas coisas que a gente passa na vida, meu Deus. Olhei para Gabriela e fiquei imaginando o que sofreu com seu marido, durante seis anos, lutando contra a morte! E ela continuou seu trabalho, sua carreira, sua vida de dedicação e sonhos. Pensei que nós todos devemos descobrir o que é felicidade e aproveitá-la em todas as ocasiões.

A luta e a solidariedade diante da morte nos fazem dignos. A morte não pode levantar-se do túmulo, mas pode renovar os sentimentos daqueles que continuam suas histórias. Glória se dedicou ao seu policial, sempre ferido e em fuga, e isso lhe dá o direito de ser feliz. O que dizer, então, de Gabriela? Com mais razão, tem direito de ser feliz e refazer sua história. Em memória dos mortos. Se eles estão em paz, por certo são partidários da paz dos vivos. Assim como um soldado que morreu no *front* deve ser, no seu repouso eterno, contra a guerra, aqueles que sofreram dores nesta vida vão interceder e torcer pela felicidade dos vivos.

Passa rápida a vida e a morte um dia chegará. Que ela seja benéfica para nos tirar do sofrimento, seja terrível para nos tirar de uma fatalidade. Ela vem independentemente de classe social, raça, cor, credo ou idade. Que estranha criatura que tanto me fascina e que aprendi a respeitar, que me fez entender que ela não é a criatura da foice na mão. Ela é bela porque nos dá provas de que mesmo dentro dela existe vida para doar. Ainda, ela tem que ser vista como o anjo da morte do que como o fantasma da foice. Ela nos dá o sentido que o amor de outono existe, porque depois vem o inverno da vida e tudo acaba. Observando meu pai e Glória ali no restaurante, o que eu via era um futuro não muito longo, mas muito feliz que eles poderiam ainda construir. Espero não estar traindo a memória de minha mãe, que tanto deve ter sofrido com o adultério do meu pai. Agora que têm tão pouca estrada para percorrer, não é justo impedir a felicidade nestes tempos derradeiros. Na dicotomia dos sentimentos, vida e morte se entrelaçam em todos os momentos.

A presença evidente da morte nos mergulha na vida. Dizem os velhos monges que viver bem é o melhor modo de se preparar para a morte.

Quando deixamos o restaurante, vi que os dois estavam felizes. Ficaram ainda mais felizes quando Guilherme chegou para buscá-los. Eu e Gabriela estávamos juntos e vimos o carro ir embora. Acenamos para eles dizendo "até breve". Nos abraçamos e partimos. Cada um de nós no caminho aberto da felicidade.

XXIX

Bolinhos de Chuva

ALGUMAS SEMANAS DEPOIS, meu pai e Glória se casaram numa cerimônia muito simples, na igreja do bairro onde ele mora. Ele e minha mãe sempre pertenceram e fizeram parte da comunidade. Muitos padres passaram e cada um ficou um tempo, sendo que o padre que realizou o casamento foi o mesmo que celebra as missas de que Paola participa.

Algumas pessoas parecem ideais para determinados lugares e creio que este padre, simpático e inteligente, conquistou todos pelo carisma que sempre irradiou. Celebrou uma bela cerimônia com palavras que ressaltavam o amor de outono alegre e cheio de tons, como as árvores. Foi bonito. Não sei se meu pai e Glória contaram a história deles ao padre. Os dois, sendo viúvos e recomeçando suas vidas, expressam um sonho bonito. Este sentimento é mais significativo quando se percebe os cabelos grisalhos e a marca dos anos.

Na hora do casamento, enquanto pensava nisso, fui lembrado por Gabriela que nós dois também éramos viúvos e que nos casaríamos. Olhei para ela, sorri, e não perdi a deixa:

— Mas eu não tenho nenhum filho surpresa.

Ela sorriu carinhosamente.

— Espero termos um filho. Não quero demorar muito para realizar este sonho.

Glória foi levada ao altar por Guilherme. Eu e Gabriela ficamos no altar ao lado de meu pai. No mesmo lado, também um casal amigo de meu pai, Luiza e Tiago. Do lado de Glória, ficaram Guilherme, uma amiga dela e um casal que veio do sul, convidados como padrinhos. O comentário de Gabriela foi muito bonito.

— Eles formam um casal harmonioso. Seu pai está muito elegante. Veja que bela combinação: terno preto, gravata prateada, cravo branco na lapela e ela neste vestido longo, com uma rosa na mão junto com um terço. É mesmo um bonito casal.

Realmente estavam bonitos e elegantes. Via-se que meu pai andava mais arrumado desde que Glória o reencontrou. Por sua vez, ela tinha um porte de senhora educada e muito simpática.

Depois da cerimônia na Igreja e dos documentos assinados, fomos para a casa de meu pai. Foi uma festa simples e bonita. Foram convidados aproximadamente umas sessenta pessoas. Fiquei feliz com a presença de Helena, que veio especialmente para a cerimônia e ficou hospedada conosco.

Na última hora, ainda liguei para Paola e pedi-lhe que viesse, mas ela disse que não iria ao casamento. O fato é que ela ainda se encontrava magoada com nosso pai. Cada um, na vida, sabe dos seus sentimentos e nesta hora não adianta falar muito. O melhor é cada um seguir seu próprio caminho.

A sensação de um pai de setenta e dois anos casando pela segunda vez é boa. Eu o vi renovando sua vida. O fato de ter uma antiga traição nesta história complica um pouco. De toda forma, o ideal é sempre recomeçar. Na estrada da vida, depois de tantos recomeços, nunca estamos mais sozinhos, carregamos conosco cicatrizes e histórias; mas também temos experiências e realizações. O que importa é ainda ter sonhos e não ser um cliente que se senta na sala de espera da morte e fica esperando sua vez chegar. Enquanto eu respirar, eu quero viver.

Quem fez a comida da festa foram Guilherme, Glória e Beth. Guilherme se incumbiu de contratar dois garçons e duas copeiras. Alugou cadeiras e mesas e fizeram tudo no jardim. Achei tudo impecável e segundo Guilherme me disse, eles queriam algo bem simples, sem gastar muito.

E, para marcar o importante acontecimento, foram viajar no dia seguinte para a Itália. Glória era descendente de italianos e queria conhecer o país de seus avós.

Helena voltou conosco e, em meio a tantas novidades, também contamos sobre o andamento do memorial.

— Esperamos que você venha. Mandarei a passagem para você.

— Léo, fico tão contente com o que você e Gabriela estão fazendo. Estarei aqui, pois jamais vou conseguir tirar Ricardo do meu coração.

Gabriela olhou para Helena. Eu disse, meio sem pensar, meio impulsivo:

— Não tire, não tire. Lembre-se que o amor não ocupa lugar, antes, abre lareiras. Qualquer homem que você venha a amar, vai amá-lo a partir do amor de Ricardo. Vai ser uma referência, vai ser a gênese de todo seu amor. Para sempre, assim. Este é o lugar dos mortos em nossa vida. Eles nos impulsionam a viver mais e mais, a amar sempre mais.

— Sei que você o amava muito — foi a vez de Gabriela falar –mas pense em seu futuro. Haverá de aparecer alguém no seu caminho, alguém que ame muito você. Não permita que seu coração se feche. Dê-lhe uma chance.

— Trabalho na emissora de televisão de minha cidade e estou bem feliz. Moro na casa de meus pais, no momento. Aos poucos, vou querer algo maior. Me lembro de Carolina que disse que eu deveria estudar em alguma universidade internacional. Acho uma boa ideia, porém, preciso juntar dinheiro para isso. Atualmente, Gabriela, meu sonho é este. Quero ser uma excelente profissional, meu sonho de casar acabou, como a neblina no sol da manhã. No momento, nada de amor – disse Helena com os olhos marejados.

— É bom mesmo não misturar os dois. Viu o que aconteceu com Carolina e César?

— Vocês têm visto o César? – perguntou Helena para mim.

— Não, eu até pensei em convidá-lo para o casamento, mas acabei não tendo coragem. Ele procurou Carolina a última vez que ela esteve aqui e mais uma vez ela o rejeitou.

— Fiquei preocupada com ele. Deixei recado e ele não retornou. Eu tinha um contato de um de seus irmãos, Cláudio Luís. Também deixei recado e não recebi retorno — disse Helena.

— Deixe comigo o telefone do irmão dele. Amanhã ligo também.

— Está bem, Léo.

— Repararam que conversamos mais no carro do que em casa? – disse Gabriela sorrindo.

— Sim, a velocidade da cidade é mínima e o congestionamento é o máximo, é bom. Quando estamos acompanhados, até é agradável no trânsito intenso, mas estando sozinhos, ficamos neuróticos nesta cidade — disse brincando – entre buzinas e gritos. Mas enfrentar o trânsito para chegar em casa, é realmente um caos – completei.

No dia seguinte, levei Helena no Aeroporto de Congonhas. Quando cheguei no escritório liguei para César e para seu irmão e deixei recado várias vezes. Algum tempo depois o irmão de César me retornou a ligação:

— Doutor Léo, sou Cláudio Luís, irmão do Doutor César. Vi suas ligações e estou retornando.

— Talvez o senhor não se lembre de mim. Sou o pai de Carolina que foi namorada do seu irmão. Vários amigos têm tentado falar com ele, mas não conseguimos êxito nenhum. Gostaria apenas de ter notícias dele, se está tudo bem.

— Agradeço o interesse, mas as notícias não são boas. Meu irmão César está hospitalizado. São coisas raras que acontecem depois de um transplante de coração. Ele tem apenas dois caminhos, um milagre de Deus ou um novo transplante.

— Meu Deus! – fiquei muito chocado, mas continuei conversando – Posso visitá-lo?

— Ele está no isolamento e não podemos visitar. Ninguém pode, porque está baixa, quase nula, sua imunidade. Nós o vemos por uma janela de vidro e colocamos cartazes para ele saber que estamos rezando por ele. Mandamos abraços e orações. Como ele é cardiologista, sabe que sua situação é muito difícil.

— Se puder colocar um cartaz nosso, escreva assim: "Léo e família, unidos na prece".

— Fique tranquilo que faremos isso. Estamos tentando tudo para salvá-lo, mas somente se houver um novo doador e que tenha compatibilidade. Está sendo difícil, parece até mesmo impossível.

Ficou de me ligar para dar notícias de César. Precisa de um novo coração, que tristeza. Meu Deus – rezei baixinho, volte seu olhar para ele. Que pena do César; se um coração é difícil demais, dois deve beirar o impossível, em todos os sentidos. Não sou de ficar orando sem ter um motivo muito grande, mas neste dia, orei por César, rezava espontaneamente, pegava-me em preces. Eu clamei com ardor: "César, meu Deus, o César". Percebi que a morte ainda era um enigma que perturbava.

Conversei com Carolina, como sempre fazemos, nós aqui e ela sozinha estudando lá e contei-lhe. Percebi que ficou muito entristecida. Pedi que rezasse por ele. É o melhor presente nas horas de aflição.

Depois de falarmos sobre o César, Gabriela pediu para ficar só com Carolina. Saí da sala, deixei as duas conversando. Aparentemente se queriam bem. Quando voltei, Gabriela olhou para mim gravemente. Tinha tristeza na sua voz.

Ela ficou triste com o estado do César.

— Será que podemos fazer alguma coisa?

— Nada, no momento nada. Você acredita que Carolina ainda o ama?

— Parece que ela gosta muito dele, mas não o ama. Em verdade, se o amasse, teria ficado com ele. É mais verdade o que você sempre diz. A paixão dela se chama Harvard.

— Não entendo, Gabriela. Como uma jovem pode ser tão determinada na vida? Ela sonha apenas com a profissão. Ela não titubeia um minuto. Ela se enamorou do César por amor verdadeiro, mas depois não aceitou se casar.

— Pelo pouco que conheço e pelo muito que você fala de Carolina, ela gosta dele, mas sem amor. Pode ser algo grande, mas não é amor verdadeiro, amor esponsal. É preciso verdadeiro amor para mudar o rumo da própria vida, renunciar, correr atrás, fazer sacrifícios.

— Sim, eu também acho isso.

— Sabe, Léo, há algo frio no sentimento de Carolina, acho que é como uma pessoa que amou e que sofreu por amor.

— Mas que eu saiba ela somente teve o César de namorado.

— Bem, às vezes a gente não conta tudo para o pai, quem sabe teve algum romance secreto.

Algo me fez sentir um mal estar e eu rapidamente mudei o assunto.

Uma semana depois o irmão de César, Cláudio Luís me procurou. Percebia desespero até na sua respiração.

— Tenho uma notícia não boa, senhor Léo. Meu irmão está desenganado, sem esperanças. Está passando o período em que ainda era possível fazer o transplante, e salvar sua vida. Ele está partindo.

— Meu Deus, que tristeza. Eu sinto muito!

— Preciso pedir um favor. Meu irmão tem um último desejo e somente o senhor pode realizar. Ele quer ver Carolina pela última vez. Por favor, fale com ela para vir imediatamente encontrá-lo. O tempo dele está terminando na terra, mas ele quer se despedir da Carolina. Vive repetindo baixinho que ela é o grande amor da vida dele. Não pode partir sem vê-la. Sua alma está inquieta, jamais encontrará a paz se não vir Carolina. E nós ficaremos com remorsos para o resto de nossas vidas. Até os condenados à morte têm direito a um desejo antes de morrerem, uma ceia, uma visita, um passeio. César quer vê-la para partir em paz, para sentir serenidade e ter lembranças bonitas no momento do adeus.

— Eu vou falar com ela, imediatamente. Depois te informo, fica tranquilo.

Chamei Carolina e enquanto falava com ela, Gabriela, que estava ao meu lado na Abdul-Malik neste dia, ligou para uma agência de turismo, da qual conhecia o dono.

Alguns minutos depois já falava com o irmão do César.

— Carolina toma o avião daqui a cinco horas. Amanhã de manhã, iremos para o hospital.

— Obrigado, senhor Léo. Para ele, vai ser muito importante este encontro. Ele pede apenas esta dádiva para morrer em paz.

Sentei na poltrona e olhei para Gabriela. Ela veio até mim e me abraçou.

— O que ela disse?

— Que estava indo para o aeroporto. Vai embarcar no primeiro avião. Está em movimento.

— O que me deixa mais triste em tudo é a rapidez com que as coisas acontecem na vida. César ficou dois anos esperando um coração. Como cardiologista, calcule o que não passou sabendo tudo o que poderia lhe acontecer. A morte passou por ele, mas não o levou. Ele praticamente reviveu, renasceu e tornou a sorrir para a vida. Voltou a trabalhar e se apaixonou por uma jovem bonita e cheia de sonhos.

— Quem escreve o itinerário de nossa história?

— Mas os sonhos dela não eram os dele. Para comungar a história, é necessário que os projetos sejam comuns. Assim, também sofreu por amor e mesmo com tudo isso, sonhava com ela e tinha esperança de que um dia se reencontrassem e ficassem juntos para sempre. De repente, um novo problema, uma infecção toma conta do coração e todos os tratamentos parecem inúteis.

— E a morte? Parece que iniciamos nossas conversamos entre a vida e a morte, o tabuleiro de nossa existência.

— Eu penso que ela lhe deu uma nova oportunidade, mas não lhe deu uma vida longa. Mesmo breve, fez-lhe um bem, mostrou-lhe o amor entre tantas coisas, que se não fosse por um novo coração, ele jamais teria vivido estes últimos anos. Cada instante é precioso quando o tempo está expirando.

— Você está dizendo que neste caso a morte seria uma dádiva também?

— Ver o rosto misterioso da morte faz com que nos apeguemos à vida.

— Claro que sim – disse Gabriela – nossa praça será parte dela também. É tudo tão dicotômico na vida, que eu me lembro de um caso que vi, numa das inúmeras vezes em que meu marido foi internado. Um pai chorava a morte da esposa no parto e toda hora ia correndo ao berçário ver o filho que havia nascido e sobrevivido. Daí, eram sorrisos, depois saía e chorava a mulher.

— Pontos e contrapontos da morte. É uma batalha. Na vida não temos muita paz, estamos sempre rodeados pela morte.

— Fala-se que a única certeza que temos é a morte. Meu marido chegou num ponto da vida em que não falava mais direito. Naqueles dias derradeiros apenas balbuciava palavras difíceis de entender. Não enxergava mais, sentia muita dor. Muitas vezes, pedia a graça da eutanásia – como ele dizia. Não que quisesse morrer, mas pelo enorme sofrimento. A vida não lhe era suportável. Eu dizia "você vai ficar bom", "você vai ficar bom". Até que um dia ele me disse num sussurro quase inaudível "estou morrendo, eu quero morrer, chega".

— Não deve ter sido fácil para você.

— Não é para ninguém. Cada um vive seus dramas e o segredo é não multiplicá-los. Foram anos vendo meu marido morrendo um pouquinho a cada dia. Por isso, muitas vezes a morte se traduz em alívio da dor. Eu sempre quis um filho, você sabe disso – me olhou nos olhos como se quisesse me dizer algo especial. Era simples, ele também queria um filho. Quando estávamos pensando em nosso filho, ele ficou enfermo de uma doença muito rara e grave. Além de tudo era hereditário e se tivéssemos um filho, a criança poderia nascer com o problema. É uma situação desesperadora.

— Nós vamos ter um filho, nosso filho. O tempo não espera e nós também não vamos esperar. Falamos de dádiva, não falamos?

— Você encontrou uma sonhadora na sua vida que quer ter um filho. Sou muito ansiosa e quero logo, não sei esperar. O tempo não para. Vi um poema que recitava que o homem pode domar cavalos, domar o vento, domar um animal selvagem, mas nunca ninguém pode domar o tempo. Gostaria de lembrar os versos, mas não sou capaz.

Olhei para Gabriela com uma ternura imensa. Quando uma mulher quer ter um filho com um homem, é porque ela fez uma escolha por amor. Eu me sentia muito feliz ao pensar que teria a possibilidade de começar uma nova família.

Carolina chegou e fomos direto para o hospital. Naquela manhã a família de César estava presente. Eu olhei para o Afonso, um dos irmãos de César, e ele me disse que nada estava bem. Quando ela chegou, César estava ainda vivo. Colocaram-no num quarto de terapia intensiva para que a família estivesse ao seu lado.

Carolina entrou no quarto. O aparato completo de esterilização não era mais necessário. Resolveram deixá-lo ao lado de seus familiares. Era o fim da vida de César.

O irmão de César pediu para que todos saíssem e deixassem apenas Carolina com ele. Eram momentos de grande emoção e sensibilidade. Todos saíram.

Não demorou muito. Falaram, ela deu-lhe um beijo e veio para fora do quarto. Até porque o tempo era muito pequeno para qualquer coisa naquela situação. Abraçou-me longamente. Tremia sua dor contida.

Carolina contou-me depois, que César disse ter sido ela seu grande amor, seu retorno à vida. Ele tinha resolvido esperá-la até terminar o doutorado. Chorando, ela disse para César que ele foi a única pessoa que ela havia amado como se quisesse reparar a morte do sonho de um grande amor. Pediu perdão para ele por não terem se casado. Falaram pouco. Os dois choraram silenciosamente, como ela contou.

Pensei comigo – dizer, dizer o que e para que dizer, se as lágrimas são o maior discurso de nossos sentimentos. A lágrima é, mesmo, a prece da alma.

O irmão de César se aproximou e agradeceu Carolina por ter vindo de tão longe.

Ficamos ainda um bom tempo em visita. Entrei com Gabriela no quarto e sorrimos para ele que demonstrava não se importar com mais nada. Sorria leve e tristemente. Nem parecia estar entre nós. Era a morte que rondava, feito o véu da noite que sepulta o dia. Era o crepúsculo de César.

O médico chamou todos e Carolina pôs-se ao lado da cama, segurou na mão de César e ficou olhando para ele com as lágrimas caindo pelo rosto. Incrível, mas ele parecia em paz. Havia uma cumplicidade entre os dois. Um amor elevado, mas não vivido. Ou talvez mais vivido que todos os amores do mundo. César virou a cabeça e morreu. Um dos médicos fechou-lhe os olhos. Silêncio, soluços imperceptíveis e preces.

Ficamos mais uma hora com eles e depois voltamos para casa. No céu nuvens esparsas. Clima de chuva.

No mesmo dia fomos ao velório e no dia seguinte, de manhã, voltamos para as exéquias e o sepultamento. Carolina se sentia muito triste. Pensei que alguém da família pudesse dizer alguma coisa, por ela ter-se negado a casar com ele. Nada disseram. Sempre gostaram muito de Carolina, sempre. Helena não teve condições de vir.

Quando voltamos do enterro, perguntei para Carolina sobre quanto tempo ficaria com a gente.

— Pai, eu preciso ir embora. Tanto faz eu chorar aqui como chorar lá. Vou cumprir minha sina, mas não posso parar. A vida segue. Tenho que estudar, tenho aulas, não posso ficar, devo partir. Se fosse resolver algum problema, eu ficaria. Quer saber, eu me sinto tão mal de não ter-me casado com ele, sinto um remorso enorme. Será que fui a causa da sua morte? Estou me sentindo tão cruel. Mas por outro lado, sou consciente de que para casar com César, eu precisaria tê-lo amado, ter tido por ele uma grande paixão, mas isso não aconteceu. Ele era muito bom, isso ficará para sempre, Como diz você, meu namorado é Harvard.

Gabriela olhou para mim como se pedisse licença para falar com Carolina.

— Carolina, você sempre foi muito correta. Infelizmente ele pegou uma infecção que invadiu seu coração. E morreu porque era sua hora. Ouça, você o amou e ele a amou muito mais. Isso foi lindo na sua vida e na dele, um capítulo de felicidade. O importante é que vocês viveram uma história de amor. Vocês viveram até o final, quando tantas histórias de amor se estraçalham pelo caminho. Nunca se sinta culpada por ter amado. Foi tão importante que ele esperou por você para partir. Ele foi com sua imagem para Deus, partiu levando seu olhar e sua ternura. Pense a vida pelo lado do sol, mesmo na morte.

— Gabriela, obrigado por suas palavras, mas eu não sou mais a garotinha do papai – olhando para mim – sou uma mulher que quer ocupar um espaço muito especial no mundo. Eu voltei dos Estados Unidos para ver o César porque meu pai gostava muito dele. E por mim eu teria ficado, pode ter certeza, mas cumpri meus deveres de filha.

As duas se abraçaram e Gabriela, sem querer, fez o papel de mãe nesta hora. Protegeu Carolina com ternura como se fosse sua filha, se bem que não entendeu direito o que ela quis realmente dizer. Achou que foi emoção do momento, como conversamos depois.

Entendi que ela precisava partir para continuar o que planejara na sua vida. Teria no coração este amor, o primeiro amor de sua vida. Afinal assim estava escrito. Nós nada escrevemos, apenas lemos e seguimos seus traços. Na nossa vida, fazemos o rascunho, o texto final está nas mãos de Deus.

Ao se despedir de mim no aeroporto, Carolina me olhou tristemente.

— Compreendi o que é um grande amor. César sempre me amou – disse-me Carolina – mas seu amor era tão grande que queria apenas minha felicidade, a realização de meu sonho. Este é o amor verdadeiro – disse depois – renuncia ao objeto de seu amor, para que ele siga sua estrada. Sofreu em silêncio e em silêncio morreu. Como um pássaro sozinho num bosque. Nunca lamentou com seus irmãos. Disseram apenas que César repetia que eu devia seguir meu caminho e que ele estava feliz. Amor verdadeiro, disse Carolina, é feito de renúncias.

No meio de tantas correrias, um domingo de folga. A avó de Gabriela, Dona Cida, completava oitenta anos e fomos convidados para comer bolinhos de chuva. Eram especiais, dizia sempre Gabriela.

Fazia tempo que eu não tinha um dia tão tranquilo e divertido na vida. Conheci a família inteira de Gabriela e a encantadora avó que fez bolinhos de chuva como se recebesse seus netinhos na fazenda. A família se reunia sempre e esta simpática senhora tocava piano, cantava, e servia seus bolinhos. Um sarau familiar que comemorou seus oitenta anos.

Quando estávamos indo embora, Dona Cida me chamou para um canto. Queria confidenciar.

— Nunca vi minha neta tão feliz. Sei o motivo e é claro – disse como se fosse bem evidente. Você é um homem muito charmoso e de boas intenções. Posso acreditar? – perguntou-me amavelmente.

— Eu não sou charmoso, mas sou um homem de boas intenções, D. Cida.

— Esta menina tem sofrido muito na vida. Agora precisa ser feliz.

Abracei-a ternamente. Era realmente objetiva e simpática.

Depois eu contei para Gabriela, com certo gracejo:

— Sua avó me aprovou. Disse que você escolheu um homem charmoso e de boas intenções.

— Vovó tem razão, aliás ela tem sempre razão. Pode esperar, ela vai nos convidar muitas vezes para comer seus bolinhos de chuva. E haverá piano e canções.

Eu sorri para ela, um sorriso que vinha do coração. Os bolinhos de chuva tornaram-se um símbolo de minha nova família.

Estrela cadente no céu

OS MESES PASSARAM rápidos e apesar do pequeno atraso das obras, estávamos finalmente nas duas últimas semanas anteriores à data prevista de inauguração do Edifício Abdul-Malik e da Praça da Dádiva.

No edifício sede da Abdul-Malik S/A aconteciam os últimos retoques internos, pois os externos foram levantados muito rapidamente. Quem chegava à praça, ainda com tapume, já via um prédio magnífico de dezoito andares. O edifício tinha forma retangular, mas com laterais ovaladas. Tudo de vidro, misturando duas cores, azul-escuro, que fazia as vezes de sustentação como se fossem colunas verticais, e as janelas na cor azul-claro. No topo do prédio um heliporto foi construído e no andar térreo um auditório para duzentas e cinquenta pessoas. O décimo oitavo andar foi destinado para a presidência e diretoria. Os andares abaixo, até o terceiro, eram para os funcionários. O primeiro e segundo andares seriam utilizados para exposições de quadros ou objetos de arte. O *hall* de entrada era em mármore branco com listras em mármore azul. A cor azul estava na base do logotipo da Empresa Abdul-Malik. Um painel fantástico, feito com blocos pequenos de mármores coloridos e metais de cor dourada formando um desenho da criação do mundo, do escultor Juan Caldas, embelezava a enorme parede. Impossível deixar de olhar para a grandeza da edificação. Escadas rolantes espelhadas para que os frequentadores da exposição subissem e descessem admirando o grande hall. Do outro lado, elevadores e sensores da maior modernidade. A recepção, logo na entrada, obrigava os visitantes e funcionários a passarem por um detector de metais. Além da beleza, a garantia de ser um lugar seguro. Foi assim que idealizamos este maravilhoso edifício.

A parte da decoração estava quase terminada. Na frente do edifício deslumbravam-se o espelho d'água em vários níveis e os pequenos jardins, que davam um toque de modernidade e beleza. Uma cobertura de vidros fazia a majestade da entrada triunfal do edifício e dos carros que transportavam visitantes. Ao lado do edifício a entrada das garagens, quase despercebida pelas árvores que a escondiam discretamente.

Eu, Gabriela e Hassan ficamos olhando durante vários minutos para o prédio. Deslumbrado, Abdul-Malik passou por nós. Estava bem contente.

— Vocês não têm vergonha de ficar exclamando lindo, lindo, lindo?

Olhamos para ele e rimos. Gabriela falou:

— Que palavra que você usaria para defini-lo? Afinal você é o patrão, nós vamos concordar.

Ele nos olhou e não teve parcimônia.

— Maravilhoso, imponente, lindo... – e sorriu.

— Está aí, meu irmão – disse Hassan. O nosso edifício é lindo mesmo.

Naquele dia, ficamos muito felizes contemplando a obra. Gabriela, que entrou bem depois no projeto, sentia-se como se fosse dela também. Ninguém contestava nada, ela comandava o pessoal melhor que nós todos e todos a obedeciam. E sempre apresentava novas situações e novos desafios para melhorar o edifício.

Demos por encerrada a construção do edifício, que nem futurista e nem clássico, era apenas um projeto para o mundo atual. Seu tom azul, marca da Abdul-Malik, resplandecia no céu. Ficou um trabalho com dignidade na imponência e na estética.

Agora faltava terminar a praça. Fomos todos ao centro da praça, presidência, diretoria e até o escultor. Queriam todos ver o resultado final do nosso trabalho e da alegria de colocar uma praça em nome de todos os que transplantaram seus órgãos, doadores e receptores da dádiva. Tudo é para celebrar.

A grande escultura, no centro, era deslumbrante. Edificada em mármore preto e branco representava um casal. RR fez a escultura e a sensação que se tinha era de algo absolutamente mágico. A mulher, na escultura, segurava em sua mão o coração, para colocar no peito do homem. O rosto da mulher, devido ao mármore ser preto era fascinante, com os cabelos esvoaçantes, expressando a alegria de entregar o coração. O homem, com semblante sério, tinha um sorriso nos lábios. Os corpos dos dois se integram com as duas cores, branco e preto, que se entrelaçam no longo manto da mulher. As pernas do homem, aparentemente frágeis, começavam a levantar o corpo em busca do coração nas mãos da mulher.

Olhando a obra de RR, víamos por vários ângulos o vazio do peito do homem e, como se fosse mágica de escultor, o coração do outro lado como se fosse encaixar. Ou seja, nos vários ângulos víamos a cena de muitas maneiras, representando sempre a oferenda do coração.

Não dava para ficar parado diante da obra, antes, era necessário girar ao seu redor. RR usou somente dois tipos de mármore e a beleza era tanta que parecia que a cor preta da mulher e o coração branco na sua mão formavam um conjunto tão perfeito que o mármore aparentava mudar de cor.

Impossível esquecer a imagem. Ficamos contemplando por muito tempo, em vários ângulos. Nos painéis de mármore apareciam os nomes dos inscritos no "livro da vida". Fizemos questão de ver os nomes de nossos entes queridos, bem como daqueles que receberam os órgãos, dos grandes professores, médicos dedicados e, sobretudo, os doadores.

A Praça da Dádiva estava realmente maravilhosa. Faltava apenas finalizá-la e a inauguração. Algumas reportagens começavam a mostrar o significado desta homenagem que entrelaçava a vida e a morte. Afinal, este é o sonho de todo ser vivente, sobretudo quando sofre: desvendar os mistérios da vida e da morte.

Os tapumes somente seriam retirados nos dois dias anteriores à inauguração. Testes de luz já haviam sido feitos, assim como toda a parte técnica. Ficara impressionante. Qualquer pessoa que sentasse ali num banco, como eu e Gabriela um dia fizemos, sentia algo bonito e envolvente, algo cheio de paz. Foi por isso que sonhamos.

Chegou, enfim, o grande dia da inauguração do edifício Abdul-Malik, que se deu exatamente uma semana antes da inauguração da praça. Uma festa digna de um sonho. Televisão, jornais, revistas mostraram a sede da empresa. Foi oferecido um solene coquetel para os convidados que ficaram nos salões de exposições.

Convidamos nossas famílias para o evento. Foi bom ver meu pai e Glória apreciando o trabalho. Meu irmão Guilherme também estava feliz. Apesar de ser contra tudo, até Paola apareceu e levou meu cunhado Eduardo. Ficaram próximos e conversaram muito. Da parte de Gabriela, sua família e até sua avó tão querida marcaram presença.

Os demais eram convidados da empresa de Abdul-Malik. Foi uma noite de gala, todos elegantes, que envolveu toda a sociedade e pessoas influentes de todos os meios.

Nos dias seguintes, começaram a sair reportagens sobre a inauguração da sede, na maioria das revistas e jornais. Foi autorizada apenas uma emissora de televisão veicular imagens da futura inauguração da Praça da Dádiva. O evento despertou a curiosidade de muitas pessoas que queriam participar da festa. Resolvemos que teríamos, após a inauguração solene, eventos com representantes das igrejas, políticos, artistas e cientistas, para que ficasse bem claro que era um lugar ecumênico e democrático, para pessoas de todas as raças e credos.

Contratamos uma orquestra e um grupo de cantores clássicos, entre eles, Salvador Puente, um famoso tenor espanhol, que iria interpretar com outros artistas, músicas clássicas populares.

Dois dias antes da inauguração da Praça da Dádiva, eu e Gabriela fomos conferir a obra, depois de ter sido retirado o tapume que escondia toda esta maravilha. Foi colocada em volta uma faixa para que ninguém entrasse. Alguns seguranças ali ficavam, o que não impedia que muitas pessoas parassem o carro e tirassem fotos. Todos comentavam sobre a beleza da praça. Sentamos na parte interna da praça e fotografamos. Foi então que Gabriela olhou para mim ternamente.

— Vamos voltar ao nosso banco. Quero lhe contar uma coisa.

— Será que é o que eu penso?

— Sim, está confirmado, estou grávida, grávida, grávida. Você vai ser pai, está tudo bem. Hoje de manhã tive confirmação definitiva.

Nos abraçamos e eu disse o quanto estava feliz em ser pai outra vez, em poder começar uma vida nova num novo lar. Quando parece que a vida caminha para o crepúsculo, surge nova alvorada.

— Agora, você casa comigo?

Éramos a pura felicidade.

— Léo, você disse pra falar quando quisesse casar contigo. Vamos formalizar nossa união. É claro, meu bem, eu quero casar com você, sim. Você é meu amor, meu companheiro para sempre. Como está tudo em ordem com a inauguração, é só marcarmos. Eu quero gozar um grande período na minha vida, de ser mãe, esposa e, de vez em quando, arquiteta. Quero mais é ficar ao seu lado, com nosso filhinho.

— Vamos convidar o pessoal, nossos amigos e nossas famílias. Será um encontro bem especial para contarmos todas essas novidades.

— Estou muito feliz. Espero que tudo dê certo e possamos ter um pouco de paz – sorriu para mim com aquele jeitinho que me deixava feliz em saber que tinha alguém muito especial ao meu lado.

— Na vida temos períodos tranquilos e períodos nebulosos. Tomara que os tranquilos sejam mais duradouros.

— Glória falou que seu pai vai fazer aniversário. Vai oferecer um jantar e convidou toda a família. Paola disse que iria pensar.

— Paola deveria parar com esta história. Eles já estão casados e morando com o filho deles. Talvez tenha ficado chateada de sair da casa do pai, mas foi opção dela.

— É verdade, mas nós fomos jantar com ela e o Eduardo. Lá no meu apartamento que agora é deles, pois fazem questão de alugar, pagam direitinho – riu brincando com isso — Estão procurando um para comprar e parecem felizes.

— Estão esperando vender o sítio. Tiveram algumas propostas boas e daqui a pouco eles se reorganizam.

— Bem, quem sabe, ela aparece no aniversário.

— Vamos aguardar o que Paola vai fazer. Prefiro que ela se conscientize de que ele está feliz assim.

Naquela noite, saímos para comemorar e jantamos num restaurante que descobrimos por acaso. Parecíamos dois jovens deslumbrados pela paixão.

No dia posterior era a véspera da inauguração da praça. Fomos mais um vez para checar se tudo estava em ordem, estávamos apaixonados pela Praça da Dádiva. Um dos seguranças disse que um jornalista nos procurava e lhe reportamos nossa façanha e a razão de ser da grande obra.

À noite fomos lá mais uma vez e minha atenção foi chamada por Hassan. Ele mostrou um carro tipo furgão que passou várias vezes em torno da praça. Pareceu estranho.

— Não gosto disso. Acho estranho tanta curiosidade e ainda sem abrir a janela do carro. Ficam olhando pelo vidro escuro.

— Veja, Hassan – completou Gabriela – Veja quantas pessoas estão tirando fotos e nem foi liberada ainda.

— A praça está chamando a atenção de todos. Quero ver amanhã na inauguração. Espero que venha muita gente para o concerto.

— Certamente vai acontecer. Muitos convidados confirmaram.

Olhei para o alto e vi uma estrela cadente, chamei a atenção dos dois e eles ainda olharam em tempo.

— Quando meus avós eram vivos e nós crianças, — disse Hassan — íamos todos os anos passar férias na terra deles. Meu avô nos levava sempre até o deserto e mostrava as estrelas, nos ensinava sobre elas e quando aparecia uma estrela cadente ou um cometa no céu, ou uma chuva de meteoritos, ele dizia que se um meteoro caísse na terra seria uma catástrofe imensa. Eu ficava com medo que um dia um deles caísse aqui na terra. Ainda hoje fico impressionado com estas histórias.

— Que quer dizer com isso, Hassan?

— Vejo como mau agouro quando ele passa pela terra.

— Tem gente que acha que dá sorte – disse olhando para eles.

— Pelo sim, pelo não – Gabriela olhou para nós – espero que dê sorte.

Praça da Dádiva

ERA SEXTA-FEIRA E os funcionários da Abdul-Malik estavam muito felizes. Após um dia de trabalhos cansativos, iriam para a inauguração da praça. O horário marcado era às dezoito horas, com um culto ecumênico e, em seguida, o concerto. As pessoas foram chegando e a praça lotando mais e mais. Todos ficavam impressionados com a beleza que emanava da escultura.

O monumento central estava tão lotado que as pessoas queriam rodear a obra, conforme os jornais e revistas escreveram, mas era praticamente impossível. Todos tentavam fotografar a praça e registrar que fizeram parte deste acontecimento em suas vidas. Avalanche de *flashes*.

Os empresários, políticos, artistas estavam ali como também os diretores da Empresa Abdul-Malik, Anwar, Salah, Hassan e, claro, o próprio Abdul-Malik.

Para nossa alegria, minha e de Gabriela, Helena também estava em nossa companhia. Fiz questão de cumprir minha promessa e lhe enviei a passagem. Ela era a própria felicidade. Como chegou um dia antes da inauguração, aproveitamos e levamos Helena para ver com calma a praça. Ela ficou encantada e a primeira coisa foi ler o nome de Ricardo, num dos painéis de mármore. Tocou o nome dele com ternura. Contou-nos que estava juntando dinheiro para estudar em outro país. Queria fazer uma especialização em Jornalismo. Ficamos contentes por vê-la mais feliz que das outras vezes. Tínhamos saudades suas.

Meu pai e Glória viram a praça no dia da inauguração da sede. Levamos os dois e também Eduardo e Paola, para aproximá-los aos poucos. Eles também não viriam para a inauguração. Paola não gosta de concertos e Eduardo não gosta de sair de casa; uma desculpa que sempre funciona.

Ficamos junto com Hassan que sempre estava por perto. Exatamente às seis horas, conforme o protocolo, devido à presença de líderes religiosos para o ato ecumênico, teve início a inauguração da Praça da Dádiva. Numa cerimônia que obedeceu a todo o rigor de poucas palavras e mais dinâmicas, os líderes religiosos seguraram um pequeno cordão e descerraram, juntamente com o prefeito da cidade, Anwar, e o próprio Abdul-Malik, irmão de Hassan, a placa onde estava escrito "Praça da Dádiva", no início de uma das pequenas alamedas, que levava à capela ecumênica.

Ainda estava claro, mas o sol começava a se esconder. Cada um dos líderes religiosos deu sua mensagem sobre a dádiva divina que é a gratuidade da criação e do próprio Deus que se oferece para a humanidade. A cerimônia foi muito bonita, com bênçãos inspiradas na mística de cada líder religioso. O prefeito fez um pequeno discurso e se absteve de falar de política, mas exaltou a praça, destinada ao povo. Em seguida Anwar, representando Abdul-Malik, entregou simbolicamente a obra. O mestre-de-cerimônias anunciou o grande concerto. Nesta hora, o sol já tinha desaparecido no horizonte.

As luzes da praça se apagaram e apareceu a iluminação da concha acústica. Começou a orquestra a tocar a primeira música. Vi Abdul--Malik e Salah se retirando com algumas autoridades.

Eu, Gabriela, Helena e Hassan estávamos juntos. Gabriela me olhou e percebi que não estava bem.

— Devo sair da praça, do meio da multidão. Estou com tontura, acho que vou desmaiar.

Imediatamente peguei Gabriela e, antes que desmaiasse, coloquei-a nos braços e saí praticamente empurrando as pessoas, apressadamente. Helena me seguiu e quando vi, estava quase na frente da garagem da sede da Abdul-Malik. Gabriela começou a recobrar as forças. Dei a chave do carro para Helena para que fosse pegá-lo na garagem.

Hassan, preocupado com Gabriela, veio ao nosso encontro.

Gabriela ainda não estava totalmente bem.

— Caiu muito minha pressão, deve ser a gravidez.

Hassan nos olhou com alegria, mas em seguida escutamos barulho de metralhadora e pessoas correndo para todas as saídas. Um verdadeiro inferno.

Helena chegou neste momento com o carro e eu pedi para ela levar Gabriela, que não queria ir sozinha. Pediu que eu também fosse. Devido à confusão, disse a elas que fossem para casa e ligassem para o médico. Helena saiu com o carro e sumiram na primeira esquina.

As pessoas corriam desesperadas, algumas sangravam, outras estavam na praça estendidas ou mortas. Alguns uivavam de dor. Em poucos instantes, carros da polícia chegaram, ambulâncias, equipes de socorro e médicos dos hospitais próximos.

Eu e Hassan nos apresentamos aos policiais. O irmão de Hassan estava muito mal e ele foi acompanhar seu irmão Anwar para um dos hospitais. Me espantava aquele horror, algo que jamais pensei ver na vida.

Algumas pessoas, poucas na realidade, ficaram para ajudar. A polícia cercou a praça e as ambulâncias foram levando os feridos. Que inferno dantesco.

Era uma cena de guerra, algo inimaginável tinha acontecido na praça. Cinegrafistas, câmeras, emissoras de televisão, rádios e jornais apareciam de todos os lados; sirenes, gritos e comandos de ordem.

As horas passavam, Gabriela ligou-me dizendo que o médico fora ao apartamento, pois morava relativamente perto. Ela estava bem, fora um desmaio apenas. Disse que a televisão estava transmitindo. Ainda não se tinha o número de feridos e mortos.

Encontrei-me de novo com o delegado Armando, encarregado deste caso horrível. Não estava sozinho, ele fazia parte de um grupo especial para este tipo de tragédia. Ele e mais dois policiais estavam ouvindo uma testemunha, que comentava emocionada, esbaforida e assustada:

— Eu vi um homem saindo de um furgão preto com uma metralhadora na mão – mais tarde soubemos que era uma metralhadora muito potente e famosa da *Heckler* e *Koch*, oficialmente permitida somente no exército. Ele entrou pelo portão e de repente parou, colocou a arma em cima daquele banco – apontou o local – e começou a atirar para todos os lados. Saí correndo e vi as pessoas caindo. Com esforço, consegui me esconder ali do lado do palco. Os músicos se deitaram no chão da concha acústica. De onde eu estava não via mais nada, ouviam-se apenas gritos, muitos gritos. Desespero, aflição e dor. Vi quando a polícia chegou atirando. Tentavam matar o homem. Acho que travou a arma, não sei. Eles atiraram, parecia uma granada ali – havia um buraco na praça e mataram o atirador.

Aguardei o delegado anotar tudo o que poderia ajudar a reconstituir os fatos ocorridos. Nada foi poupado, nem cinegrafistas, *cameramen*, jornalistas. Destruição por todos os lados, tudo manchado de sangue.

Foi então que o delegado pode me cumprimentar.

— Doutor Léo, como vai o senhor?

— Novamente nos encontramos, delegado Armando, sempre em ocasiões estranhas em que a morte está de certa forma presente.

— É verdade, doutor, e como vai sua filha... Carolina, não é?

— Sim, Carolina está nos Estados Unidos estudando, fazendo o que gosta.

— Aquele assunto, chegou a perguntar para sua filha?

— Não, talvez porque eu não queira saber a verdade. Olhe ao nosso redor, quantos não morreram aqui hoje. Eu poderia ser um deles, estava bem na mira, melhor deixar o passado de Carolina em paz, quem sabe um dia espontaneamente ela me conte a verdade.

— Entendo, doutor, nossos encontros não podemos classificá-los de agradáveis com tantos dissabores, mortes, sequestros, não é?

— Sim, é verdade, sempre a morte nos ronda e desta vez quase me leva também...

— O senhor trabalha na Empresa Abdul-Malik?

— Sou o arquiteto que construiu esta praça. No momento do tiroteio eu estava com minha esposa na frente da garagem da Abdul-Malik, junto com uma amiga que fora buscar o carro, pois minha mulher se sentiu mal. Em seguida, chegou o diretor da empresa, Hassan. Estávamos juntos e corremos para cá. Quando viu o irmão ferido, foi com ele numa ambulância. Não vimos nada. Fiquei aqui a pedido dele para ver o que podemos fazer para ajudá-los. Foi um ato de terror?

— Creio que não, mesmo porque tivemos aqui representantes de igrejas, políticos, artistas e o criminoso atirou para matar e queria matar muitos, indiscriminadamente. Certamente, se suicidaria depois. Deve ser um doente mental. A perícia está em ação. Logo saberemos quem era o sujeito. O furgão foi roubado ontem de manhã.

— Eu estava aqui na preparação ontem e este furgão que o senhor fala, eu o vi passar algumas vezes pela praça.

— Ele planejou matar e sabia que seria morto. Tenho quase certeza de que é loucura.

— Está começando a chover e é quase manhã. A praça vai ficar interditada?

— Sim, até colhermos todas as provas.

— Posso mandar lavá-la e arrumar o buraco?

— Acho que não vai precisar, a chuva está vindo forte. Depois que liberar, o senhor pode mandar lavá-la.

— Há balas por todos os lados, mas nada foi destruído, de fato, como pensei. A obra no centro não foi atingida. Importa menos – eu disse – todo aquele sangue, os gritos, que tristeza.

— Ele não visou nada, a não ser às pessoas. Sinto muito, arquiteto, uma linda praça, um grande evento. E muito significativo.

— Sim, a Praça da Dádiva é um monumento para doadores e receptores de órgãos.

— Vamos nos molhar. Ficarão alguns policiais aqui ainda, tomando conta. Está com carro?

— Não, não estou.

— Eu lhe dou carona, senhor arquiteto, – me disse o delegado – até a avenida mais próxima. As ruas da região estão fechadas até que todas as evidências sejam coletadas.

— Eu agradeço, senhor delegado.

Deixou-me numa avenida num ponto de táxi e em instantes cheguei a casa. Gabriela estava deitada. Abracei-a e ela disse que estava bem.

— Eu não conseguia dormir e fiquei assistindo à televisão por horas. Que tragédia, santo Deus. Aí fui vencida pelo cansaço. Acordei agora; acordei e vi você. Que bom!

— Vou tomar banho, pois me sinto imundo. Depois, vamos tentar descansar um pouco. Amanhã de manhã vou até o hospital ver o irmão de Hassan, mas acho que vai ter muita gente conhecida. Afinal, estavam lá funcionários da empresa, muitos amigos e conhecidos.

Gabriela me olhou com certa piedade. Mas deixou um sorriso iluminar seu rosto.

— Nosso bebê nos salvou. Onde estávamos foi o lugar mais metralhado da praça.

— Estão falando em cerca de trinta mortos e não sei quantos feridos.

— Se for somente isso, temos que agradecer a Deus. Nosso bebê está salvo. A flor que nasce no deserto.

Flores, velas e fotos

CREIO QUE ATÉ a natureza se entristeceu e mandou uma chuva torrencial sobre a praça. A impressão é que os anjos vieram purificá-la. Choveu tão intensamente que destruiu qualquer vestígio da tragédia. Apagaram-se até mesmo as manchas de sangue. Ficam os vestígios apenas no olhar, nas lembranças, no coração. Ali devem permanecer para sempre.

Hassan estava inconsolável. Experimentou a tragédia anônima, mas também a sua tragédia pessoal.

— Atiradores assim, gente que mata, gente que provoca desgraças no trânsito, em festas, em escolas; também gente que promove guerras. Parecem doentes de espírito, sadismo disfarçado de heroísmo e de justiça, mas no fundo "vampiros". Mal resolvidos com a vida, buscam na morte alheia a solução de seus traumas, de sua infelicidade. Gente feliz não se prevalece da morte para superar os males da vida.

Apesar da chuva, a polícia ainda procurou vestígios, fotografou, filmou e coletou dados, tudo o que pudesse ajudar na investigação. Foi um sábado de horror. Os noticiários falavam apenas coisas tristes, as mortes confirmadas de trinta e quatro pessoas, inclusive o irmão de Hassan. A indagação era o que mais fervilhava a curiosidade do povo, o motivo.

A identidade do franco-atirador foi descoberta. Era um ex-policial do exército, Joaquim Vargas, que entrou em licença porque estava com depressão e que ficara internado durante seis meses numa clínica psiquiátrica do exército. Depois da alta não tinha endereço fixo. A polícia estava tentando descobrir onde vivera estes três últimos meses. Era só isso que se sabia, até o dia posterior da selvageria.

No domingo, depois da chuva as pessoas começaram a aparecer em volta da praça, mas os portões estavam fechados. A polícia já tinha liberado a área, pois não havia mais onde buscar detalhes técnicos. A chuva, que assistimos assustados, apagou os sinais da tragédia. Até Hassan, mesmo seu irmão sendo velado, foi até lá e levou uma coroa de flores para todas as vítimas do massacre. O povo viu e quis entrar. E então ele mandou abrir os portões. As pessoas foram entrando e colocando flores, velas, fotos e pequenas recordações de seus entes queridos.

A televisão mostrou tudo isso e o quão é importante a solidariedade humana.

Hassan, chorando, me pediu que fizesse um painel de mármore vermelho com os nomes de todas as pessoas que morreram na tragédia.

Foi um domingo triste que a cidade viveu. Muitos feridos estavam nos hospitais. Na segunda-feira, no período da manhã, fui com Helena ao enterro do irmão de Hassan. Achei que Gabriela precisava de repouso. Ela demorou a aceitar, mas acabou concordando comigo.

Durante a semana somente se falava nesse assunto. A Praça da Dádiva estava intacta fisicamente, tirando o enorme buraco e muitas balas que bateram nos mármores. Assim ficariam até o fim dos tempos, pois elas eram marcas da vida para aqueles que sobreviveram.

A família de Abdul-Malik estava muito triste com a morte de Anwar, mas além dele, quatro outras famílias da empresa também choravam seus entes queridos. A cada nova notícia, outras histórias e mais lágrimas. À noite, para quem passava na frente da praça, era tão triste de ver as velas acesas, as fotos, objetos e vários tipos de flores. Milhares de flores como nunca se viu em lugar algum.

    Hassan me chamou para ir no seu apartamento. Ele disse que ficaria uns dias sozinho, que precisava se cuidar. Tinha ficado muito nervoso e pediu que eu fosse num programa de televisão, mais popular, para falar da Praça da Dádiva.

    Conversamos um pouco sobre o programa e o que falar. Saí e o deixei sozinho. Fiquei preocupado, mas acho que Hassan é do tipo que prefere ficar solitário, com sua tristeza.

    Na rotina da vida, vamos e voltamos do serviço, viagens, jantares, encontros e temos a sensação de que vivemos dentro de um aquário, fazendo as mesmas coisas. Quando algo muda, temos receio.

    Helena voltou com suas reflexões. Pensava ainda em Ricardo, mas pensava também em Hassan, que perdeu o irmão. Helena sentia a dor dele em si mesma.

    Digo isso porque fui levar Helena ao aeroporto e percebi como estava abalada. Fiquei refletindo nas dores das pessoas desconhecidas. Todos os mortos tinham suas famílias que sofriam muito. Nós pensamos na morte de Anwar, mas cada um conhece a própria dor. Há um provérbio de guerra que diz que quando um morre, é crime, quando morrem muitos é estatística. Mas cada falecido provoca lágrimas em seus afetos. É triste percebermos como as mortes são qualificadas tão diferentemente, como se os sentimentos fossem diferentes entre as pessoas.

— Helena, não há como não ficar penalizado ou com uma dor que mexe no coração, quando tragédias deste tamanho acontecem na nossa frente. Calcule o que estamos sentindo, nós que construímos um lugar de paz e que virou um inferno durante alguns minutos. É muito triste.

— Léo, eu entendo seu ponto de vista. Vocês idealizaram um memorial tão bonito e, de repente, aconteceu isso. Por que tinha que ser neste local, me diga, por que o louco que atirou em tanta gente tinha que escolher um lugar tão significativo e importante?

— Nunca saberemos. Falei com o delegado Armando e ele achou que o local foi escolhido porque concentraria muita gente. Eu também penso, mas quem pode afirmar que nossa teoria é verdadeira?

— Meu coração volta tão pequenino para casa. Convenci-me de que seria o acontecimento do ano por seu sentido de espiritualidade e virou o acontecimento da década pelo seu horror.

— Vamos ter que conviver a vida inteira com este trauma, esta frustração. O lugar ficou marcado e se tornou um memorial, será eternamente um local onde foram assassinadas muitas pessoas inocentes. Como é triste a morte dos inocentes. Não tem justificativa, como pode ter consolo? Isso não se apaga jamais.

— É a vitória da morte. Quero perguntar, a morte se saiu bem disso, Léo?

— Como assim? – me espantei com a pergunta.

— Você acha que a morte tem um lado benéfico e um maléfico, não é isso? Então, como explicar agora este lado tão doloroso? Ou é apenas doloroso sem ser benéfico? A grandeza da vida está no martírio, na oferenda?

— Não sei como explicar uma tragédia deste porte. Um acidente aéreo, uma bomba que explode numa mina, um terremoto parecem mais fatalidade. Mas o que dizer das mortes que são produzidas por atos humanos conscientes? A morte tem várias faces.

— Fatalidade? Destino? Depende das crenças de cada um de nós.

— Tivemos aviões pilotados por profissionais que estavam perturbados e que o jogaram numa montanha morrendo todos. Culpa do piloto? Da companhia que contratou o piloto? Dos dois? Da família do piloto de onde se originou o trauma? Então, de quem é a culpa?

Mil perguntas, que dramatizam ainda mais a tragédia. Parece que é uma página do destino. O destino novamente, meu Deus. Como me perturba o destino, como se fosse um senhor que tudo pode e que não presta contas.

— Não sei, de todo mundo, talvez.

— Helena, existem coisas que não conseguimos explicar, que parecem não ter respostas. Acontecem, como aconteceu esta horrível tragédia, num lugar santo. Mas quantas vezes já vimos atiradores ou bombas em igrejas, em templos? Ninguém está livre de escapar de um depravado se a sorte não nos proteger.

— Você me deixou com mais dúvidas do que eu já tinha, Léo. Ainda bem que chegamos ao aeroporto.

No dia seguinte, meio contrariado, fui para o programa da televisão. Mas ali, eu era o arquiteto que assinou o projeto da Praça da Dádiva, tinha que falar da ideia, do significado, da Abdul-Malik e do triste acontecimento que dizimou trinta e quatro vidas e mais três dezenas de feridos, ainda em tratamento nos hospitais.

Um pouco antes de entrar no ar o programa, que era ao vivo, o delegado Armando me ligou e nossa conversa foi um choque para mim.

— Doutor Léo, sei pela televisão que o senhor vai entrar no programa agora, não é?

— Sim, eu vou.

— Vejo que o senhor é um homem de bem, mas preciso informá-lo. Acabamos de saber quem era o verdadeiro atirador da praça.

— Como assim?

— O verdadeiro atirador é o Jorge Pontes, o sequestrador da sua filha e o ex-amante de sua esposa.

— Meu Deus, como sabem disso?

— O fato é que ele esteve internado numa clínica psiquiátrica junto com o sargento do exército Joaquim Pontes, mas ele foi morto e Jorge se apoderou da identidade dele, estava inclusive morando onde o soldado morava. Em outras palavras, ele roubou a identidade do soldado e fez o que fez. Acredito até, opinião minha, que o soldado o ensinou a mexer com armas.

— Meu Deus, obrigado, delegado Armando.

Escutei o pessoal da televisão me chamando e sabia que não teria outra possibilidade senão entrar no programa e fosse o que Deus quisesse. Na realidade, era um choque saber que o assassino, de fato, era Jorge.

Entrei no programa, nem sei como e apenas recordo-me que o entrevistador começou dizendo que eu era o arquiteto que fez o projeto da Praça da Dádiva.

— Como o senhor se sentiu, em pleno dia da inauguração, um atirador invade o local e começa a metralhar?

— A Praça da Dádiva foi idealizada para homenagear todos os que doaram órgãos e que foram transplantados nos pacientes. Ou seja, o sentido da dádiva, que é dar sem pensar em retribuição, pelo simples gesto de agradar ao seu próximo, um misto de misericórdia e amor. Infelizmente foi invadida por um doente mental, que escolheu o local, talvez pela multidão que ali ia estava e que atirou em tantos quantos pode. Como idealizador de um memorial de dádiva entre todas as raças e credos, eu me senti a pessoa mais triste do mundo ao ver que um trabalho voltado para a paz acabou se transformando um cenário cruel de guerra.

— O fato de a Praça da Dádiva ser em frente da Abdul-Malik S/A, uma empresa muçulmana, teria algo a ver com a mente do atirador?

— A família de Abdul-Malik, que é o presidente, teve entre os mortos um dos diretores, Anwar, irmão de Abdul, que deixou esposa e filhos. Foram eles que resolveram dar ao povo esta praça como contribuição social da empresa para este país e esta cidade. Levando em consideração o memorial para todas as raças e credos e com a finalidade de homenagear a vida e a morte, acreditamos que isso nada teve a ver com a empresa ou qualquer crença religiosa. O assassino procurou pessoas para matar. Assim, acreditamos que matar era sua intenção.

— O senhor deu uma entrevista em que falava que a morte era benéfica também, quando todos nós entendemos que ela é somente maléfica. No memorial tem uma obra do escultor RR que traz a Morte com um coração para colocá-lo num outro corpo. Isso foi idealizado pelo escultor, pelo senhor e por sua esposa. Seria o caso de acreditarmos que o assassino resolveu homenagear a morte e matar deliberadamente?

— Vamos iniciar recolocando alguns pontos. Não se trata de dizer que a morte é maléfica e nem mesmo benéfica. É um estágio da vida – desde a enfermidade até o sepultamento – que deve servir para refletirmos sobre a vida, sobre a existência. Não creio que o assassino tivesse esse perfil. No exército foi treinado para atirar, mas nunca participou de uma ação direta em que usou esta metralhadora, segundo o que o delegado Armando apurou nas pesquisas. Inclusive o exército não sabia que havia sido roubada aquela arma com que ele atirou. Quando entrou em licença por apresentar atitudes suspeitas e depressão, depois internado em clínicas do próprio exército, talvez já fosse possível supor que ele estivesse arquitetando matar e se vingar. Dr. Reynaldo Porto, médico e psicólogo, numa entrevista ontem, salientou ser ele oficialmente considerado doente pelo exército. Ele já estava doente ao arquitetar este plano. A Praça da Dádiva nem existia quando ele planejou este assassinato em massa. O local foi uma contingência. Portanto, não creio que ele associou a morte ao local, que na realidade é um hino à vida, mesmo que entoado pelos mortos.

Apesar de saber a verdade que Jorge era o autor dos disparos, eu continuava a entrevista sem mencionar isso como se tivesse sido mesmo o oficial do exército o autor da tragédia. Minha cabeça fervia enquanto eu esperava que o programa terminasse e posteriormente viesse a notícia, enquanto isso eu estaria, como todos, acreditando que fosse o sargento doente.

— Mas a morte é benéfica, doutor Leonardo?

— Depende do modo que você vê. Um doente em estado terminal, com dores e consciente, o que ele pode desejar? Provavelmente a morte. Não existiram lugares no mundo com a eutanásia permitida se as pessoas que a procuram e que chamam de suicídio assistido não existissem. Não é o tema da Praça da Dádiva. Seu ideal reflete a dádiva dos transplantes. A família doa seus órgãos e com estes gestos outros renascem, são curados e sobrevivem. Não é um poema à morte, mas às luzes que se acendem desta realidade humana.

Tentei continuar a conversa, para não ser interrompido e arrastado a uma estrada suicida, para o qual tentava o jornalista me levar. Nem respirei, retomei o discurso.

— Faz ser indiferente se a morte foi por meio de acidente, provocada ou fatalidade. Vale buscar os cacos da existência para construir novas vidas. O corpo doado é nossa dádiva. A força espiritual e a solidariedade também são dádivas.

— Mas o senhor fala dos que foram beneficiados e das famílias que fizeram a doação. Estes sofreram muito e por certo não acharam a morte benéfica, não é?

— Eu perdi minha mãe, minha primeira esposa e meu sobrinho, todos por fatalidade. A morte não é um bem em si, mas um caminho, dá para entender? Os três tiveram morte cerebral e nossa família fez a doação dos órgãos. Sofremos e continuamos sofrendo pelos nossos entes queridos, temos saudades. Mas ficamos felizes por ter possibilitado a várias pessoas estarem vivas. Da morte colhemos a vida. Morte não é o fim, mas pode ser um início de esperança.

— O senhor nos diz que sua mãe, esposa e sobrinho morreram e todos foram doadores. Sim, entendo. Por isso que fez a Praça da Dádiva?

— Foi um dos motivos. O Sr. Hassan, da Abdul Malik, tem um coração transplantado e foi ele o maior incentivador de fazermos a Praça da Dádiva. Mesmo com o que aconteceu, jamais deixará de ser um lugar sagrado para os doadores e os transplantados. Sei bem, o sangue santifica a terra, como as lágrimas sacralizam os lenços. E Deus, que chora junto conosco, alivia nossa dor.

— No momento, a praça se encontra cheia de velas, fotos, flores, recordações e objetos pessoais. O clima é de muita tristeza. O que o senhor tem para falar para estas famílias que estão em luto?

— Estou acompanhando tudo o que aconteceu na praça. Estamos ainda traumatizados com a tragédia. É muito desolador. Cada família viverá seu luto. Cada lar vai chorar seus mortos por longos anos, talvez para sempre. Infelizmente não há como desfazer os acontecimentos da vida. Na dor, aprendemos por meio da saudade.

— As pessoas que perderam seus entes queridos, os feridos, aqueles que se sentem prejudicados, os familiares dos mortos, como serão amparadas?

— Não saberia explicar isso, sou arquiteto e cuidei apenas da obra. A Praça da Dádiva era mais que uma simples praça. Fizemos um acordo com a prefeitura para deixá-la em ordem e bonita, cuidada pela empresa Abdul-Malik. Nossos projetos foram aprovados. O Sr. Abdul-Malik está estudando uma forma de ajudar as famílias enlutadas ou homenageá-las de alguma forma. O contrato com a prefeitura foi apenas de fazer a praça e cuidar dela, o que a empresa fará sempre.

Neste momento chega a notícia para o apresentador, a pessoa do estúdio entrega-lhe um papel com a informação e ele olha para mim e em seguida fala para os telespectadores:

— Nosso programa tem um furo de reportagem. Não foi o soldado Joaquim Vargas, que matou todas as pessoas. A polícia acabou de identificar o verdadeiro assassino, um ator chamado Jorge Pontes – colocaram a fotografia de Jorge na tela – este é o verdadeiro assassino, ele roubou a identidade do soldado e se fez passar por ele.

Olhando para mim perguntou:

— O senhor conheceu Jorge Pontes?

— Sim, conheci. Foi o homem que sequestrou minha filha.

— Nosso programa deveria ter terminado, mas vamos a mais uma pergunta, impossível pararmos agora, não é? Poderia ser uma retaliação para o senhor? Ele foi preso e era foragido...

— Não posso dizer uma coisa que não tenho certeza, sei que após ser preso por ter sequestrado minha filha, ele fugiu com outros presos. Foram para o Rio de Janeiro e posteriormente foi dado como morto quando encontraram seis corpos carbonizados. Agora o que está sendo perguntado, acho que a polícia nos esclarecerá após este comunicado. Estou sendo pego de surpresa. A informação inicial era o soldado Joaquim Vargas, agora temos uma segunda versão, talvez a real e certamente as autoridades levantarão outros aspectos que passaram despercebidos.

— Foi divulgado pelas autoridades a carta que Jorge Pontes deixou. Vamos ver nossa reportagem externa.

Pensei que eu iria explodir agora. Mais esta surpresa, o que teria a carta? Entra a imagem do delegado Armando com uma carta na mão ao lado do repórter com o microfone da emissora:

— Estou com o delegado Armando, que está com a carta deixada pelo autor da chacina na Praça da Dádiva e que vai nos dizer o seu conteúdo.

Na tela aparece o delegado Armando.

— Jorge Pontes foi um ator que enveredou para o crime, drogas, sequestro e terminou com o assassinato de mais de trinta pessoas na Praça da Dádiva. Nesta carta ele relata que certamente será morto, mas matará quantos ele puder, para que todos se lembrem dele como assassino já que não quiseram se lembrar dele como artista.

O repórter me questiona:

— O senhor, arquiteto Léonardo Bernstein, que fez a Praça da Dádiva e teve sua filha sequestrada, poderia ter sido o alvo dele?

— Não sei dizer, a carta parece direcionada no sentido de que ele quis chamar a atenção sobre ele matando todas estas pessoas.

As imagens voltaram para o estúdio e o apresentador disse:

Flores, velas e fotos

— Obrigado, Laerte – disse o apresentador para o repórter que tinha entrevistado o delegado Armando e olhou para mim — agradecemos a presença do Doutor Leonardo Bernstein e voltaremos com mais notícias sobre este novo personagem que apareceu da chacina na Praça da Dádiva.

Saí do estúdio de televisão um pouco irritado, na incerteza cruel se fui eficiente na entrevista, se fui coerente. Realmente, não foi fácil absorver a informação de que o assassino foi Jorge Pontes. Não via o momento de chegar a casa e ouvir a opinião de Gabriela, sempre delicada, mas sempre verdadeira.

Alguns minutos depois Hassan me ligou e agradeceu por ter ido em seu lugar. Claro, que ficou surpreso em saber que o assassino fora o sequestrador de Carolina. Gabriela, em seguida, me chamou, perguntou se eu estava bem e ficou estarrecida com o fato de Jorge ser o autor da chacina.

Dirigindo para casa, fui me tranquilizando. Pensando no abraço que receberia de Gabriela, consegui relaxar um pouco.

Como é bom chegar à casa da gente, é nosso lar. No meu lar encontro apoio, paz e aconchego. Abracei Gabriela, sentamos na copa, como sempre. Com as pessoas que nós amamos, somos nós mesmos e sabemos que podemos nos sentir protegidos. A graça da vida, mesmo nas intempéries, está no lar e nos amigos.

Brindamos com vinho em nosso "cálice das promessas". Ficamos juntos por longo tempo e pouco falamos. Não tínhamos necessidade de falar. Apenas a presença e o silêncio.

Meu pai me ligou também. Falou da imensa surpresa de saber quem foi o autor da chacina.

— Sabe, pai, não me sinto confortável em dar entrevistas, principalmente da forma como aconteceu.

Ele pensou um pouco e nos despedimos, sua última frase foi interessante:

— Procure não pensar mais na entrevista, faz de conta que não existiu.

Mais tarde, Gabriela brincou comigo.

— Quem é a segunda esposa? Que eu saiba você foi casado apenas uma vez.

— Estou diante dela. Queria que eu anunciasse que é apenas minha namorada? Não, eu sou ansioso também. Vamos sacramentalizar nossa união.

— Na semana, logo no início, vamos ao cartório e marcamos a data pra oficializar.

— E a Igreja? Se meu pai com esta idade casou na igreja com um filho extra de vinte e cinco anos, acha que eu vou casar somente no cartório?

— Vamos dormir, é tarde.

No dia seguinte o delegado Armando pediu para falarmos a sós. Marcamos um café num pequeno bar perto de casa e que durante a semana é bem tranquilo. Chegamos os dois na mesma hora, sem atraso de nenhuma parte.

Pedimos café e pudemos conversar como se fôssemos bons amigos. Acho, inclusive, que ele foi mesmo um bom amigo.

— Doutor Léo, venho acompanhando sua história e vejo diante de mim um homem tranquilo diante de tantas tragédias.

— Dizem que Deus dá a cada um aquilo que podemos aguentar. Então devo dizer que não são tragédias, são fatos da vida que eu preciso enfrentar.

— Que sejam e que o senhor sempre consiga superá-los.

— Gostaria de agradecer por que o senhor não tocou no nome de minha falecida mulher que, afinal foi amante de Jorge, abandonou-me por ele e morreu, talvez, por ele.

— Enterremos os mortos, os jornais vão dar ênfase na carta que ele deixou, com isso vão revirar um pouco a vida dele e talvez apareça sua falecida mulher nesta dança. Conheço bem a mídia, apenas não responda nada, diga sempre que não tem nada a dizer e pronto.

— Obrigado pela conselho.

— O fato é que Jorge deixou duas cartas, uma que está em todos os jornais do país e do mundo, escrevendo que esta foi a forma de ele ser famoso já que nunca o admiraram como o grande ator que foi, seguindo sua própria visão.

— Modesto.

— Muito. Escreveu outra carta, para sua filha Carolina.

— Está brincando?

— Não, ele diz que ela é o grande amor da vida dele.

— Não – fiquei indignado – não, isso não.

— Está aqui – tirou-a do bolso – Achei melhor que esta carta não caísse na mídia, ou a vida da família poderia virar um inferno.

— Delegado Armando, agradeço-lhe. Não sei como conseguiu isso. Peço apenas que a queime, não quero lê-la e nem que Carolina leia. Não importa o conteúdo, prefiro ignorar o que foi escrito. O que os olhos não veem o coração não sente. Isso serve também para minha filha.

— Entendo, doutor Léo, se é isso que quer, assim será feito.

— Obrigado, delegado, muito obrigado.

Acabamos de tomar o nosso café, saímos e nos despedimos com um aperto de mão.

XXXIII

Ah, se o tempo parasse...

JÁ FEZ CINCO anos que a Praça da Dádiva foi inaugurada, por isso, teremos uma celebração ecumênica para lembrar a data e para recordar os falecidos, cujas mortes nos revelam o mistério da vida. Aproveito o momento para, particularmente, fazer um balanço dos acontecimentos que fizeram parte da minha vida.

Enquanto esperava o pessoal chegar para conferir os últimos detalhes desta homenagem, fiz uma viagem aos meus dez últimos anos de vida para lembrar a origem desta aventura.

Evidentemente, minha mãe foi o ponto de partida de todos os acontecimentos. Mãe é algo sagrado e, quando morre, é penoso demais para nós. Pior ainda quando é de um acidente inesperado, de uma fatalidade que nos derrota. Não há como escapar da tragédia e viver bem depois. Mas foi um acidente marcado pela fatalidade. A morte deixa traços. Ela está sempre viva em nossas lembranças e revelando seu poder, fazendo-nos pensar na vida que segue seu curso, como se ignorasse o tempo.

Minha mulher me abandonou e tempos depois descobri que ela estava doente e depressiva. Fiz o que qualquer marido dedicado faria. Fui buscá-la, com humildade e coragem, mesmo sabendo que ela nunca foi feliz na vida, que viveu somente uma fantasia. Só existe felicidade na própria realidade. Na fantasia, a felicidade é muito fugaz. Eu me senti culpado e queria que ela tivesse uma nova chance. Nem sempre a vida dá uma segunda chance. Seu suicídio foi horrível e minhas estruturas ficaram abaladas diante dos fatos.

Tive um sobrinho, uma esperança da família, um rapaz que vivia estudando e que morreu por estar no momento errado, no lugar errado. Foi abatido por uma bala disparada por um assaltante, que no fim viemos a saber que era filho de nossa empregada, mais tarde também morto por policiais em novo assalto. Quantas trapaças do destino, entrelaçadas em nossos caminhos.

Deixou-nos na tristeza e na dúvida que insistem em me perseguir. Eu comecei a questionar estas mortes. Meu Deus, queria entender o mistério de sua presença em minha vida.

Quem era a morte e por que veio justamente até nossa casa e destruiu minha família?

As escolhas da morte são tão estranhas e desordenadas. Temos que nos adaptar. Os funerais não fazem agenda. A morte entra em nossa programação e sem pedir licença muda nossos planos.

Buscando respostas, achei que havia encontrado uma luz. Para consolar as perdas, registramos a doação que fizemos em nossa família, pois sem entendermos os mistérios da morte, nossos entes queridos praticaram boas ações. Da magia do transplante para o retorno da vida, fomos doadores de um pouco de cada um dos nossos entes queridos e, por meio deles, vidas foram resgatadas das garras da morte.

Achei que isso explicaria o lado benéfico, mas fui aprendendo durante um tempo que havia mais, muito mais para entender. Pessoas doentes que ficam anos e anos sofrendo, querendo morrer e que não podem ser curadas por mãos humanas. Eis então que surge a mão da morte e as transporta. É o alívio para tanta dor.

Sem contar os idosos com doença grave, sem forças e com dor, querendo um alívio para seu mal, sabendo que este é o final da vida e querendo se entregar à morte, e que somente ficam aliviados quando ela chega.

Hassan me disse que a morte é como uma mulher feia que seduz o homem. Ninguém quer ser seduzido, mas ela o tenta tanto e, num momento, ele não suporta mais e sente vontade de abraçá-la e se entregar a esta paixão. Última paixão da vida humana. Hassan escapou dos braços dela ao fazer o transplante de coração.

Sempre acreditei que meus argumentos eram válidos para fazer uma praça para todos os que haviam morrido e doado seus órgãos. Hassan me ajudou e fizemos. No dia da inauguração, um homem sem moral que queria ficar famoso matou trinta e quatro pessoas e feriu tantas mais. Sem contar aqueles que caíram, foram empurrados, pisoteados e machucados. O morto de número trinta e cinco era Jorge. Ele morreu pelas armas dos policiais.

Não devemos nunca divulgar o nome dos malfeitores, pois eles cometem crimes por exibicionismo, para ganhar publicidade.

A praça, durante o primeiro ano após a chacina, ficou marcada pelas velas, flores, fotos, objetos e pela tristeza. Foi colocado um novo painel de mármore. Era um mármore em tom vermelho, com a cor do martírio, com o nome de todos que foram mortos naquela tragédia.

Mas houve uma reviravolta muito grande a partir do ano seguinte. Os jovens descobriram a praça. Os grupos de música, cantores e bandas populares começaram a se apresentar. A pequena lanchonete se transformou num bar e todas as noites grupos ali se apresentam. Toda quarta-feira é dia da saudade. Cantores apresentam músicas antigas e pessoas com mais idade frequentam a praça. Jovens e idosos se dividem, crianças de manhã e à tarde brincam ali. No primeiro ano ninguém levava as crianças para brincar na praça. Depois, a praça foi ganhando o coração das crianças e suas famílias. Atualmente, ouvem-se risos das crianças, namorados fazem planos e as árvores crescidas trouxeram passarinhos e pequenos animais, que amistosamente comem nas mãos dos visitantes.

Nos anos seguintes e continua até hoje, aparecem visitantes que tiram fotos da obra de RR. Sempre os turistas olham as marcas das balas e fazem preces. Parece um ritual, pois entram no pequeno museu e autografam os livros que lá estão, registram suas histórias de transplantados, deixam mensagens para os doadores e falam de seus renascimentos.

O local se tornou uma espécie de peregrinação daqueles que a morte fez o obséquio de deixar viver. Eis a metáfora, o coração bom que substitui o coração ruim, como ilustra a obra de RR.

Recordo um visitante que teve um transplante de córnea e registrou no livro de memória: "Vejo agora, e estar nesta praça representa tudo aquilo que eu sonhei. Quando não mais enxergava, eu sonhava estar num lugar lindo. Este é um lugar lindo".

Os canteiros da praça permanecem floridos praticamente o ano inteiro. As flores criaram um ambiente agradável e certamente muitas das espécies que ali estão foram trazidas para seus entes queridos e cresceram. Os jardineiros que cuidam do local refizeram a plantação com flores novas que se misturam com as flores nativas.

A Praça da Dádiva era muito bonita quando foi inaugurada. Foi marcada por um trauma, como uma criança que sofre acidente no parto. A natureza protestou e fez a própria praça se autodecorar com suas sementes e suas aves. A praça transformou-se, como a fênix, em algo mais vivo e mais belo do que era antes da tragédia.

O mais significante de tudo foi que apareceu uma fonte de água potável jorrando na praça com imensa força. As pessoas passaram a beber desta água e disso nasceu o mistério das águas da fonte. Dizem que cura doenças e trazem boas energias.

Ah, se o tempo parasse...

Todos os anos, no aniversário da Praça da Dádiva, é feita uma festa para as crianças. São centenas, talvez milhares. Um culto de veneração dos mortos é celebrado e fogos de artifício são acesos. A praça teve o parto mais difícil do mundo, um parto com sangue, dor e morte. Sobreviveu e se renovou.

Registro estas memórias para depositar no pequeno museu da praça, para que as pessoas entendam por que ela existe, por quem foi projetada. E como acabou adquirindo vida própria. Um lugar sagrado, que eleva o espírito.

Minha vida se entrelaça com a Praça da Dádiva porque esta praça simboliza muito mais do que um memorial. Ela é, na realidade, um símbolo para todas as pessoas que sofreram e conseguiram reviver por meio da dádiva; doação com coragem e acolhida com humildade.

Para mim, depois da praça, as coisas tomaram um rumo diferente e cheio de perspectivas novas. Meu pai adoeceu gravemente, fez vários tratamentos que não resolviam, mas, depois que tomou da água da fonte da Praça não precisou mais de nenhuma terapia e está vivendo sua vida bem feliz ao lado de Glória. Ele viaja sempre com a esposa. Inclusive deixou Guilherme, meu irmão, com um novo sócio. De vez em quando combinamos e nos encontramos, confraternizamos como família e partilhamos nossas lembranças.

Minha filha Carolina é agora doutora em Direito Internacional. Trabalha numa empresa multinacional, que integra discussões e julgamentos de várias nações. Vemos-nos pouco, mas ela está imensamente feliz.

Guilherme, meu irmão, mora ainda com meu pai e a mãe dele e nos finais de semana viaja, sempre que pode. Segundo meu pai, ele é um bom engenheiro, o que significa elogio e qualidade. Vive feliz entre trabalhos e amigos.

Hassan se transformou no nosso melhor amigo. Cuida-se muito e sempre está por perto. A praça é seu "animalzinho de estimação".

Helena conseguiu fazer um curso de especialização em jornalismo. Viaja por vários países, com teorias e ações práticas.

Minha irmã Paola sempre foi de extremos na vida. Seu lado estabanado aflorou de maneira excessiva. Desde a morte de Ricardo, ela queria ter um filho. Mas a idade estava avançada demais e suas possibilidades de uma nova gravidez eram quase impossíveis. Não nos contou detalhes, mas aconteceu e eles foram agraciados com mais um filho.

O menino chama-se Antônio, devido sua promessa a Santo Antônio. Por incrível que pareça, Paola teve uma gravidez quase normal, apesar da idade. Venderam o sítio a ser transformado num condomínio e ainda conseguiram guardar dinheiro para uma vida tranquila. Compraram um bom apartamento e vivem tranquilamente. Como viu que Deus a ajudou, sendo ela tão católica, perdoou meu pai. De vez em quando acontecem encontros na casa dele e de Glória. Ela vai com Eduardo que cuida muito bem do filho. É a cara dele. O mesmo jeitinho gentil e sereno. Ele descobriu a graça de ter filhos, para sobreviver à angústia da morte. Ensinou e transmitiu seus valores, imprimiu sua fé. Mais que no olhar e semelhança corporal, o filho é o retrato de sua própria alma.

Na minha vida apareceu a mulher mais maravilhosa que poderia encontrar, Gabriela. Além da comunhão de espírito, inclusive nossa profissão, é mãe do pequeno Leonardo, que chamamos de Leozinho. Gabriela queria muitos filhos, mas devido a uma gestação muito difícil, problemas no parto, preferimos ficar apenas com nosso pequeno tesouro. É uma criança maravilhosa e cheia de vida que nos faz imensamente felizes. Tem as graças, a beleza e a delicadeza da mãe.

Ontem todos viemos à praça. Eu os esperava e Gabriela trouxe nosso filhinho, que correndo pelo jardim, veio ao meu encontro. Todos foram chegando, Paola e Gloria trouxeram lanches. Os pássaros vieram participar da ceia. Comeram em nossas mãos. Os meninos pequenos Leozinho e Toninho correm pela praça, querendo alcançar os pássaros e os animais. Parece o paraíso, está perfeito.

— Estamos vivendo tempos de paz – disse segurando a mão de Gabriela. Estas crianças, esta praça, tudo parece tão lindo.

— A Praça ficou um encanto. Parece o inverso do jardim do qual se fala na Bíblia. O jardim do paraíso iniciou encantado e depois foi maculado. Nossa praça foi purificada e se tornou um campo divino.

— Suas dúvidas entre a vida e a morte foram respondidas?

— Não sei dizer. Algumas perguntas foram respondidas sim, nem todas. Que importa, quando vemos estas crianças correndo como feito anjos. A morte é o inverno e como o inverno esconde a primavera, a morte esconde e depois revela a vida.

— Veja, o Hassan está vindo.

Chegou com um monte de sorvetes na mão. Primeiro as crianças, saltitantes, depois os adultos, também. Era dia para tornar a vida mais doce ainda.

— A Praça da Dádiva está linda – disse Gabriela para Hassan.

Todos se olharam, quando Helena foi se aproximando. Tocou a mão de Hassan e roçou seu ventre delicadamente. Todos entenderam a mensagem. No coração de Ricardo brotou o amor de Hassan. Amor não tem fronteiras, o campo do amor é a vida.

Hassan me olhou e disse um provérbio de seu povo. Olhamos para ele, que traduziu.

— "Quem não provou o amargo não sabe apreciar a doçura".

A PRAÇA DA DÁDIVA
foi reimpresso em São Paulo/SP, pela Gráfica Araguaia, para a Editora Lafonte, em 2017.